触式橄榄球教程

时永进 徐辉 姜旭明 ◎ 编著

武汉理工大学出版社
·武汉·

内容提要

本书是一本实用性较强的触式橄榄球教学与训练理论指导书籍。本书是作者总结多年的触式橄榄球教学经验，并参考大量国内外触式橄榄球资料编写而成，共分历史文化篇、技术篇、战术篇、竞赛篇、体能篇、少儿触球篇。本书的特点之一是练习方法手段丰富多样，插图直观易懂；其次，战术篇分初、中、高级，从进攻到防守，由易到难，循序渐进；再次，竞赛篇从规则到裁判方法，尤其是触式橄榄球裁判的培训与评鉴也是本书特色之处，可作为触式橄榄球裁判培训参考用书。本书的少儿触球章节，结合青少年的身心特征，编写大量触式橄榄球游戏内容，为触式橄榄球在中小学普及推广提供丰富的素材。

图书在版编目（CIP）数据

触式橄榄球教程 / 时永进, 徐辉, 姜旭明编著.

武汉：武汉理工大学出版社, 2024. 9. -- ISBN 978-7-5629-7239-6

Ⅰ. G849.2

中国国家版本馆CIP数据核字第2024LV0855号

责任编辑：严　曾
责任校对：尹珊珊　　　排　版：米　乐
出版发行：武汉理工大学出版社
社　　址：武汉市洪山区珞狮路122号
邮　　编：430070
网　　址：http://www.wutp.com.cn
经　　销：各地新华书店
印　　刷：北京亚吉飞数码科技有限公司
开　　本：710×1000　1/16
印　　张：19
字　　数：301千字
版　　次：2025年3月第1版
印　　次：2025年3月第1次印刷
定　　价：98.00元

凡购本书，如有缺页、倒页、脱页等印装质量问题，请向出版社发行部调换。
本社购书热线电话：027-87391631　87664138　87523148

·版权所有，盗版必究·

前　言

　　中国大陆第一支英式橄榄球队于1990年在中国农业大学诞生，随后英式橄榄球在国内发芽，先后成立了北京市大学生橄榄球协会、中国大学生橄榄球协会，1997年中国橄榄球协会成立，并加入亚洲橄榄球理事会及国际橄榄球理事会，目前英式七人制橄榄球项目是全运会、亚运会、青奥会、奥运会正式比赛项目，以中国农业大学大学生为班底的中国男子橄榄球队在2006年多哈亚运会获得铜牌，中国女子橄榄球队则获得2014年韩国釜山及2023年杭州亚运会金牌，2021年中国女子橄榄球国家队首次进入奥运会，获得第七名的国际比赛历史最好成绩。

　　触式橄榄球1968年起源于澳大利亚，它取消了冲撞橄榄球比赛的身体撞击，简化了攻防对抗和踢球技术。比赛规则规定：双方发生身体接触时，只能以最小的力量用手触碰对方。触式橄榄球秉承英式橄榄球"正直、团结、热诚、纪律、尊重"的核心价值理念，是一项风靡全球的球类运动。它安全、娱乐性强、规则简单易懂、老幼皆宜，男女可以同场竞技混合比赛，具有很好的锻炼效果。触式橄榄球运动易学有趣且安全可靠，既能彰显团队合作精神，又有利于参加者身心健康，目前在全国大、中、小学乃至幼儿园中广泛开展，特别是在"双减"政策下，触式橄榄球运动被许多中小学列为"一校一品"校本课程，如雨后春笋般迅速普及开展，并掀起了全民健身运动的新高潮。

《触式橄榄球教程》是一本实用性较强的触式橄榄球教学与训练理论指导书。随着触式橄榄球在国内的推广与普及，迫切需要一本规范、专业、实用的触式橄榄球教程，为广大教师、教练员、大中小学生及普通大众进行触式橄榄球运动提供帮助。本书是作者总结多年的触式橄榄球教学经验，并参考大量国内外触式橄榄球资料编写而成，全书分为历史文化篇、技术篇、战术篇、体能篇、竞赛篇、少儿触球篇。本书的特点首先是练习方法手段丰富多样，插图直观易懂；其次，战术篇分初、中、高级，从进攻到防守，由易到难，循序渐进；再次，竞赛篇从规则到裁判方法，尤其是触式橄榄球裁判的培训与评鉴也是本书特色之处，可作为触式橄榄球裁判培训参考用书。本书的少儿触球章节，结合青少年的身心特征，编写了大量触式橄榄球游戏内容，这也是本书的亮点之一，为触式橄榄球在中小学普及与推广提供了丰富的素材。目前，由中国农业大学橄榄球教学团队制作的"触式橄榄球"在线课程已在国家智慧教育平台及智慧树在线教育平台同步上线，课程资源丰富，增加了虚拟教研室板块，可与本书配套使用。

　　中国农业大学体育教学部徐辉老师编写第一章、第二章，姜旭明老师编写第四章、第六章，第三章、第五章由时永进编写。感谢中国农业大学体育教学部束景丹主任的悉心指导。本书的编写工作得到了中国农业大学本科生院、中国农业大学体育教学部的大力支持，在此表示衷心的感谢！

　　因时间较为紧迫，受编写者学术水平和能力所限，本书中难免存在不妥之处，恳请广大读者批评指正，以便今后修订时不断完善和改进，使得本书更加具有时效性和科学性。

作者
2024年7月

目 录

第一章 历史文化篇　　　　　　　　　　　　　　　1
第一节　橄榄球运动起源与发展　　　　　　　　1
第二节　触式橄榄球运动起源和发展　　　　　　7

第二章 技术篇　　　　　　　　　　　　　　　　10
第一节　手控球技术　　　　　　　　　　　　　10
第二节　传球技术　　　　　　　　　　　　　　13
第三节　接球技术　　　　　　　　　　　　　　20
第四节　滚球技术　　　　　　　　　　　　　　22
第五节　捡球技术　　　　　　　　　　　　　　26
第六节　持球触地达阵得分　　　　　　　　　　28
第七节　开球或罚踢技术　　　　　　　　　　　29
第八节　触碰技术　　　　　　　　　　　　　　30
第九节　技术练习与训练方法　　　　　　　　　31

第三章　战术篇　　96

　　第一节　触式橄榄球运动的战术基本理念　　96
　　第二节　触式橄榄球运动初级进攻战术及应用　　100
　　第三节　触式橄榄球运动初级防守战术及应用　　110
　　第四节　触式橄榄球运动中级进攻战术及应用　　117
　　第五节　触式橄榄球运动中级防守战术及应用　　131
　　第六节　触式橄榄球运动高级进攻战术及应用　　142
　　第七节　触式橄榄球运动高级防守战术及应用　　163

第四章　体能篇　　169

　　第一节　触式橄榄球比赛特征　　169
　　第二节　触式橄榄球体能训练原则　　169
　　第三节　速度训练方法　　170

第五章　竞赛篇　　175

　　第一节　触式橄榄球裁判员具备的重要品格　　175
　　第二节　触式橄榄球裁判员的技能　　176
　　第三节　触式橄榄球裁判员的执裁原则　　177
　　第四节　触式橄榄球裁判的执裁流程　　178
　　第五节　触式橄榄球比赛裁判沟通方式　　184
　　第六节　裁判场上站位与换位技巧　　199
　　第七节　触式橄榄球裁判员执裁评鉴　　234

第六章　少儿触球篇　　237

　　第一节　青少年的身心发展特征与触球教学训练启示　　237
　　第二节　少儿触球游戏　　241
　　第三节　少儿触式橄榄球比赛特征与场地　　267

参考文献		**269**
附件一	**国际触式橄榄球联合会第5版比赛规则**	**270**
	5th Edition FIT Playing Rules前言	270
	目录（CONTENTS）	271
附件二	**场地（Appendi×1–Field of Play）**	**271**
	定义和术语	271
	比赛模式	275
	比赛规则	275
附件三	**场地图**	**291**

第一章　历史文化篇

第一节　橄榄球运动起源与发展

一、橄榄球运动概述

橄榄球起源于英国，原名拉格比足球（Rugby Football），简称拉格比（Rugby）。因其球形类似橄榄果，在中国称之为橄榄球。

拉格比（Rugby）本是英国中部的一座城镇，在那里有一所拉格比学校，是橄榄球运动的诞生地。这所学校门墙上镶有一块石碑，碑上刻着："此碑纪念威廉-韦伯-埃利斯的勇敢行为，他不顾当时足球规则的规定，首先抱球跑，因此创造了有显著特点的拉格比足球比赛。"据说，埃利斯在1823年的一次足球比赛中，用手接到球后没有按照当时足球比赛的规则将球交给队友，而是不顾一切地向前跑。以后在该校的足球比赛中抱球跑的情况时常发生，比赛变得更加激烈，久而久之，抱球跑竟然逐渐被人们接受，成为合法动作。于是，一项新运动——橄榄球就从足球运动中派生出来了。

1839年以后，橄榄球运动逐渐在剑桥大学等学校开展起来，并相继成立了拉格比俱乐部，校际比赛也逐渐活跃起来。1842年，一个名叫威廉姆-吉尔伯特（William Gilbert）的制球名匠在拉格比市St Matthew街开了一座店铺。他将四块牛皮缝在一起，将猪膀胱塞入其中，充气后，球为椭圆形状，从而制造出了世界上第一个橄榄球。现在，以吉尔伯特名字命名的吉尔伯特牌橄榄球是奥运会、世界杯等重大橄榄球比赛的指定用球。

为了更好地观看拉格比足球比赛，1844年拉格比学校校长指派了8名行政委员提交了37条规则，于1845年正式通过并印刷成小本规则书。它使拉格比足球比赛有了与众不同的特征：H形球门、椭圆形的球、争边球、司克兰、向后传球、攻击性极强的扑搂、触地达阵得分、触地达阵后踢球射门等。1871年，英格兰橄榄球协会成立，两个月后，在英格兰和苏格兰之间举行了第一场国际比赛，协会成立后对规则进行了修改，1877年将比赛人数由20人改为15人，1886年开始由裁判执法比赛（此前，比赛以双方队长的判定为准），1892年委托裁判员完成执法比赛。

在橄榄球早期的规则中，得分主要以踢球射进门为主。触地得分称之为达阵，再给予一次尝试踢球射门的机会。触地得分后的射门称之为转换射门。最早触地达阵得分的分值为1分，转换射门的分值为2分。以后随着规则的修改，达阵的分值逐渐增加，到了1992年，达阵得分的分值为5分。

随着规则的不断修改和完善，使得不同的体格、技能和年龄的人均可参与比赛。队员的技战术水平逐步提高，比赛更加流畅，观赏性越来越强，当年那些弱肉强食、充满暴力的游戏变成了受人喜爱且具有很好锻炼效果的一项全球性球类运动。

二、国际橄榄球运动的发展

英国橄榄球协会成立后，英式橄榄球很快传入其他国家。1890年成立了国际橄榄球理事会。英式橄榄球传到其他国家以后不断地发展变化，一些国家对英式橄榄球的球门、比赛用球、服装以及比赛规则等进行了修改，创造了本国人喜爱的橄榄球运动。在各种橄榄球运动中大致可分为英式橄榄球、美式橄榄球及澳式橄榄球等。英式橄榄球运动员穿戴软材料制成的护具，比赛服装与足球运动员相似，故称软式橄榄球。美式橄榄球运动员穿戴由金属和硬质材料制成的护具，故称硬式橄榄球。

1900年，现代奥林匹克之父顾拜旦将英式橄榄球引入奥运会，他的一生致力于体育教育。1883年，他访问英格兰，在拉格比公学进修体育教育，师从18世纪英格兰著名教育家，拉格比公学校长托马斯·阿诺得（Thomas Arnold）。在拉格比公学进修期间，顾拜旦充分体会到体育教育在英格兰教育体系中的重要地位，更让他体验到英式橄榄球这项运动的魅力以及培养人才的重要作用。他认为"在橄榄球比赛中，令人钦佩的是个人主义和纪律性的长期结合，每个人都必须思考、预判并做出决定，同时又要将自己的想法和决定服从于队长的指挥。一名球员因为队友的犯规而被裁判吹哨停了下来，而他却没有抱怨，这也考验着他的性格和耐心。因此，橄榄球是生活的真实写照，是现实世界中的一堂体验课，是一流的教育工具。"在顾拜旦先生的支持下，1900年，15人制英式橄榄球被列为巴黎奥运会比赛项目，随后的1908年伦敦奥运会、1920年安特卫普奥运会、1924年巴黎奥运会，15人制橄榄球均被列为奥运会正式比赛项目。在四届奥运会的比赛中，美国队获得了两次冠军，法国和澳大利亚队各获得一次冠军。1925年，橄榄球从奥运会项目中退出。2009年10月9日，国际奥委会（IOC）第121次会议在丹麦哥本哈根投票决定，七人制橄榄球成为2016年和2020年两届奥运会比赛项目。橄榄球项目时隔近百年又重新进入奥运大家庭。2014年在我国南京举办的第二届青奥会，七人制橄榄球首次被列为青奥会比赛项目。

1987年国际橄榄球理事会举办了第一届世界杯男子15人制橄榄球锦标赛。1991年又举办了第一届世界杯女子15人制橄榄球锦标赛。从此，各国在橄榄球技战术打法上互相交流，互相学习，技战术水平迅速提高。

三、七人制橄榄球运动起源和发展

1883年在苏格兰南部一座名叫Melrose的小城镇，当地的Melrose俱乐部因资金短缺，俱乐部委员会决定举办一次橄榄球比赛来增加收入。镇上的一位名叫戴维·桑德森（David Sanderson）的屠夫和他的徒弟埃德·哈德（Ned Haid）都是Melrose俱乐部的橄榄球明星，他们受英格兰少于15人制橄榄球比赛的启发，将15人制橄榄球的8名前锋7名后锋，改为3名前锋4名后锋的7人制橄榄球比赛。比赛的时间为14分钟（上下半时各7分钟，中间休息1分钟）。加时赛采用突然死亡法，最先得分的队为胜队。1883年5月2日，苏格兰的7支橄榄球俱乐部队参加了这次七人制比赛。最终，Melrose俱乐部获得了冠军，并捧得了Melrose镇的妇女为比赛特意赠送的一座银质奖杯。此后，这种新颖独特的比赛吸引了越来越多人的兴趣，并很快得到了开展。1973年为了庆祝苏格兰橄榄球协会成立一百周年，在苏格兰举办了首届国际七人制橄榄球锦标赛。1993年举办了第一届世界杯七人制橄榄球锦标赛。苏格兰橄榄球协会按照当年最早七人制橄榄球比赛奖杯的原型定做了一座奖杯，取名Melrose杯，赠送给国际橄榄球理事会作为世界杯七人制橄榄球冠军奖杯。随后，七人制橄榄球比赛逐渐流行于世。从1999年开始，国际橄榄球理事会每年在世界不同的国家和地区举办多站世界七人制橄榄球系列循环赛。

四、我国橄榄球运动起源和发展

1990年12月15日，中国农业大学曹锡璜教授在原国家体委、北京市教委和中国农业大学等领导的支持以及日本友人的帮助下，成立了国内第一支橄榄球队——原北京农业大学橄榄球队。球队成立后，教练员小组先后赴日本和中国香港考察访问。在学习先进经验的同时，努力探索自己的发展道路。1992年3月15—16日，在广州华南农业大学，中国农业大学橄榄球队同香港鸡糊队、火烈鸟队、警察豹队、柔研会队、怒玛士队、公羊队进行了6场友谊比赛，取得了四胜二负的成绩，这是中华人民共和国成立以来国内首次橄榄球比赛。与此同时，橄榄球运动先后在北京、上海、沈阳、抚顺、大连、广州、河南、新疆等城市相继开展起来。1992年4月11日，北京市大学生体育协会橄榄球分会在中国农业大学成立。随后，沈阳和广州先后成立了东北橄榄球运动发展中心、广州橄榄球协会。北京、上海、沈阳先后举办了七次全国橄榄球教练员裁判员培训班，其中中国农业大学5次，上海体育学院和沈阳体育学院各1次。聘请日本、新西兰、英国、中国台湾、中国香港等地的专家、教授来华讲学授课。国内近30支球队相继成立，并先后举办各种比赛。中国农业大学举办了1992年北京"华远杯"橄榄球邀请赛，1993年"北农杯"橄榄球邀请赛。上海体育学院举办了三次"中国城市杯"橄榄球比赛。1993年8月，法国国家橄榄球队和法国东南橄榄球队来华访问，分别在北京工人体育场和中国农业大学进行了两场友谊比赛。1994年5月27日，中国大学生体育协会橄榄球分会在中国农业大学成立，1994年至1997年中国大学生体育协会橄榄球分会在中国农业大学举办了四届中国大学生"莱思康"杯橄榄球联赛和1996年"莱思康"杯国际大学生橄榄球邀请赛。来自日本、英国、法国、韩国、中国台湾、中国香港十几支橄榄球队来中国大陆访问比赛。国内前三名中国农业大学队、解放军体育学院队、上海体育学院队先后应邀赴台湾、香港参加比赛。中国大学生体育协会橄榄球分会代表团先后应邀赴澳大利亚、马来西亚、英格兰考察学习。国内外几十家新闻单位对中国的橄榄球运动进行了报道，产生了较大的影响。1996年10月7日，原国家体育总局正式宣布成立中国橄榄球协会，并申请加入国际橄榄球理事会。1997年3月18日，国际橄榄球理事会正式接纳中国加入，并成为该协会第76个会员国。从此，中国橄榄球运动开始走上国际舞台。1997年11月1日，由中国农业大学、原解放军体育学院、上海体育学院三所高校男子橄榄球队组成了第一支中国15人橄榄球队赴新加坡参加了中国和新加坡橄榄球对抗赛。2009年3月29—30日，由北京部队女子手球队和中国农业大学女子橄榄球队组成了第一支中国女子橄榄球队参加了在香港举行的2001年亚洲女子七人制橄榄球锦标赛，并获得了第三名。

　　从1998年至2001年，中国橄榄球协会每年都举办全国15人制橄榄球锦标赛，并于1999年举办了中国七人制橄榄球公开赛，承办了2001年世界七人制橄榄球循环赛上海站比赛，2002年世界七人制橄榄球循环赛北京站比赛。从2002年到2009年，中国橄榄球协会每年都举办全国七人制橄榄球冠军赛，2004年开始举办男女七人制橄榄球冠军赛，并承办了2004年亚洲青年橄榄球锦标赛，2010年亚洲女子七人制橄榄球锦标赛，第16届亚运会男女七人制橄榄球比赛，国内唯一的全部由大学生组成的国家男女橄榄球队多次参加国际重大比赛，男子橄榄球队先后战胜印度队、泰国队、新加坡队、斯里兰卡队、中国香港队、中华台北队、哈萨克斯坦队、阿拉伯海湾队、比利时队、意大利队、加拿大队、苏格兰队、日本队、韩国队、南非大学生队，并先后获得第17届亚洲杯橄榄球锦标赛乙组冠军，2006年世界七人制橄榄球循环赛碗级冠军。2006年8月4—6日，在意大利首都罗马，中国农业大学男子七人制橄榄球队获得第二届世界大学生七人制橄榄球锦标赛第三名。2006年12月17—19日，在卡塔尔首都多哈举行的第15届亚运会男子七人制橄榄球比赛中，以中国农业大学橄榄球队为主的中国橄榄球队获得第三名。

　　中国女子橄榄球队先后战胜新加坡队、阿拉伯海湾队、日本队、泰国队、哈萨克斯坦队、加拿大队、法国队、巴西队、意大利队、美国队，先后获得2006年亚洲七人制女子橄榄球锦标赛冠军，2009年亚洲女子七人制橄榄球锦标赛冠军，首届世界女子七人制女子橄榄球锦标赛碗级冠军，第5届东亚运动会女子七人制橄榄球比赛冠军，2010年美国女子七人制橄榄球邀请赛冠军，2010年亚洲女子七人制橄榄球锦标赛冠军，第16届亚运会女子七人制橄榄球比赛亚军。

从1992年到2010年，已有来自美国、英国、澳大利亚、新西兰、加拿大、俄罗斯、法国、西班牙、日本、韩国、哈萨克斯坦、马来西亚、泰国、中国台湾、中国香港15个国家和地区的33支橄榄球队先后来中国农业大学访问比赛。2004年9月13—19日，在中国农业大学举行首届世界大学生七人制橄榄球锦标赛。2005年10月16日，澳大利亚总督麦克尔·杰弗里来到中国农业大学观看中国男子橄榄球队同澳大利亚陆军橄榄球队友谊比赛。2014年3月19日，新西兰总理约翰·基到访中国农业大学。此外，中国奥委会主席何振梁、秘书长魏纪中、国际橄榄球理事会主席西德·米勒、原中国橄榄球协会主席楼大鹏先后来中国农业大学访问和观看比赛。

2009年10月9日，七人制橄榄球被列入奥运会正式比赛项目。同年，国家体育总局正式宣布七人制橄榄球成为2013年全运会和城运会正式比赛项目。此后，山东、北京、上海、江苏、安徽、辽宁、四川、新疆、山西、黑龙江、内蒙古、天津、重庆、河南等省市体育局相继成立了省市橄榄球队。从2010年开始，中国橄榄球协会每年都举行全国七人制橄榄球系列积分赛。2017年，中国橄榄球协会重新恢复了全国15人制橄榄球锦标赛。2019年，七人制橄榄球比赛和15人制橄榄球比赛成为全国青年运动会正式比赛项目。有效地促进了国内橄榄球运动的发展。2014年10月1—2日，中国女子橄榄球队在韩国仁川第17届亚运会女子七人制橄榄球比赛中战胜日本队，首次获得亚运会金牌，2019年11月9—10日，在广州大学城体育中心举办的东京奥运会橄榄球项目亚洲区女子资格赛中，中国女子橄榄球队先后战胜韩国队、斯里兰卡队、泰国队和中国香港队夺得冠军，并获得了2020年东京奥运会女子七人制橄榄球比赛参赛资格，创造了中国橄榄球运动的历史。2021年8月9日，中国女子橄榄球队在日本东京奥运会经过3天的比拼，在最后一场7/8名排位赛中对阵俄罗斯奥运代表队，在开局落后两个达阵的情况下强势逆转，以22∶10取得比赛胜利，最终获得第七名，实现中国国家女子橄榄球队国际比赛的历史性突破；2023年9月26日中国女子七人制橄榄球国家队在杭州亚运会橄榄球决赛以22∶21获得金牌。

第二节 触式橄榄球运动起源和发展

一、触式橄榄球运动起源和发展

触式橄榄球是一项非冲撞、安全、充满乐趣的老幼皆宜的运动，其宗旨是"快乐、健康、友谊"，特别是其易参与、包容和发展等因素对青少年成长至关重要。自1968年起源于澳大利亚，触式橄榄球运动一直在不断发展，当时它被用作橄榄球运动员的一种训练方法，以发展他们的技能并消除在此过程中受伤的焦虑。作为一项注重速度、敏捷性和协调性、"零冲撞"身体接触的男女混合运动，触式橄榄球对女性、儿童和家长来说是一项非常有吸引力的运动，因为它非常安全和令人愉快，没有球门柱、头盔和其他形式的复杂装备的要求，也非常容易开展；参加触式橄榄球的儿童有机会学习团队协作和团队精神的重要性，还可以发展他们的沟通和社交技能。触式橄榄球还可以发展身体技能，如手眼协调和运动技能，并在保持乐趣的同时养成良好的健身习惯。1985年澳大利亚队和新西兰队进行了首场国际触式橄榄球比赛。1986年在澳大利亚成立了国际触式橄榄球联合会。1999年在澳大利亚举办了第一届世界杯触摸橄榄球锦标赛。此后，该项赛事每四年举办一次。比赛分男子组、女子组、男女混合组、男子30岁以上组、女子30岁以上组、男子35岁以上组、男子40岁组。2001年国际触式橄榄球联合会举办了首届世界青年触式橄榄球锦标赛，比赛分18岁组和20岁组。触式橄榄球比赛注重手控球技术和跑动技巧，战术配合多种多样，还有自己特有的规则和战术配合。它能够使参与者了解橄榄球运动，同时也是非常好地冲撞橄榄球战术训练的手段。在2009年夺得首届女子世界杯七人制橄榄球锦标赛冠军的澳大利亚队12名队员中，有5人最初是触式橄榄球运动员。

二、我国触式橄榄球运动的起源和发展

1992年5月16—21日，北京市大学生体育协会橄榄球分会教练小组在访问中国香港橄榄球总会期间，得到了香港橄榄球总会赠送的触式橄榄球英文版规则。访问结束后，中国农业大学体育教学部将该规则翻译成中文，并于1995年经学校教务处批准开始在中国农业大学普通学生中开设触式橄榄球教学课，并很快便得到了学生们的喜爱。1997年，为庆祝香港回归祖国，中国农业大学学生会负责人向体育教学部和团委申请举办全校触式橄榄球比赛并且得到了批准，各学院都积极报名参赛，比赛取得了成功。此后，中国农业大学每年都举办全校触式橄榄球比赛。从2008年至2017年，中国农业大学橄榄球队应香港非撞式橄榄球总会邀请先后9次赴香港参加香港国际城市触式橄榄球锦标赛，并于2009年4月25日战胜日本队夺得了第四届香港国际城市触式橄榄球锦标赛男子组冠军。

在北京市大学生体育协会和中国农业大学的支持下，北京市大学生体育协会橄榄球分会先后于2009年11月和2011年10月在中国农业大学举办了两次全国高校触式橄榄球教练员裁判员培训班，聘请香港触式橄榄球教练和裁判员来京讲学。此后，触式橄榄球运动逐渐在北京、上海、广州、济南、沈阳、青岛、哈尔滨等高校中开展起来。2012年11月10日，在中国农业大学举办了2012年北京市大学生首届触式橄榄球比赛，以后，该项赛事每年都在北京市大学生中举办。2013—2018年，中国橄榄球协会、中国农业大学、北京自由马橄榄球俱乐部每年都在中国农业大学举办全国触式橄榄球邀请赛，比赛设小学组、中学组、大学组和社会组。参赛队伍逐年增加，2018年参赛队伍已将近百支。比赛期间，还举办了全国触式橄榄球教练员培训班。与此同时，国家体育总局小球运动管理中心、中国橄榄球协会、中国关心下一代工作委员会健康体育发展中心、中橄联（北京）体育有限公司四方共同发起了中国青少年橄榄球推广发展合作计划，并于2017年和2018年在北京和内蒙古举办了两届"橄榄球少年杯"全国橄榄球冠军赛。比赛期间也举办了全国触式橄榄球培训班和中国青少年发展论坛活动。此外，触式橄榄球在广州华南农业大学也逐步得到发展，该校学生在2003年自发成立了华龙橄榄球俱乐部，多次参加境外比赛，先后获得2015年澳大利亚世界杯触式橄榄球锦标赛

男女混合组第20名和2019年马来西亚世界杯触式橄榄球锦标赛男女混合组第13名，女子组第17名。2020年1月8—9日在江苏南京召开的中国橄榄球协会备战东京奥运会和实体化改革推进会上，中国橄榄球协会代理秘书长郭先春在讲话中已正式宣布将触式橄榄球纳入中国橄榄球协会管理体系并成立发展触式橄榄球运动的专门机构。2021年11月广州华龙橄榄球俱乐部徐耀军当选国际触式橄榄球联合会董事会成员；2021年10月14日，中国橄榄球协会组织召开触式橄榄球项目工作会议，会议宣布成立中国触式橄榄球工作组；中国橄榄球协会秘书长张春权在接受体育报记者采访触式橄榄球进校园工作中谈道："2022年初，中国橄榄球协会向国家体育总局上报了'关于触式橄榄球进校园有关工作的请示'，中橄协将加大触式橄榄球进校园的推进力度，争取触式橄榄球成为全运会群众比赛项目。中橄协还将联合大体协、中体协加快推动触式橄榄球进校园，面向大中小学推介触式橄榄球进校园，提供专业培训和竞赛，逐步打造'触式橄榄球-7人制橄榄球-15人制橄榄球'和'校队—专业队—国家队'运动员的三级培养体制，为奥运项目英式七人制橄榄球培养后备力量。"2022年6月16日，青岛触式橄榄球协会成立，这是全国首个以触式橄榄球命名的协会；2022年8月，江苏省第20届运动会设立少儿体适能触式橄榄球比赛项目，这是国内首次在省运会设立少儿橄榄球比赛。2022年9月，中国农业大学教学团队主持建设的《触式橄榄球》在线课程在智慧树在线教育平台及教育部国家智慧教育平台上线。相信触式橄榄球运动很快会在国内得到进一步发展，并掀起全民健身运动的新高潮。

第二章 技 术 篇

第一节　手控球技术

一、持球技术

正确持球是带球和传球所必需的基本动作。在开始训练之前，教授这项技能并定期强化练习是非常重要的。

（一）单手持球

以远离防守人一侧的手臂持球，手指自然分开，持球的手臂屈臂收紧，一端则用手掌紧握扣住，球尖另一端靠近腋窝处，把球牢牢地固定在胸部与大臂之间（图2-1）。

图2-1　单手持球

（二）双手持球

双手均匀地握住橄榄球的中部，指根接触球，掌心相对且空出，双臂稍用力，双手用力握紧球，持球于胸前，手臂自然弯曲成90度，靠近身体约一球距离（图2-2）。

图2-2　双手持球

1. 运用时机

该技能用于实现基本的带球动作，同时也为传球做准备。不规范的传球往往是由于持球技术不正确造成的。

2. 教学要点

（1）传旋转球握球时，大拇指放在球的顶部，其他手指张开放在球的下方。

（2）双手围绕球的中轴包裹。

（3）两手掌心不与球接触。

（4）队员用两只手拿球，并将球尖稍稍向传球方向上扬。

（5）肘关节保持弯曲。

3. 常见错误

（1）手指没有围绕球展开。

（2）握住球的两端或球尖方向没有指向传球方向。

（3）手指张开太低或太高。

（4）只用一只手拿球或将球紧贴身体。

二、持球跑动技术

(一)双手持球跑动

队员双手持球,上体前倾,膝关节弯曲,降低身体重心,双手把球放置于胸前,距离身体一定距离,双肘成90度角,两臂以肩关节为轴左右摆动,球随摆臂动作协调摆动(图2-3)。

(二)单手持球跑动

以远离防守人一侧的手持球,屈臂收肘,两臂以肩关节为轴,前后摆臂,协调摆动,利用没有持球的手去主动触碰防守人(图2-4)。

图2-3 双手持球跑动　　图2-4 单手持球跑动

(三)持球跨步变向跑

跨步变向时,队员身体重心降低,重心和制动力转到变向发力腿上,上体略前倾,头、肩向着用力方向协调晃动,支撑腿借助反作用力快速蹬离地面,使跑动方向改变(图2-5)。

(四)持球绕跑

持球人距离防守人4~5米时,接近直角突然横向跑动,身体外倾于改变方向跑动的一侧并开始用右腿（或左腿）加速蹬地并横向交叉到左腿（或右腿）前，绕开对手（图2-6）。

图2-5　持球跑步变向跑　　图2-6　持球绕跑

第二节　传球技术

一、挑传球

两脚与肩同宽平行站立（或前后开立），持橄榄球于胸前一球距离，身体转向接球人，屈膝俯身，屈臂向前、向下伸展，小臂快速轻抬，手腕和手指向上挑动，两手外旋，手心向上拨球，挑传至接球人的胸部高度（图2-7）。

图2-7　挑传球

二、传立球

双脚开立，内侧腿稍稍向前。双手五指自然张开，捧握球的鼓肚部分，大拇指包裹住橄榄球并按压在球的后端1/3处，掌心空出，双手的小指基本接触在一起。持球于腰间，球尖基本垂直地面，传球时，屈膝俯身，转头观察接球人，蹬地转肩，小臂和手腕外旋，中指、无名指和小指拨球，把球推传给接球人，胸口对着接球人，双手自然伸展指向接球人并把手指充分展开，双手不高于肩部（图2-8）。

图2-8 传立球

三、传旋转球

双脚开立，内侧腿稍稍向前。发力手在球的下方且按压在球侧面的下1/2部位，导向手在球的上方且按压住球侧面的上1/2部位，手指自然分开并适度紧张，掌心空出，用手指和指根控制球，使球的纵轴倾斜45度，球尖朝向传球目标。

传球时，屈膝俯身，蹬地转肩，转头观察接球人并锁定传球靶心，通过手臂挥摆平伸、发力手手腕、手指沿球纵轴拨拉，增加球的力度和转速，传球后双手掌心略相对并指向传球目标靶心（图2-9）。

图2-9 传旋转球

四、传锋传球

（一）概述

传锋传球是触式橄榄球比赛中的关键技术之一。包括向近处同伴挑传球及远端同伴传旋转球，这里重点讲解传锋传旋转球技术，队员需要能够向左右两侧传旋转球。

（二）运用时机

持球队员被触碰后，要立即将球带回被触碰地点进行滚球，随后传锋迅速捡球，快速挥摆手臂，以旋转球传给远端队友。作为一项经常运用的技术，要求所有队员尽可能地熟练掌握。传锋传球的质量会直接影响到随后的球队进攻战术的选择。

（三）教学要点

（1）传锋预见将要滚球时，要立即移动，靠近滚球地点。
（2）传锋要注意倾听来自接球队员的口令。

（3）传锋在决定向哪一侧传球时，将其内脚放在球附近，外侧脚向接球队员方向跨出。

（4）传锋用两手通过球的轴心发力。

（5）传锋传球时，要观察接球队员，以单个动作将球从地面向侧前挥摆，身体保持尽可能低的位置，双手持球向接球队员方向伸展。

（6）手臂完全伸出并通过手腕拨球，将球旋转传出。

（四）常见错误

（1）不聆听队友口令。

（2）没有及时预判滚球位置。

（3）没有正确地将脚放在靠近球的位置，而是放得太远。

（4）没有跨步或伴随传球转移身体重心。

（5）捡起球站起来传球或迈出一、二步再传球。

（6）传旋转球不规则或弱势手传球质量差。

（7）没有观察对手移动，盲目传球。

（8）滚球队员滚球后没有及时离开，妨碍传锋传球。

（五）关键提示

传锋传球是触式橄榄球比赛重要手段之一，不应该被忽视。通过各种传锋传球练习，提高传锋的传球能力（图2-10）。

图2-10　传锋传球

五、假传球

假传球也是一种传球形式，是在正常传球的状态下侧身做交叉步或横跨步时，尽量把传球动作幅度做大，尽量向远端传去，传球人的目光盯向接球人，并把球伸展到最远端后再迅速收回（图2-11）。

图2-11　假传球

六、原地传球

（一）概述

尽管在比赛中队员很少原地传球（除了传锋传球），但队员在进行跑动传球之前，原地传球是必须掌握的技术，因此队员要花时间发展向左右两侧的原地传球。

（二）运用时机

原地传球在训练中用于纠正基本技术，以及比赛中例如掉球后球权转换做滚球后传球，队员需要快速进行原地传球。

（三）教学要点

（1）握球的方式是基本的持球方式（肘部弯曲）。

（2）传球队员看向接球队员或目标区域。

（3）传球队员传球时跨步转肩面向接球队员（肘部仍然弯曲）。

（4）传球队员将重量从内侧腿转移到外侧腿上。

（5）传球队员将球从腰部外侧随着跨步的完成向外伸展手臂（肘部/手臂伸展）。

（6）传球时，双臂要充分伸展，手指及手腕拨球。

（四）常见错误

（1）在传球前改变正确的持球手法。

（2）传球前不看队友。

（3）步子没有踏、跨出或转移重心，或跨错脚步。

（4）手很少或没有充分拨球。

（5）球无规则地旋转。

（6）传球队员弱势手球的旋转不充分。

（7）传球力度太大或太小。

（五）关键提示

建议使用实心球等重球，练习传旋转球，发展队员手腕力量训练。

七、跑动传球

（一）概述

触式橄榄球比赛要求队员在跑动中进行各种形式的传球，因此，至关重要的是队员具备良好的跑动传球技术。

（二）运用时机

跑动传球贯穿整场比赛始终。

（三）教学要点

（1）传球队员应双手正确地持球跑动。

（2）传球队员观察接球队员并专注传球目标区域（通常接球队员伸出双手接球时，手臂与胸齐高）。

（3）传球队员如向左传球则用右腿向前迈步，双手持球于体侧。

（4）传球队员向传球方向旋转上身，肘部保持弯曲，两手持球。

（5）肘部完全伸展，手臂伸直，将球传向目标，手腕、手指拨球有助于提高传球准确性和力量。

（6）传球队员传球后跟进、调整站位支援新的持球队员。

（四）常见错误

（1）握法不正确或在传球前改变握法。

（2）传球前不看接球队员或传球目标。

（3）传球时重心高、没有转肩。

（4）没有向前跨步（向右传球、向左跨步）。

（5）手臂没有充分伸展。

（6）弱势手一侧传旋转球旋转不充分。

（7）传球力量太大或太小。

（8）传球后未能重新调整站位或支援队友。

（五）关键提示

队员弱手一侧是否具备良好传球的能力也是限制运动员是否能更好发展的因素之一。教练要不断变化训练手段，确保运动员采用正确的左右手传球技巧并不断练习，不断强化或纠正不正确的传球技术动作，不断提高队员的传球能力。

第三节 接球技术

一、双手接球（图2-12）

（一）概述

要在无防守下具备接队友的各种传球的能力，比赛中确保球权是重要的。随后面对防守队员施加压力的情形下，还能接好球。因此，队员需要具备良好的接球技术，控制好球权，充分利用所有进攻机会。

（二）使用时机

接球用于比赛诸多方面，良好的接球对于掌握球权，获得比赛中的优势至关重要。队员需要具备能够从左右两侧接球的能力。

（三）教学要点

（1）前臂向上和向前抬起，肘部弯曲。
（2）眼睛注视着传球队员的手和球。
（3）向传球队员伸手展示传球目标，两手指朝上，拇指和食指成一个"W"形状，其他手指自然弯曲，成球的形状。
（4）将上身转向球，肩放松，观察来球的位置。
（5）接球时，肘关节及手腕稍微内收，将球接在胸前。

图2-12 双手接球

二、胸前抱接球（图2-13）

（一）动作要点

（1）接球前，双脚前后开立，胸部正对着球传来的方向。

（2）双手抬置于胸前，手心向上并朝向自己的面部，双手的小拇指指尖靠拢，小臂前伸。

（3）接球时，夹肘，双腿屈伸，用俯身、锁肩、收肘、收腹的缓冲动作把橄榄球揽入怀中。

图2-13 胸前抱接球

（二）常见错误

（1）不看来球。
（2）低头。
（3）没有转肩、伸手。
（4）手指未张开。
（5）手和手指僵硬（这会导致戳到手指）。

（三）关键提示

球性差的队员开始接球会觉得很难，要多做熟悉球性练习，教练要多鼓励，提升队员自信心。

第四节　滚 球 技 术

滚球技术是触球向前推进获得地域重要的基本技能。该技能是持球队员主动触碰防守队员或在防守队员触碰持球队员后持球队员立即滚球，将球传给加速跑动的第一个接球队员的动作。接球队员向前跑动遇到防守队员可减速主动触碰对方或等待防守队员触碰。以此类推，持球队员触碰后滚球，传锋传球的流程重复进行，不断向前推进。传锋可以是相同的队员或不同队员。该技能可以根据场上需要多次运用。滚球技术的运用时机为：当球靠近本方的得分线时，或试图获得地域时。滚球技术的动作要点包括以下几点。

（1）第一个接球队员向前跑动准备接球。

（2）传锋从地面准确传球。

（3）接球队员接球后直跑奔向防守队员。

（4）接近防守队员时减速。

（5）有效触碰。

（6）滚球。

（7）传锋支援及时就位减少球在地面停留时间。

（8）持球队员、传锋、接球队员相互交流。

（9）在"有利线"接球，即在滚球的标记处假想线依次重复进行向前推进。

一、静态滚球（图2-14）

（一）概述

滚球是触式橄榄球比赛模式的一部分，作为一项经常运用的技能，所有的队员都必须娴熟地去掌握，但滚球常常是团队训练时容易被忽视的个人技能。

（二）运用时机

静态滚球用于以下情况：触碰，交换球权，球落地，罚踢时不用轻触球而是以滚球开始比赛，以及由于进攻队员的轻触球出现违例犯规而使控球权改变时。

（三）教学要点

（1）持球队员放球时肩膀平行于得分线。

（2）队员两腿弯曲，保持较低的身体姿势。

（3）跨步时，一只手握住球，将球压放在两脚之间的地面上，球轴保持与达阵线平行，保持静止状态，以便传锋捡球。

（4）队员要跨过球。

（5）学会用左、右手进行滚球。

（6）在触碰地点及违例地点滚球。

图2-14 静态滚球

（四）易犯错误

（1）不在触碰的地点滚球。

（2）放球时肩膀未正对得分线。

（3）滚球时没有保持身体平衡。

（4）将球向后滚动超过1米。

（5）握力差，导致掉球。

（五）关键提示

教练应确保队员用左右手练习滚球技术，因为这会消除进攻队员在面对防守队员时总是用固定一只手去发起触碰的习惯。

二、动态滚球（图2-15）

（一）概述

动态滚球（通常称为"按球"）与静态滚球的不同之处在于，它是队员在奔跑过程中执行的，目的是使退后的防守队员处于越位位置。使用动态横滚球（按压球），队员可以将球快速向前推进，处于良好的得分位置。

（二）运用时机

当进攻球队试图快速向前推进时，经常使用动态滚球。

（三）教学要点

（1）熟练静态滚球、传锋捡球和传球技术。

（2）先以走动的速度执行滚球，逐渐过渡到慢跑和快跑下的滚球，直至达到比赛速度。

（3）学会用一手按压球，同时主动用另一侧手在防守队员的下半身或腿上触碰。

（4）使用大步姿势，将球按压到最靠近防守者内侧腿附近，并跨过球。

（5）每次练习中均应使防守队员养成主动接触习惯。

图2-15 动态滚球

(四) 易犯的错误

(1) 平衡能力差。
(2) 执行滚球时姿势高。
(3) 接近防守队员时未能减速。
(4) 球握得不牢。
(5) 进攻队员不主动触碰。
(6) 超过标点。
(7) 触碰防守队员的上身或手。

(五) 关键提示

在滚球过程中发生的许多错误都可以归结于运动员将球放在地面上时对球的控制能力差，会导致球掉落、在地上弹跳、放在脚的前面或一个不稳定的姿势，导致传锋不能顺利捡起球。因此，队员练习有节奏地放稳球的技巧是很有必要的。

第五节 捡球技术

一、单手捡球（图2-16）

（一）概述

单手捡球是传锋在跑动中迅速捡起地上的球。这是传锋除了平常传球之外的一种进攻选择。

（二）运用时机

通常是传锋利用防守队员刚触碰后退还处在越位时快速捡球直跑，在防守队员退到在位之前传球。

（三）教学要点

（1）把注意力集中在地上的球。
（2）加速就位，边走边放低重心，腰部和膝盖弯曲。
（3）两脚前后开立，前脚靠近球，以增加身体的支撑。
（4）用一只手在球下，另一只手放在球的上方，将球铲起。
（5）保持低姿势，直到球被捡起，恢复身体平衡。
（6）传锋持球加速向前。

图2-16　单手捡球

（四）常见错误

（1）不看球或在球捡起前将视线从球上移开。
（2）脚的位置不正确。
（3）由于双脚靠得太近而导致身体失去平衡。
（4）伸手去抓球。
（5）身体过早直立而失去对球控制或向前的动力。

二、双手捡球（图2-17）

（1）接近球时，稍稍低头俯身，屈膝弯腰，两腿前后开立跨骑在球的侧后方。
（2）保持身体平衡，身体侧转，使球位于前脚足弓外侧。
（3）两手一前一后将球捡起来。

图2-17　双手捡球

第六节　持球触地达阵得分

一、持球跑动触地得分（图2-18）

持球快速跑进得分区域，屈膝俯身，单手或双手把球按压在得分区（得分区内的任何位置，包括得分线上）内的地面，即完成触地达阵得分，称为"Try"。

图2-18　持球跑动触地得分

提示：如果持球队员跑进得分区内，在触地前，球从手中滑落或脱离，则被判掉球，得分不成立；如果把球按压在边线、死球线上，触地得分不成立。

二、持球鱼跃触地得分（图2-19）

进攻人单手或双手持球跑动，从得分区内或从比赛场地内鱼跃（跳进或从地上滑行）进入得分区，双手或单手持球并把球按压在得分区或达阵线上，均称为"Try"达阵得分，双手鱼跃达阵得分，鱼跃后双手持球，将球尖略微抬起，利用球的侧面与地面接触滑向达阵区。

图2-19 持球鱼跃触地得分

第七节 开球或罚踢技术

如图2-20所示,执行开球的队员必须在裁判员指明的开球点(或罚球点)位置。开球队员的身体相对于进攻方向侧转45度,胸部侧对边线,双脚前后开立并跨骑在球的侧后方,屈膝俯身降低身体重心,前脚(通常是左脚)踩在开球点的左侧,后脚的内侧足弓轻推位于罚球点地上的球,使球向进攻方向轻微滚动,推球的同时身体重心前移,通过小垫步调整脚步至适宜的捡球位置,屈膝俯身并双手捡球,继而开始进攻。

提示:足弓推球开球不能使球在地上的滚动距离超过1米,否则,球权转换。

图2-20 足弓推球开球

第八节 触碰技术

一、触碰技术（图2-21）

防守人在进行触碰防守时，只要单手或双手轻轻接触到持球人身体的肩部及以下部位，均被认为触碰成立。

双手触碰时，双臂及双膝弯曲，主动触碰持球队员，借助对方的反作用力使自己迅速后退；持球人也可以主动伸手触碰防守人。在触式橄榄球运动中，防守方只能触碰对方持球队员，而不能干扰、触碰无球人员。

图2-21 触碰技术

二、鱼跃触碰技术（图2-22）

防守方队员可以通过鱼跃展臂触碰持球人的方式进行防守。持球人位于防守人的侧面或防守人在持球人背后追赶时，可以通过鱼跃飞扑的动作以达到瞬间缩短彼此之间距离的目的，防守人在空中（或在地上滑行）时充分伸展身体并用单手（或双手）触碰持球人的身体部位，从而达到防守成功的目的。

提示：在进行鱼跃防守时，一定要避开相对攻防的情况，以免发生身体冲撞，造成伤害。

图2-22　鱼跃触碰技术

三、后退再向前（走角）（图2-23）

防守队员触碰后，要后退7米，方可继续上前防守，压缩对方进攻空间走角时，以内侧手触碰持球队员，并降低重心，边注视着球边向本方人数少的一侧后退。

图2-23　后退再向前（走角）

第九节　技术练习与训练方法

练习图示说明如下（图2-24）：

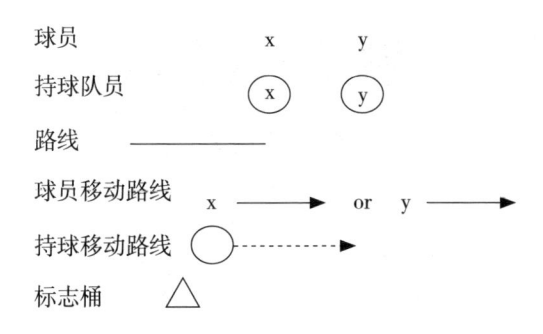

```
球员                    x        y
持球队员               (x)      (y)
路线          ————————
球员移动路线   x ————→  or  y ————→
持球移动路线   ○ - - - - - ▶
标志桶          △
```

图2-24 技术练习图示

一、半圆传球—1

（一）参加队员

每格4~8人。

（二）练习安排

队员们围成一个半圆（见图2-25），中间有一名队员，队员侧身站立，肩膀朝向中间的队员，双脚应与肩同宽，在中间队员和半圆内其他队员之间传球。练习的目的是当中间队员传球后，让半圆中的持球队员立刻回传给中间队员，必要时进行轮换。

（三）教学要点

队员眼睛始终看着球，双手随时准备接球，接球和传球要转肩，指定传球的目标，确保队员之间的沟通，所有人，特别是中间队员要全神贯注，视野开阔（即侧面观察）。

（四）器材

两个球。

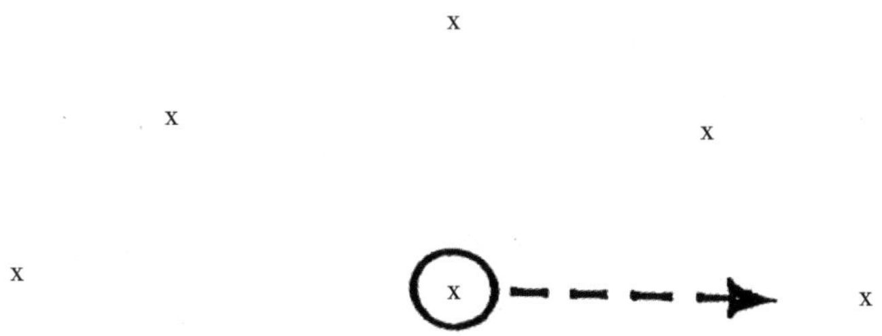

```
            x
      x           x
  x         ⊙----→      x
```

图2-25　半圆传球—1

二、半圆传球—2

（一）参加队员

每格6或7人。

（二）练习安排

一个队员站在格子内，其他队员站在半圆外（见图2-26），队员在圈内向左或向右传一个球。一旦小组队员能熟练传一个球，就加入第二个球（从半圆的另一边开始。起初，队员们会把握好传球的时间，一旦他们熟练适应了，就试着让第二个球追上第一个球，看能传多少次而不掉球）。

（三）教学要点

队员眼睛注视着球；双手随时准备接球；警觉性和开阔视野；快速的身体移动。

（四）器材

两个球。

图2-26 半圆传球—2

三、圆圈练习

（一）参加队员

每格6或8人。

（二）练习安排

队员在格子内的一个站位成圆圈，圆圈中间站立一位持球队员（见图2-27）。圆圈的队员走动中接圆心持球队员传来的球并立刻回传。随着练习的熟练，逐渐变为跑动中传球。圆心队员与圆圈上的队员互换。

（三）教学要点

队员眼睛注视着球；双手随时准备接球；确保左右两侧手都得到练习传球。

（四）器材

一个球。

```
        x

x ←         x

                    x
x                       x

        x
```

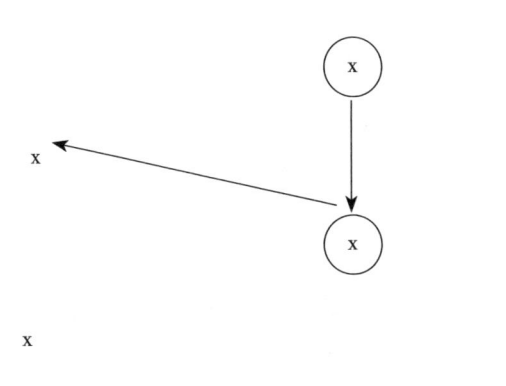

图2-27　圆圈练习

四、圆圈传球追逐赛

（一）参加人员

每格6至8人。

（二）练习安排

队员在格子里围成一圈（见图2-28）。当球向一个方向传出时，第一个传球队员旁边的队员在圆圈外侧向相反方向跑，在跑回他/她的位置时，看看传球快还是跑得快。

（三）教学要点

队员眼睛关注球；双手准备接球；警惕周边视野；在压力下快速传接球。

（四）器材

一个球。

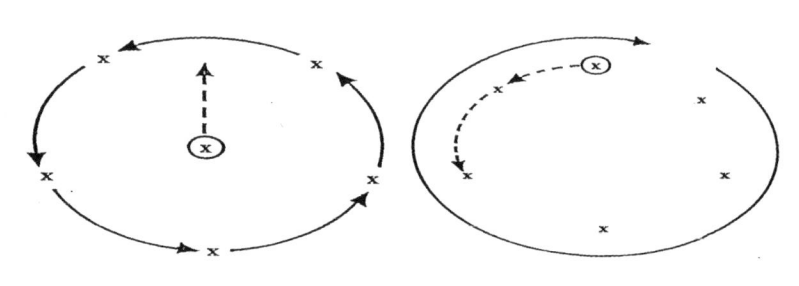

图2-28　圆圈传球追逐赛

五、Z字传球—1

（一）参加队员

6~8人。

（二）练习安排

队员站成平行线，相距5~8米。队员⊗站在球旁（图2-29），将球传给×，然后再传给线上的其他人。所有队员都是原地静止站立的。当球到达终点时，将球反向传回。

（三）教学要点

准确传球；向左/右传球；注意观察接球队员。

（四）器材

一个球。

图2-29　Z字传球—1

六、Z字传球—2

（一）参加队员

6～8人。

（二）练习安排

与Z字传球1相同，但队员传球后，迅速跑到下一个位置（图2-30）。最后一名队员持球跑到开始传球队员的位置。

（三）教学要点

准确传球、加速/减速、跑动中的传球、开阔视野。

（四）器材

一个球。

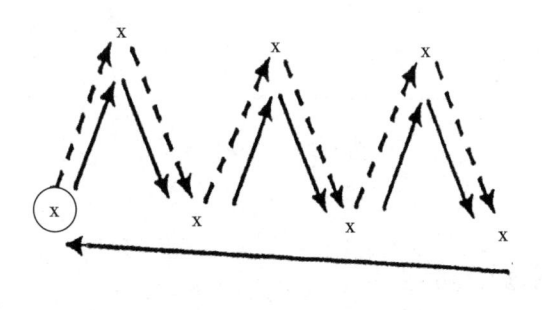

图2-30　Z字传球—2

七、持球追逐

（一）参加人员

每格3或4人。

（二）练习安排

在一个10米×10米的格子里站三或四名队员（图2-31），其中一名队员两手持球于胸前跑动。持球队员的目标是将球触碰其他被追赶者身体的任何部位，并控制好球。

（三）教学要点

球在两手控制下握住；平衡和敏捷地跑动；全神贯注。

（四）器材

每个格子里有一个球，网格标记。

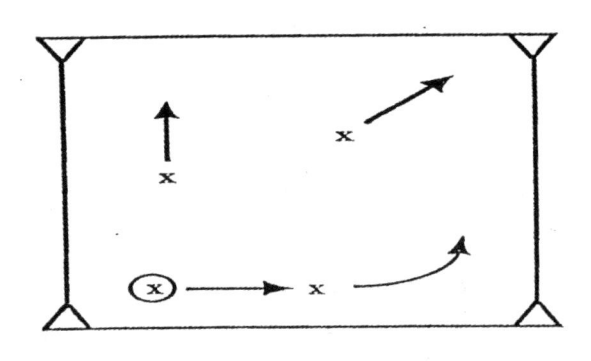

图2-31 持球追逐

八、持球摆脱防守

（一）参加人员

每格6或8人。

（二）练习安排

分成两组分别站在20米×10米网格端线两角（图2-32），其中一组队员每人持球。目的是让持球队员在不被另一组防守队员碰触的情况下在远端线达阵得分。每次达阵后，队员们交换角色。防守队员在持球队员开始跑动后开始防守。

（三）教学要点

用双手持球；防守压力，限制对手得分；必要时鱼跃达阵；绕过更快对手。

（四）器材

每格三个或四个球，网格标记。

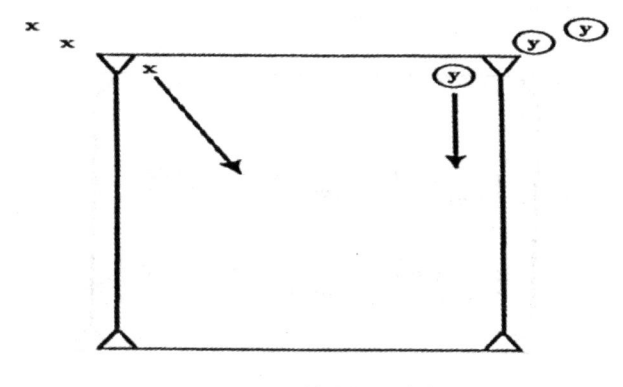

图2-32 持球摆脱防守

九、滚球练习—1

（一）参加队员

每格6或9人。

（二）练习安排

三人一组，两名进攻的队员交替滚球并充当传锋，而另一名队员则充当防守队员，并逐渐向后移动（见图2-33）。当队伍到达另一侧时，就会改变位置并重复这些动作。目的是让持球队员在进行滚球之前被防守队员触碰，或主动触碰防守队员，练习滚球动作。滚球后，传锋捡球向前跑动，到对面边线后，相互交换位置，继续练习。练习以慢走开始，然后快走、慢跑、全速跑等。

（三）教学要点

队员在触碰后做滚球动作；滚球的所有教学要点；正确地捡起球；传锋规则。

（四）器材

每组三人一个球，格子标记。

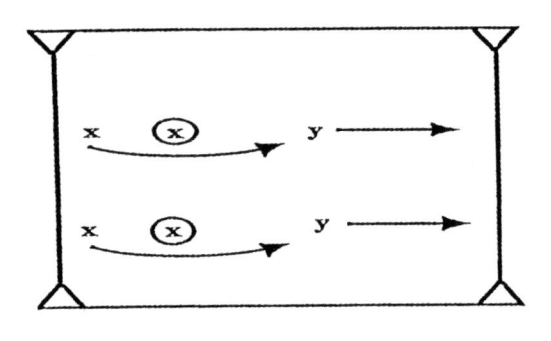

图2-33 滚球练习—1

十、滚球练习—2

（一）参加人数

3～10人。

（二）练习安排

队员分成两组，在格子的两侧迎面站立（图2-34），一组的第一名队员持球，跑到对面队员的前面，转身180度，并进行滚球动作，然后跑回本队队尾。对面的队员接到球跑到第一组队员前，重复这些动作，以此类推。目的是确保队员正确地滚球并面向达阵线的方向。

（三）教学要点

所有关于滚球的教学要点；引入接力赛和与其他组的比赛。

（四）器材

每个网格一个球、网格标记。

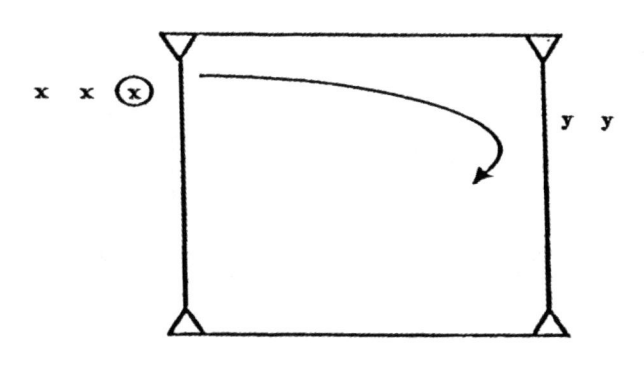

图2-34 滚球练习—2

十一、传锋技巧—1

（一）参加人员

每格4人。

（二）练习安排

将队员分成每格4人一组，然后分成相距约5米的两组（图2-35）。第一个队员做滚球动作，第二个队员做传锋捡球传给另一组中最前面的队员，后者向前跑动几米，然后做滚球动作，如此反复。当某个队员传球时，该队员就会移动到这队选手的前面。网格的长度可以延长，以便在返回时有足够的空间进行几次传递。确保所有队员都能左右手练习传锋传球。

（三）教学要点

眼睛注视着球；用两只手控制好球；侧跨步，扩大底盘；从地面传球，先看接球目标；鼓励传旋转球，以获得长距离的准确性。

（四）器材

每个格子一个球，格子标记。

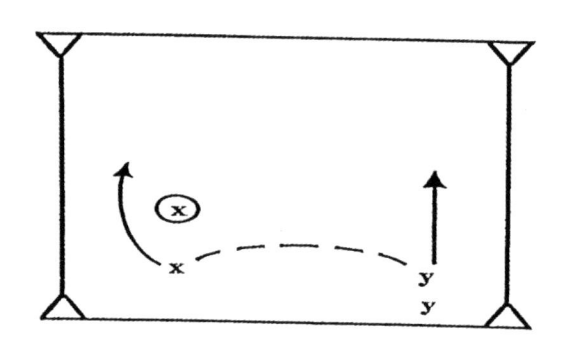

图2-35　传锋技巧—1

十二、传锋传球技巧—2

（一）参加人员

每格8人。

（二）练习安排

队员们成对站在网格的两侧，一人站在队友的身后，面对格子的中心（图2-36）。第一队队员面对左边的组别，进行滚球，传锋传球给右边的小组。接球的队员向前走一步，转身向左，做滚球动作。该组中的另一名队员也向右传球，动作重复进行。当一名队员成为传锋后，该队员成为下一轮次执行滚球动作的队员。

（三）教学要点

面对得分线进行滚球；眼睛看着球，用双手持球；从地面传旋转球，并注视接球队员侧跨步，扩大身体底盘，跨步脚指向接球队员。

（四）器材

每个格子一个球，格子标记。

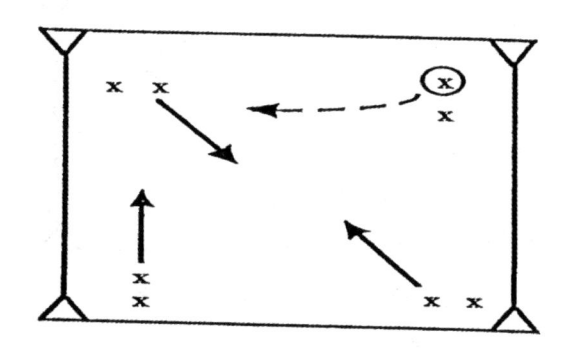

图2-36　传锋传球技巧—2

十三、灵敏练习—模仿队友动作

（一）参加队员

4或6人的网格。

（二）练习安排

队员在格子的边界内两人一组。一名选手双手持球距离同伴约为30～40厘米的眼前高度（如果没有足够的球，第一个队员张开手掌就可以了）（图2-37）。持球队员在方格里做慢走动中变向、假传球等各种动作，同伴注视持球人，模仿其动作。持球队员应避免大转弯，使球远离第二名队员，并应逐步增加动作难度。"影子"队员必须全力模仿第一个队员的动作。

（三）教学要点

敏捷、机警和动作协调；变向步法等的教学要点。

（四）器材

每队队员一个球，网格标志。

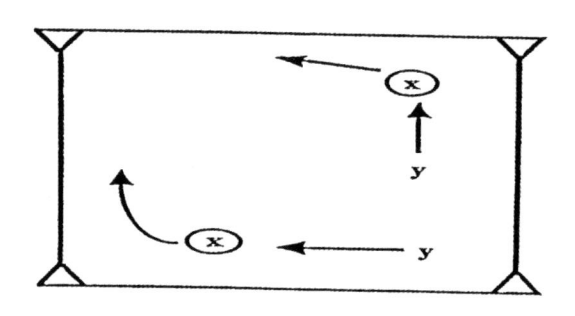

图2-37　灵敏练习－模仿队友动作

十四、变向技巧

（一）参加队员

每格2~8人。

（二）练习方法

教师讲解变向示范，队员分成两组，分别站在约10米×10米网格的对角线上（图2-38）。一组的队员持球慢跑，另外一组队员也沿着对角线跑动，两队员快相遇时，持球队员侧步变向，跑向对面的角落，然后练习结束相互交换，迅速移动到另一组的后面。步伐可以逐渐加快，随着练习熟练逐步增加跑动速度。

（三）教学要点

侧步变向的教学要点。

（四）器材

大量的球，网格标记。

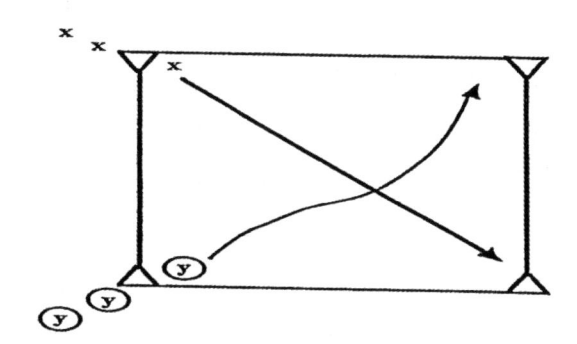

图2-38　变向技巧练习

十五、随机传球

（一）参加人员

每格3～5人。

（二）练习安排

该小组在网格范围内以随机方式相互传球，首先是步行，然后慢跑和快跑。允许的范围每格3～5人。传球类型也可以指定传球方式（如所有传球都要向右传旋转球等）（图2-39）。

（三）教学要点

接球和传球要点；确保传球顺序是随机的；确保队员使用网格的所有区域部分；通过其他小组比赛或时间限制施加压力。

（四）器材

每个网格一个球、网格标记。

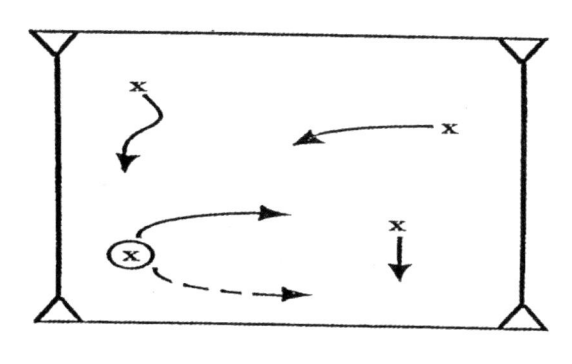

图2-39 随机传球

十六、随机防守—1

（一）队员人数

每格4或5人。

（二）练习安排

在一个网格中的3或4名队员进行随机传球并安排一名防守队员（图2-40）。该防守队员允许将球拍在地，但不得靠近持球队员超过一米的距离。持球队员不能带球跑。其目的是让其他队员进入有效的支援位置并接应传球。如果防守队员将球拍在地上或拦截传球，造成失误的进攻队员将代替防守队员。不鼓励高空传球。

（三）教学要点

接球和传球要点；整体意识和交流沟通；增加不持球时的移动速度；引入假传球和传球方式选择。

（四）器材

每组一个球，格子标记。

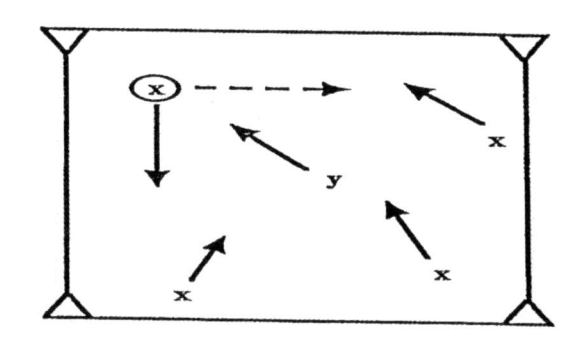

图2-40　随机防守—1

十七、随机防守—2

（一）参加人员

每格5或6人。

（二）练习安排

让几个队员在一个10米×10米的网格内（图2-41），由一名防守队员试图在任何队员持球时对其进行触碰。目的是吸引防守队员的触碰和预判，为鼓励防守成功，如果触碰到持球队员，队员间将被交换。这个练习鼓励防守队员预测传球，并在传球时向进攻队员移动。

（三）教学要点

防守队员不要浪费体能追赶球；接球和传球的教学要点。

（四）器材

每格两个球，网格标记。

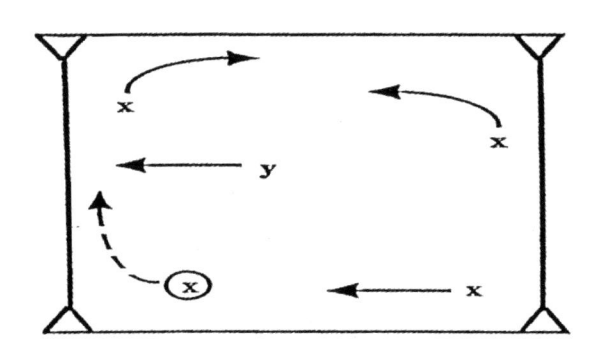

图2-41　随机防守—2

十八、吸引防守队员

（一）参加人员

每格5～9人。

（二）练习方法

两组队员在双层网格（约20米×10米）的两端，其中一名队员持球。防守队员在双格（约20米×10米）的任意一点上站位，面对其他两名队员（图2-42）。目的是让这两名进攻队员面对中线的防守队员做2打1。持球队员根据防守队员防守位置、时机做出定人传球、假传球突破、交叉传球、重叠等进攻方式。防守队员最初应限制其在中线上横向移动，随着练习熟练，该队员可以根据需要向前和向后移动。

（三）教学要点

持球队员直跑；支持的队员保持纵深距离；传球的时机；口令沟通和所有传接球教学要点。

（四）器材

每个格子里有一个球，网格标记。

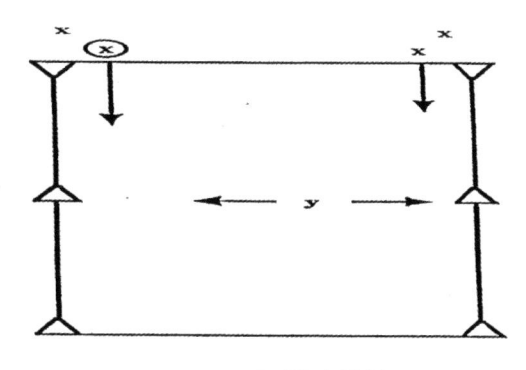

图2-42 吸引防守队员

十九、双人传球

（一）参加人员

每格4~6人。

（二）练习方式

最初两人一组，然后三人一组。队员们传球到格子对面，折返继续传球，当第一组回到起始点时，第二组重复该训练（图2-43）。确保队员在另一侧转身，以便双向传球。一旦简单的传球动作熟练了，可以增加跑动的速度，或者增加每次传球的次数，或者两者都增加。如果三个人一组，记得要把中间的队员互换。这种练习可以让一个小组在另一个小组练习时休息。

（三）教学要点

接球和传球（平直球或旋转球）的所有教学要点；侧身传球、向后传球（不向前传）；专注于指尖对大厅的控制。

（四）器材

每个格子里一个球，网格标记。

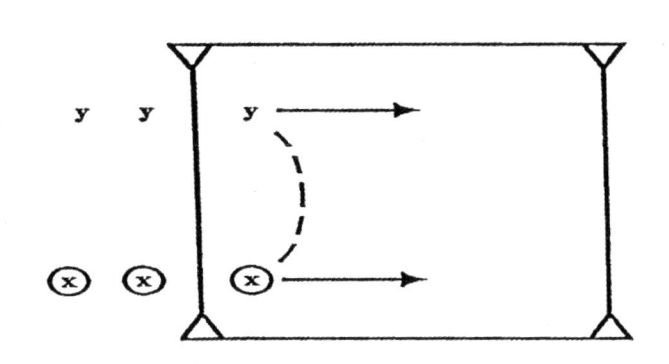

图2-43 双人传球

二十、整队传球

（一）队员人数

每格最少4人，最多7人。

（二）练习方法

队员们站在格子的底端有纵深地排成一排，排头的队员持球跑动，依次传球。目的是让小组以直线形式穿过网格，在小组到达另一边之前，球要在所有队员之间传完。然后小组返回做传球，必要时重复练习，快跑快传和提高传接球的准确性，也可以减少或增加网格的宽度或每组队员的数量。

（三）教学要点

准确地传到接球者手中；传球的力度要与距离相称；力求动作流畅，速度快。

（四）器材

每个格子一个球；网格标志。

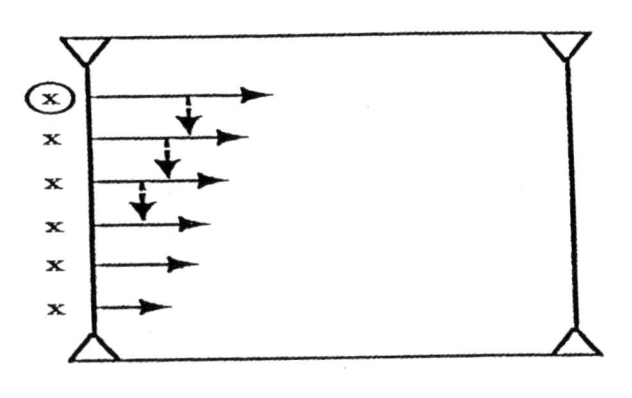

图2-44 整队传球

二十一、拦截球

（一）参加人员

每格3~5人。

（二）练习安排

在网格的两侧各安排一名队员，其他队员在网格内的任何位置（图2-45）。目的是让两边的队员在彼此之间传球，其余的队员则试图拦截传球。教练应指定使用的传球类型，如左手传旋转球等，所有传球都要低于头顶高度。传球队员在没有球的情况下可以沿边路任意移动，网格内的队员不应受到限制。定期交换队员并建立一个比赛分数模式。

（三）教学要点

接球和传球的教学要点；警觉性和预见性。

（四）器材

每个格子里有一个球，网格标志。

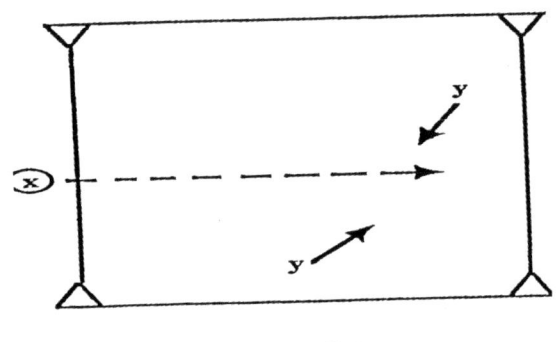

图2-45 拦截球

二十二、四角传球

（一）参加人数

每格4人。

（二）练习方法

4名队员分别站在10米×10米网格的每个角上。一名队员站在10米×10米网格的一个角上。持球的队员将球传给网格边上的另一名队友，然后跑到该队友的位置，再回到原来的位置。当队员回到原来的位置时，球应该已经传递整个网格的边线，并与第一个队员同时到达原来的起始位置（图2-46）。这个练习可以在一分钟内完成，两次活动之间有10~15秒的休息时间。通常三到五组就足够了。

（三）教学要点

只在接球者准备好时才传球；接球和传球要点；交流和决策；在开始跑之前完成传球。

（四）器材

每个格子一个球，网格。

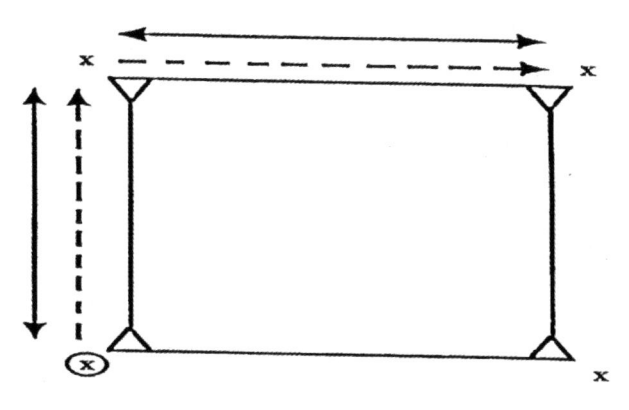

图2-46 四角传球

二十三、四角传球—2

（一）参加人数

每格5人。

（二）练习方法

在10米×10米的格子中，每一个角上都有一名队员（图2-47），一名持球队员和第五名队员站在一起。第一名持球队员传球后沿传球线路移动，然后跑到下一名队员的位置上。第二名队员也这样做，球在队员前面的网格边线上传递。继续练习4~5分钟。

（三）教学要点

接球后立即传球；正常接球和传球要点；交流和决策；在跑动前传球。

（四）器材

每个格子一个球，网格标志。

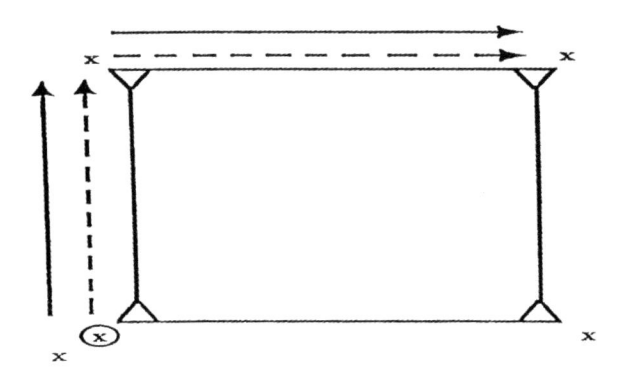

图2-47　四角传球—2

二十四、闪躲游戏

（一）参加人员

每格最少4人，最多12人。

（二）练习方法

网格中的队员被分成两个相等的小组（图2-48），最好用球衣颜色来区分。其中一队拥有球权，并试图在不掉球的情况下通过传球，持球触碰另一队队员。持球的队员不能移动，而组内的其他队员要四处移动，进入一个更好的位置接传球并完成触碰，被触碰的队员就出局；通过沟通、团队合作和快速思考，所有的防守队员们最终全被淘汰出局，然后将各组互换，看第二组是否能超过第一组所用的时间。

（三）教学要点

持球队员必须支持持球队员；无球队员积极跑位；沟通。

（四）器材

每个格子一个球，网格标志。

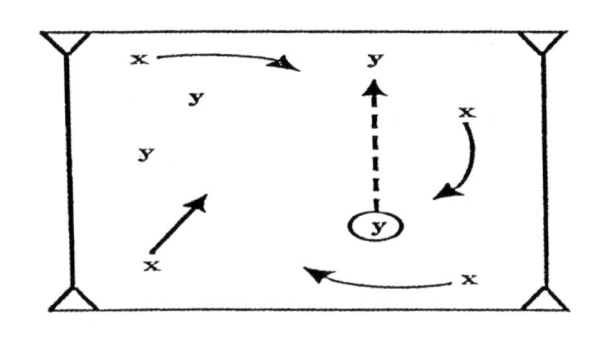

图2-48 闪躲游戏

二十五、追逐跑

（一）参加人员

每格6人。

（二）练习安排

6个队员们分布在10米×10米的格子中，他们站在一排，间隔大约一米（图2-49）。比赛的目的是听到组里一名队员口令后，快速启动，要从格子的一边向另一边冲刺跑，并力争追上发出口令的队员，在每次冲刺跑之间设定一个短暂的休息时间，大约是几秒钟，并从一组六次冲刺发展到三组或四组。

（三）教学要点

加速和减速的技巧；双手持球或用双手持球完成；一起完成；站着不动或慢跑恢复；方向的变化。

（四）器材

一个球，格子标记。

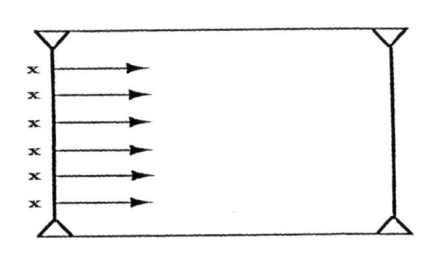

图2-49 追逐跑

二十六、"丢沙包"游戏

（一）参加人数

6人到整队。

（二）游戏方法

方格两侧各有一个队员（图2-50），其中一个队员持球，目的是通过传球击中其他队员从格子的另一侧跑向对面的队员，规定只能向腰部以下传球，被击中的队员加入传球的队伍，看谁是最后被击中的队员。

（三）教学要点

传接球要点；传球准确；配合积极；躲闪跑动；注意安全。

（四）器材

每个格子一个球，网格标志。

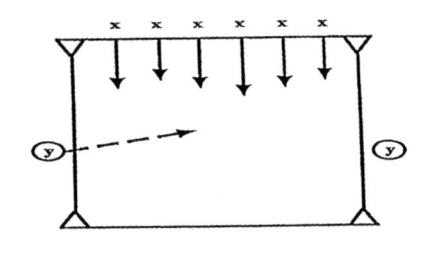

图2-50 "丢沙包"游戏

二十七、闪躲触碰游戏—1

（一）参加人数

5名到整个队的队员。

（二）组织方法

一个队员站在20米×10米的方格的中间面对在一侧底端站立的其他队员（图2-51），游戏的目的是站在底端的队员往对面来回跑动过程中，力图闪躲中间防守队员的触碰。中间防守队员要听教练的口令"用左手、右手、双手触碰"。

（三）教学要点

触碰的要点；防守位置选择。

（四）器材

方格标志。

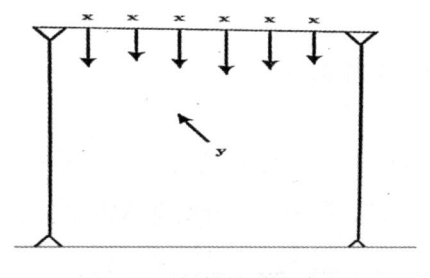

图2-51 闪躲触碰游戏—1

二十八、触碰闪躲游戏—2

（一）参加人数

每格6~10人。

（二）组织方法

除一名队员外，所有队员都在10米×20米的网格末端（图2-52），每人带一个球。目的是让持球队员从一端移动到另一端而不被中间队员触碰或掉球。

（三）教学要点

用两手进行触碰的教学要点；带球跑时的敏捷性。

（四）器材

6~10个橄榄球、格子标记。

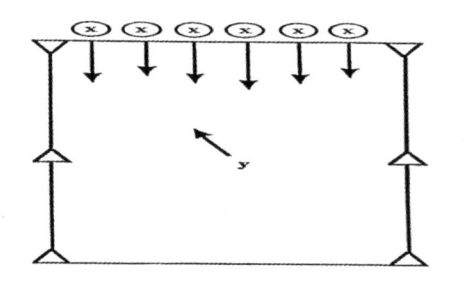

图2-52 触碰闪躲游戏—2

二十九、带球接力跑

一个10米×10米的网格，每个角落有一个标志（图2-53）。队员们在一个标志体的内侧排成一排，第一个人开始持球跑动。依次练习。

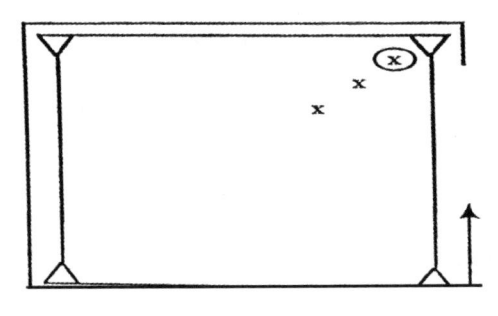

图2-53 带球接力跑

三十、折返跑挑传球

用10米×10米的网格，最多可容纳4名队员（如果超过4人，则网格改为20米×20米）。队员们站在一侧边线上，第一个队员持球跑向另一侧边线，并迅速转身折返，到达开始的位置后将球挑传给下一个队员，然后到队尾排好，以此类推（可以计算在规定时间内的传球次数），如图2-54所示。

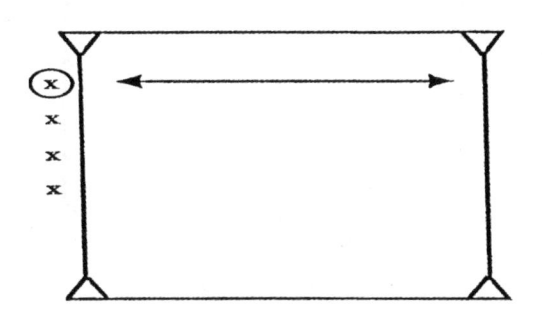

图2-54　折返跑挑传球

三十一、重叠和交叉传球

一个10米×10米的网格，小组队员迎面站成两队（图2-55）。

（1）队员持球往前跑动，并做重叠练习，到对面后挑传球给对方。

（2）对方队员接球后返回进行交叉跑动传球，队员依次交换位置，球再次传到起点。

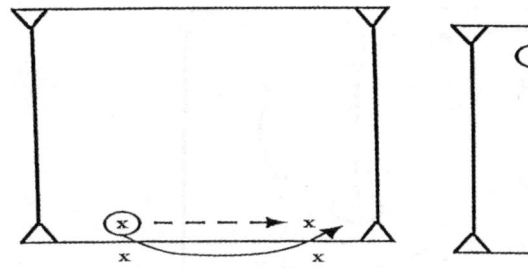

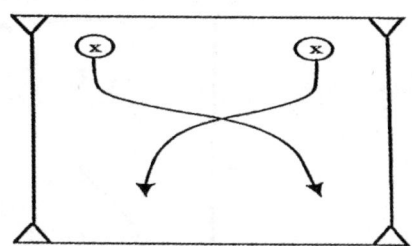

图2-55　重叠和交叉传球

三十二、2打1练习

3~6人一组，使用20米×10米的格子，2名持球队员试图摆脱对面防守队员触地得分，队员之间互换角色，分别担任持球队员、支援队员和防守队员（图2-56）。

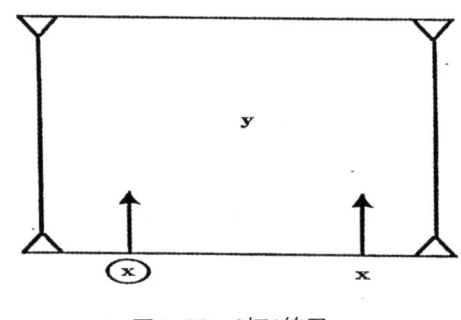

图2-56　2打1练习

三十三、淘汰比赛

每组最多4~6人，在10米×10米的格子里（图2-57），目标是持球碰触防守的队员。球可以在同队的队员间相互传球，但持球的队员不能带球移动，被触碰的队员或跑出格子外的队员就被淘汰出局。球被拦截或掉落，则球权转换。当一队淘汰所有对方队员时，该队获胜。

（变化：每掉落一次球，就有一名被淘汰的队员回到格子里。）

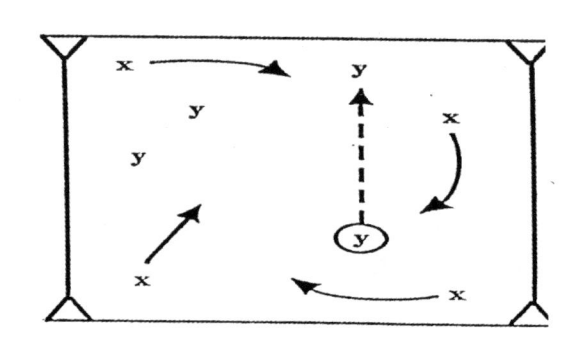

图2-57　淘汰比赛

三十四、"形影不离"

在一个10米×10米的网格区域内，2~6人一组，让一名或多名队员持球，同伴像影子一样跟随其后，模仿持球同伴所做的动作（图2-58）。根据需要进行角色互换或交换持球队员。

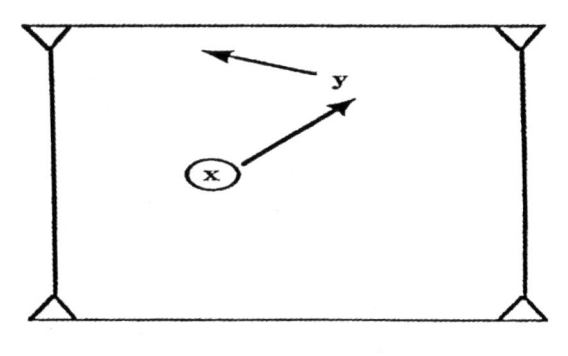

图2-58 "形影不离"

三十五、随机传球

在一个10米×10米的网格区域内，可以自由跑动随机传球，也可以分组传球（图2-59）。使用一个或两个球；或一个或多个组练习。

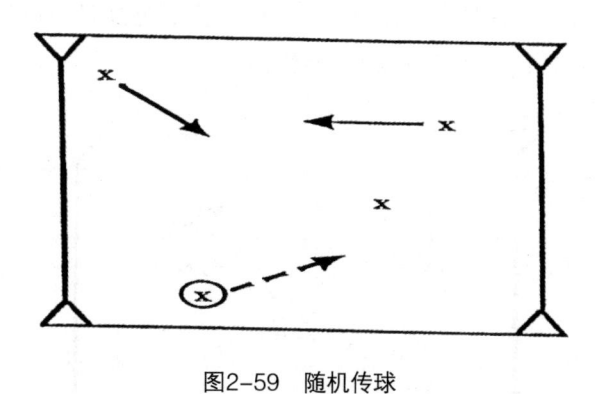

图2-59 随机传球

三十六、变向和绕跑

在20米×20米的网格区域内,队员面对面或成一角度站立(图2-60)。持球队员带球跑动躲闪对面向前压上触碰的防守队员。进攻队员做变向和绕跑,突破后继续前进并将球交给对面下一个队员。依此进行练习。练习一段时间后改变跑动角度和角色。

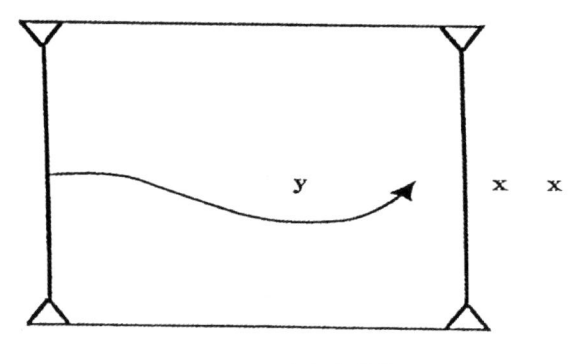

图2-60 变向和绕跑

三十七、防守触碰练习

在一个10米×10米的网格区域里,一名队员为防守队员,其余人在网格内移动(图2-61)。防守队员必须在一段时间内(如30秒)尽可能多地进行有效触碰。所有队员必须始终保持在网格内。

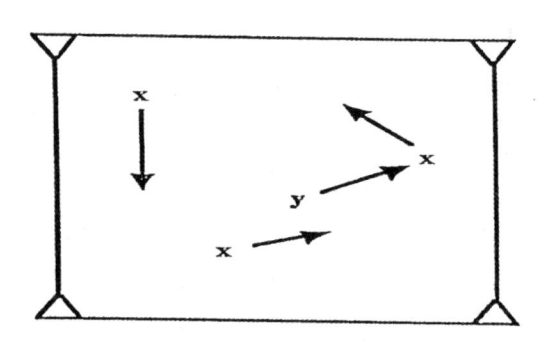

图2-61 防守触碰练习

三十八、十次传球

在10米×10米的网格区域里最多两队共8名队员，在队友之间传球（图2-62）。练习的目的是如果完成10次传球，得1分。当一队得分后，球权交换，另一队将得到球。传球时，对方防守干扰传球，并一直向对手施压，力图获得控球权，但不抱持球队员。如果一个持球队员被触碰、掉球、跑出方格区域或传球被触碰，则球权交换。

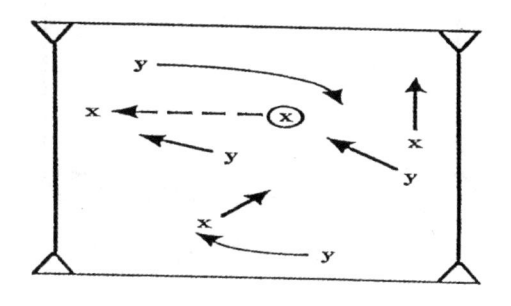

图2-62 十次传球

三十九、传球游戏

在40米×40米的区域内（图2-63），每队6人，各队之间尽可能多地传球，而另一队的队员则试图拦截球。持球队员三秒钟内必须传球，否则球权交换。如果对方拦截了球，或者掉球、持球队员被触碰球权交换，比赛看哪一队传球次数最多。

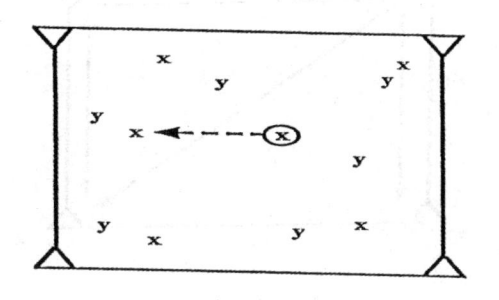

图2-63 传球游戏

四十、跑动传球比赛

两队各4名队员在10米×10米的方格中相互排成一排，第一个队员将球传给下一个队员，并试图跑到队伍后面，到达队伍的末端，接球依次传递的球并触地得分，比赛看哪一队先触地得分（图2-64）。

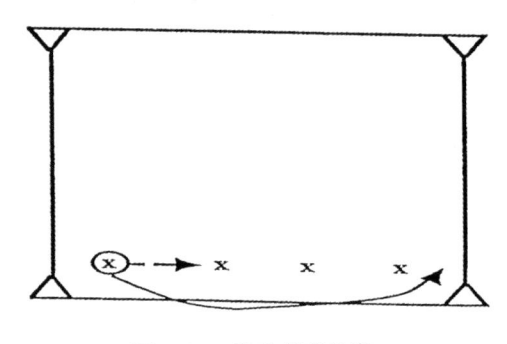

图2-64　跑动传球比赛

四十一、"老鼠搬家"游戏

在10米×10米网格区域，2~4人一组紧挨着排成一排，面向中间（图2-65）。有若干球放在线上或每个角的后面。在教师发出开始的口令后，各组跑向任何一组，拿起一个球并将其送回自己的小组。比赛规定时间结束时，拥有最多球的一组即为获胜队。

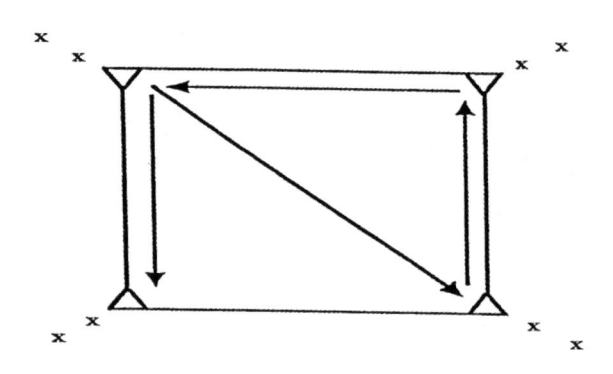

图2-65　"老鼠搬家"游戏

四十二、躲闪游戏

在10米×10米的网格区域内,2~8人一组,队员分散在整个区域内,2人一组,队员试图触摸对方的膝盖,同时躲避对方对他的类似动作。

四十三、灵敏素质练习

(一)场地器材

橄榄球、标志。

(二)练习安排

将三个标志桶相距5米,在中间标记桶处放置一个球(图2-66)。

(1)队员从"Z"标开始跑动。
(2)向前跑到A处捡起地上静止的球。
(3)向前加速并在B之前向左或向右跨步变向。
(4)向左完成5次,再向右完成5次跨步变向。此为1组。
(5)完成2组,组间休息3分钟。

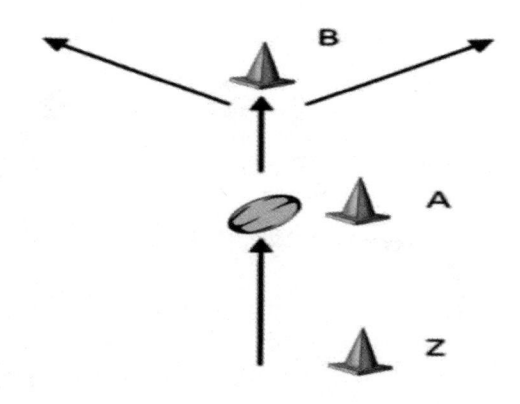

图2-66 灵敏素质练习

四十四、相互跑动中的传接球

（一）场地器材

每边放置3~4个橄榄球，标志放4个。

（二）练习安排

队员在跑动传接球时，除了重点关注接球外，还要适应在有压力及其他干扰的情况下，传接好球。4人一组，迎面站位，每组一个球（图2-67）。队员在标志后站好，第一组从"A"持球并向前跑动然后传给"B"，再传给"C"等。一旦球到达线的末端，就再依次传回，一旦整组到达对面标志，就再折返。然后再增加变化，每组向前跑动传球的同时，对面也有一组队员同样做迎面跑动传球，队员向前跑的同时观察对面队员以及接球队员的站位，接球队员也要注意视野，移动保持好站位。

（三）教学要点

提示队员抬头观察，视野开阔，注意对面及本方队员，防止撞到对方或将球击中其他队员或落地。

注意：不要前传及尽量传平直球。

图2-67 相互跑动中的传接球

四十五、4对4防守比赛

(一)场地器材

每队一个橄榄球,标志4个。

(二)练习安排

加强触式橄榄球最重要的元素是线的防守,即封角或小边防守,用正确方向一侧的手,以侧身去触碰对方,然后收缩保护触碰队员。比赛是在15米×30米的缩小尺寸场地内进行(图2-68)。4人一组,迎面站立;每组有六次触碰进攻或防守,各组都排好队准备轮换上场。4对4一组进攻,一组防守,完成上一组进攻的队伍成为接下来的防守队伍。

(三)教学要点

规则和平常一致,但在小边触地分值为3分,以鼓励进攻,同时也是强调小边有效防守。

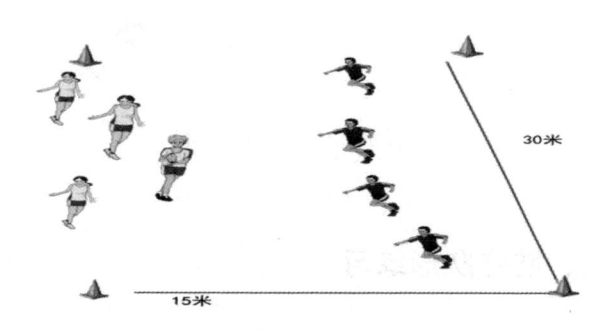

图2-68 4对4防守比赛

四十六、传锋防守训练

(一)场地器材

每组4个球。

（二）练习安排

练习滚球后对传锋的防守。防御策略：只是为了确保防守队员知道如何根据进攻队员的动作去正确盯防。如图2-69所示，设置两个防守队员和两个进攻的练习。

（1）进攻队员2持球向前跑动，并触碰防守队员B执行滚球。

（2）进攻队员1将球铲起，朝刚被触碰后退并尚处越位的防守队员B跑去。

（3）防守队员B盯防在原持球队员（进攻队员2），而防守队员A去盯防捡球传锋（进攻队员1）。

（4）改变进攻队员的移动方式，包括传锋和滚球队员，从而让防守队员能快速识别盯防他们的队员，相互交流，并探索其他预先设定防守策略选项。练习熟练后变成3对3进阶练习。

图2-69 传锋防守训练

四十七、防守队形练习

（一）场地器材

标志4个，1个球。

（二）练习安排

目的是强化得分线附近防守理念，即靠近得分线前的防守，需要防守队员保持好有效的防守阵型，以最大限度地保护上线和出线的防守队员，以防止其被孤立。

（1）进攻方横向传球，直到有哨声停止传球。他们不需要向前向防守者移动，只需保持此时其持球队员两侧纵深站位的线即可。

（2）防守队员需要根据持球队员的位置相应地移动他们的防线以重新站位并确保两名防守者始终盯防一名进攻队员（备注：当球一直在右边时，左边锋要盯防连接队员）。

（3）当哨声响起时，两名负责盯防守持球的队员要进行沟通，确认谁要上前触碰持球队员。其他防守队员都要体验按照他们指定的防守对象的角色进行触碰防守（图2-70）。

图2-70　防守队形练习

四十八、直线防守技巧

（一）场地器材

灵敏练习标志杆4～6根。

（二）练习安排

目的是强化防守队员一起直线压上再迅速后退在位的理念。该练习可以变化更高级的防守理念，即一旦完成有效触碰，该队员要退回到他们的小边，所有的防守队员要明确谁将要上前触碰防守，其他队友可能会提前开始向后移动，以便为下一次防守及时压上。这便是预判触碰，适用于较高级的防守队伍。如图2-71所示，练习需要4～6名防守队员（可以分成几波防守队形）向前移动并有效触碰想象中的防守队员，其他静止的防守队员站成几排准备向前触碰防守。

（1）当防守队员向前移动时，他们会完成触碰标志杆并继续向后退到线上。

（2）当他们后退到线上时，第二波防守队员向前移动以相应地触碰各自的柱子。

（3）下一波防守队员在其背后掩护，要举手示意表示要压上并语言提示前面队员后退的方向。

（4）改变后退方向，即左后、右后等，进阶的练习可以加上触碰滚球分离，相应对位防守练习。

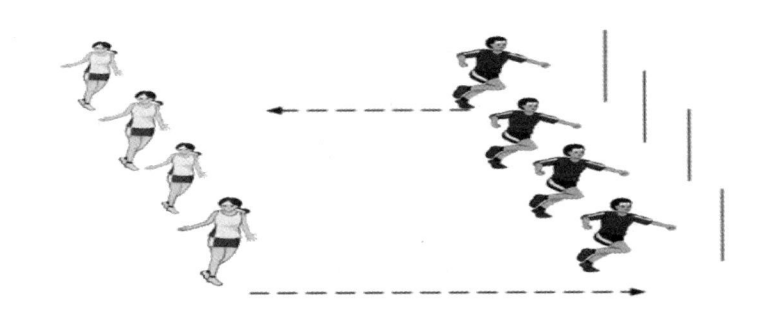

图2-71 直线防守技巧

四十九、三角防守技巧

（一）场地器材

每组6个球。

（二）练习安排

目的是加强3人推进时防守队员的防守策略。防守3人推进时，触碰后的防守队员应该从触碰点后退，以便让在位的防守队员在防守线向前压上。重要的是，滚球后，触碰后的防守队员必须后退保持在位，并向下一波要触碰的防守队员的身后移动以提供必要的掩护。如图2-72所示，三名防守队员防守三人推进的队员防守训练。

（1）3名队员做3人推进进攻，进攻队员3接球向前内侧跑动，防守队员C也向前内侧移动准备触碰持球队员3。

（2）进攻队员1绕跑到3原先所在的位置准备接球，2向前移动成为新的传锋。

（3）B移动滑向右侧，以掩护去触碰的防守队员C。

防守队员A则负责防护内侧滚球点，以防止传锋2捡球前冲。如传锋2传球给外侧1，则防守队员举手示意压上防守；随后防守队员A向右移位，以此类推，形成"三角形"轮流防守阵型。

图2-72 三角防守技巧

五十、触球移动游戏

（一）练习目的

这个游戏的主要目的是提高队员的有氧能力，但它也可以提高队员的敏捷性、沟通能力，甚至队员场上的视野。

（二）练习安排

进攻队员（通常是6人，但也可以是6～10人）在距离得分线约15米处排成一排（或由教练指定区域）。

防守队员（仅6名队员）在得分线对面排队。目的是让所有进攻队员越过分界线，而防守队员则通过对任何向他们跑来的进攻队员进行触碰来防止他们越过得分线。

一旦被触碰，进攻方必须再次回到起点线上，才能重新加入进攻行列；防守方在防守时不能离开得分线超过一米；攻守回合可以持续到所有的进攻队员都越过得分线，或者可以变化为在一个设定的时间范围内，如根据在60秒内过线的人次来计算得分（图2-73）。

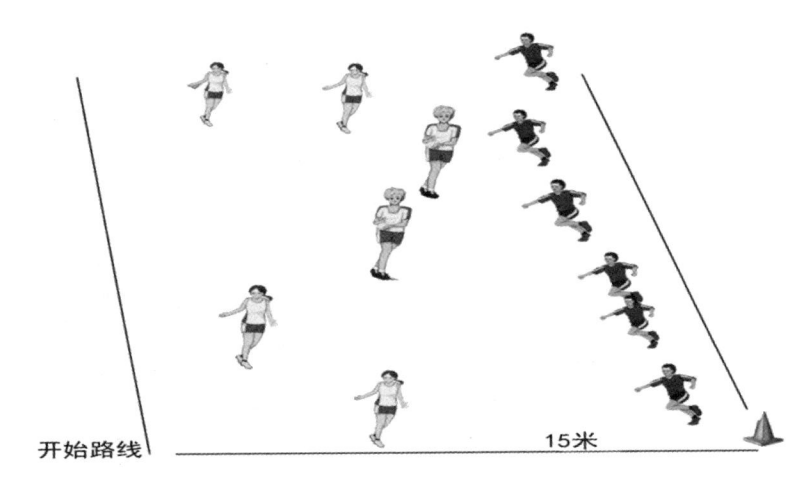

图2-73 触球移动游戏

五十一、传接球技巧练习——3对2

（一）场地器材

4个标志、每组3~4个球。

（二）练习安排

如图2-74所示，3名进攻队员对2名防守队员进行训练。中间持球开始进攻，在听到开始时必须试图吸引防守队员，并根据防守队员的位置选择合适的支援队员进行传球（或自己做假动作突破并得分）。

图2-74 传接球技巧练习——3对2

五十二、传接球技巧

（一）场地器材

4个标志、1个球。

（二）练习安排

可根据人数分成不同的小组训练。所有标志物相距7米，每组有一个球（图2-75）。在听到开始口令时，A组的每个队员要跑到7米处捡起静止的球，要用一只手放在球的上面抓起球，而不是下面，并且不使用另一只手协助，另一只手可以放在身后。一旦拿到球，要带着球跑动，并将其放在下一个7米标记处，继续跑动。他们的伙伴重复同样的动作（注意：对于年龄较小的选手来说，使用较小的球是必要的）。在训练中要练习运用左手和右手捡球。队员移动到对面的线，并依次重复练习。如果2人一组，A队员可以向前跑绕过B队员后退，并做滚球的放球动作并回到起始位置，重复进行练习。

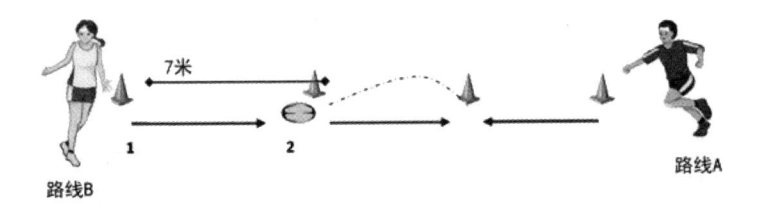

图2-75　传接球技巧

五十三、跑动接球练习

（一）场地器材

4个标志，1个球。

（二）练习安排

两名队员之间有一个球，面对面相距约2～5米（图2-76）。持球队员将球抛向他们上方的空中并接住。在抓住球的同时，他们要重新调整自己的握力，使拇指在上，手指在下，手掌张开等，然后再传给队友，由队友评估。也就是说，他们在传给队友之前是否有正确的握力，由队友给予反馈，重复若干次练习。传球时需要干净利落地进行（注意：变化调整伙伴之间的传球类型，即低、高、传旋转球等）。

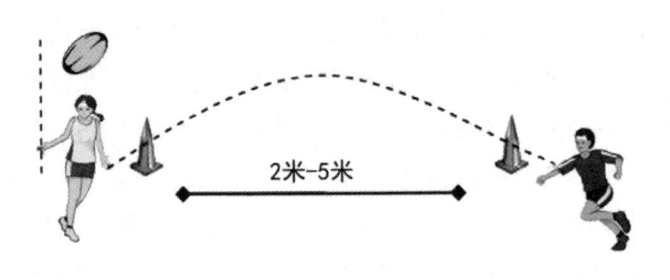

图2-76　跑动接球练习

五十四、3人推进技巧

（一）场地器材

4个标志、1个球。

（二）练习安排

如图2-77所示，每组三人各持一个球进行训练。持球队员A跑大约7米（如果需要的话，可以用标志来设定距离），然后做一个滚球练习，传锋B捡起球并传给C，后者向前跑约7米并进行滚球。A将成为下一个轮次的传锋。

图2-77 3人推进技巧

（三）进阶1：增加防守队员

加入一名防守（队员或教练），让进攻方在每个7米点对其进行触碰。在滚球完成前，让进攻方在7米处对防守人进行触碰。

（四）进阶2：增加进攻队员

四个人的滚球推进（Rucking推进模式）是在3人推进的基础上在另一侧增加一个额外的进攻队员，也就是在滚球地点的左右两侧都有一个接球队员。传锋会向左右两边交替传球，传球后移位到接球人位置，成为下一个接球队员。

沟通是成功完成滚球的关键，与完成该技能的动作同样重要。持球队员会得到一些提示：何时想要放球。传锋应承担这一角色，并听取来自接球队员的声音，以便明确向哪里传球。

五十五、长传球技术

(一) 器材

4个标志、1个球。

(二) 练习安排

长传球是在普通短传球的基础上训练的进阶,目的是强化这样的理念:当防守队员"关门"收缩队形压迫进攻队员时,进攻队员在远端接到长传球时会有突破得分的机会。通常运用长传球,目的也是防止或至少减缓防守快速向外压迫。在这个练习中(图2-78),A攻击队员必须迅速传球,让B队员去传球给D支援队员。队员C在内侧跑动,以牵制防守队员。在听到开始口令的时候,防守队员迅速向外压迫,试图接近D进攻队员。起初只是练习迅速出击压迫边锋的跑动技巧,然后防守变化(要根据进攻队员跑动线路的变化改变防守跑动路线,例如C向B做交叉跑动),以吸引防守队员向内收缩跑动,来阻止快速向外压迫的防守跑动。

图2-78 长传球技术

五十六、原地整队传球

（一）器材

每组2个标志、2个球。

（二）练习安排

按以下方式进行训练，队员之间的距离约为2米（图2-79）。队员沿站位队形传球，确保球向后传向接球队员，并且每次传球都要动作正确。使用提示语来加强队员的动作。当球到达线的末端时，队员转身并面向相反的方向，并依次重复传球。刚开始练习应该是相对缓慢的，以确保传球动作规范，熟练后变化练习方式，包括两条线以对角线传球，以增加交流和速度。甚至可以在各组队员之间进行比赛，以增加乐趣和多样性。

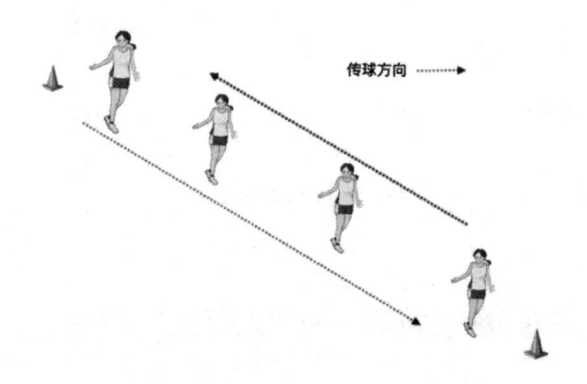

图2-79 原地整队传球

五十七、6人跑动传球

（一）器材

4个标志、1个球。

（二）练习安排

如图2-80所示，6人一排，队员们在每条线的后面和对面排成队列。第一条线开始跑动传球时，A持球，向前跑动并传给B，然后再传给C等。球要在整条线到达他们对面之前传到队伍的最末端。最后一个接球的队员E将球传给他们对面的队员Z，后者开始下一队的跑动传球。继续重复练习，加强举手接球及正确握球/持球方法，使用适当的力量更容易接住球。

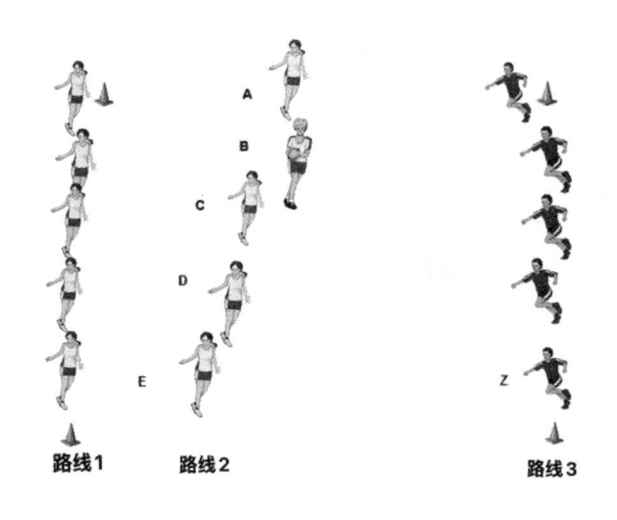

图2-80　6人跑动传球

五十八、6对6移动技巧——"人盯人"游戏

（一）场地器材

场地有50米宽，但只使用15米以外的得分线区域，1个标志，1个球。

（二）练习安排

如图2-81所示，各队保持6对6，一队在进攻前有三局六次触碰后控球权改变。教练可以分配两人（即每队中谁去触碰球）或两位队员自己选择盯防对手，教练可能需要对不公平的比赛进行干预调配。这个游戏的目的是通过改变规则来提高比赛难度，以提升运动员的有氧运动能力。队员只能碰触到他们各自被分配到的对手的队员。

队员们进行正常的触碰比赛，以6次触碰为一局。

如果掉球/丢失球权等，只需转到下一局，直到进攻队完成三局进攻。得分后，重新计数，比赛继续进行，直到这一局结束，即完成六次触碰或进攻失误等。比赛时间由教练决定，但至少要持续20分钟，包括暂停或死球等时间。

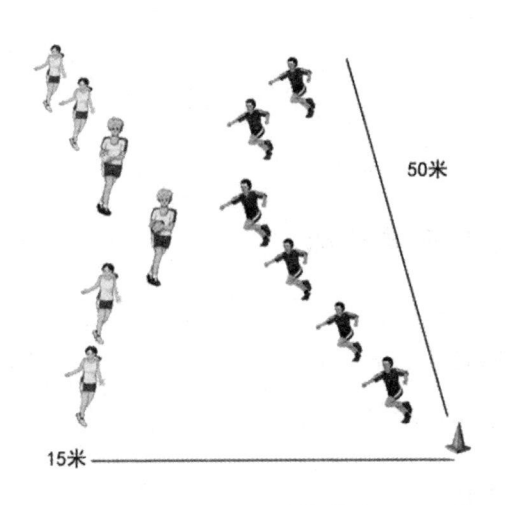

图2-81 "人盯人"游戏

五十九、跑动中传球技巧——4对1传球练习

（一）场地器材

4个标志、1个球。

（二）练习安排

如图2-82所示，3名进攻队员对1名防守队员，加上一名传锋队员，进行传球训练。传锋A将球传给跑动中的队员B，练习的目的是在防守队员X到达之前，尽快将球传递到D。如果防守队员向外跑动压迫，他们可以选择向内侧将球传回。注意：这里的目的是在有压力下发展快速接球、传球的能力。

图2-82 4对1传球练习

六十、吸引防守再传球

(一)场地器材

4个标志、1个球。

(二)练习安排

摆出一组平行的标志(距离可根据能力水平调整)。防守队只能在两个标志之间横向移动,不能前进。进攻队员A和B进入标志围成的格子内,试图通过吸引防守队员并传球来穿过防线(图2-83)。练习后期,可以增加多个连续的格子,重复基本训练。

图2-83 吸引防守再传球

六十一、沟通练习——3对2

（一）场地器材

6个标志、1个球。

（二）练习安排

该练习可以培养防守队员和进攻队员之间的沟通技巧。

练习时每次有5～7名队员。

（1）所有队员趴在中央线上，面对得分线，排成一排。如图2-84所示，标志之间的距离可以在5～10米变化。

（2）教练叫两个数字，如1和3。

（3）被叫的两个号码成为指定的防守队员，他们站起来，向得分线跑去，把两只脚越过得分线，然后转身防守3个进攻队员，2、4和5。

（4）当号码被叫时，没有被叫到的队员成为进攻方，他们各自站起并跑向进攻线，捡起球并转身攻击两名防守队员。

（5）在完成这一系列动作后，队员们慢跑回到起始位置，等待新的号令。

（6）根据需要重复多次，5～7人一组交替进行。可以作为体能练习的一个起点。

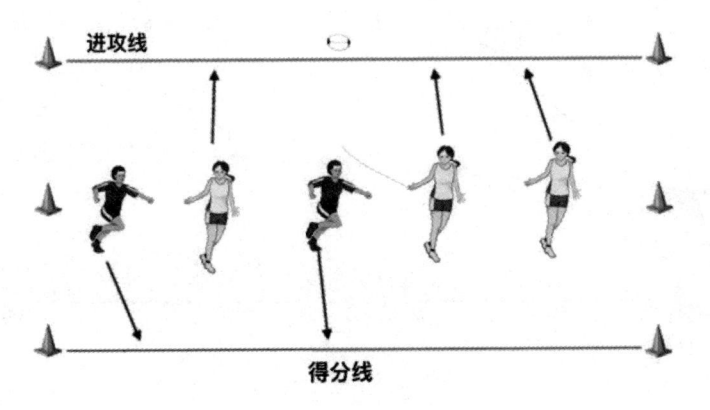

图2-84 沟通练习——3对2

六十二、3对1练习

（一）场地器材

4个标志、1个球。

（二）练习安排

下面的练习模拟了一个简单的比赛场景，要求队员要尽快做出正确的决定（以获得最佳优势），练习的设置如图2-85所示，每次有三名进攻队员和一名防守队员。队员A开始持球，在听到开始口令时必须将球传给队员B，后者必须根据防守队员Y的动作决定传球的方向，也就是说，是否将球传给外侧队员C，自己持球突破，还是传给内侧A。通过探究所有的选择，队员们学会了如何在比赛中最好地把握这个机会。需要进阶练习时，可以增加防守队员，练习方法和上面的练习一样，只是再增加一个防守队员，这使得决策更加困难，并强调需要能够根据防守队员的行动做出决定。

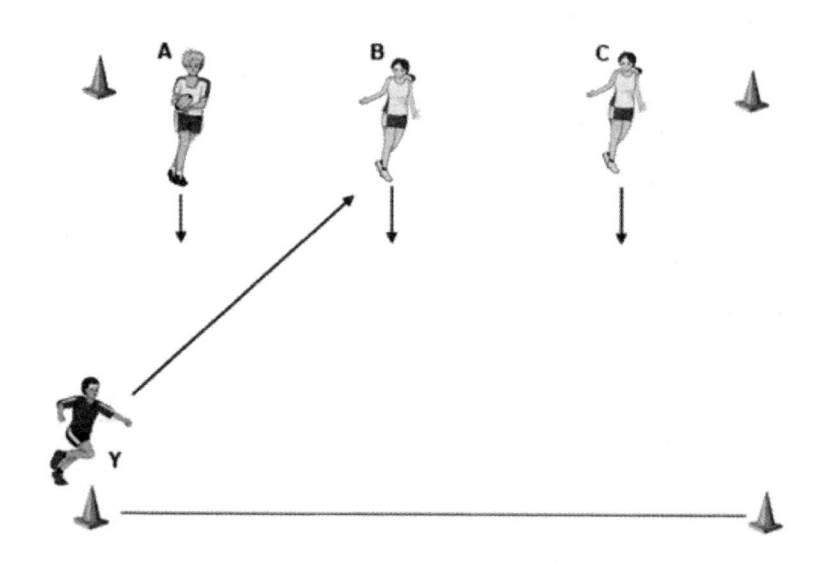

图2-85　3对1练习

六十三、2对1练习

（一）场地器材

4个标志、1个球。

（二）练习安排

决策技能对于培养队员在关键比赛时刻做出正确的决定是至关重要的。在本次训练中，队员需要吸引一名防守队员，并根据防守队员的防守动作做出传球或假传球突破决定。训练安排如下：每次有两名进攻队员和一名防守队员。进攻队员A和B从防守队员⊗的对角处开始（图2-86）。听到教练喊开始时，两名进攻队员和一名防守队员顺时针绕着网格的外侧标志跑到网格的中间区域，进攻队员的目标是持球闪躲单独的防守队员的触碰传球给同伴或假传球突破得分。

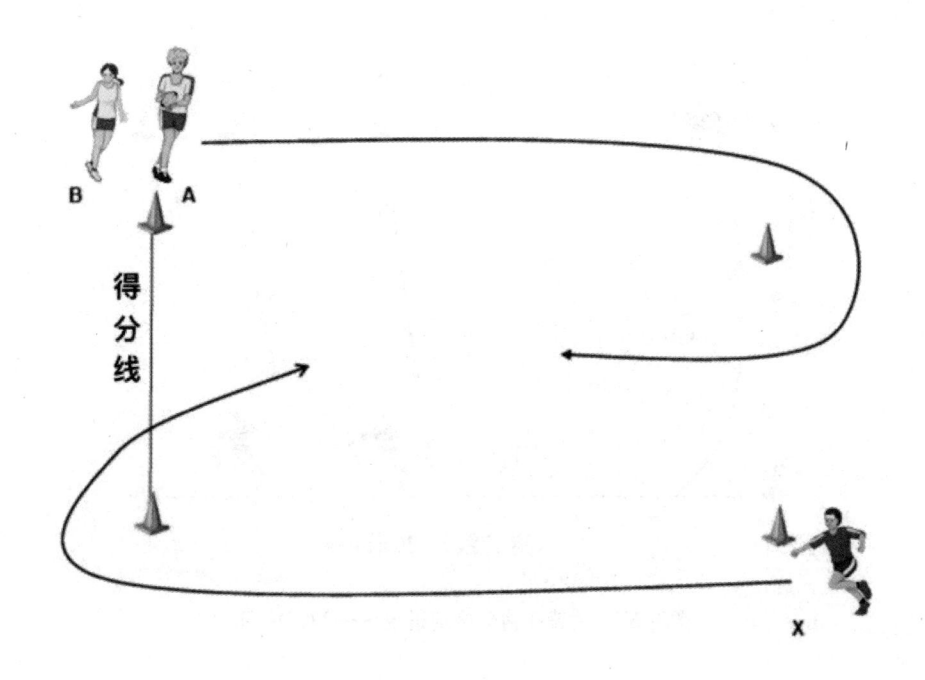

图2-86　2对1练习

六十四、传锋在得分区前进攻——3对3练习

（一）器材

4个标志、1个球。

（二）练习安排

训练的目的是一旦传锋快速捡球通过得分线进入得分区，进攻方需要按照一些计划来转换机会，而不是仅仅依靠防守方的错误。训练安排如下：每次有三名进攻队员和三名防守队员。进攻队员A持球在达阵线前7米，其他2位进攻队员站进攻阵形，盯防A的防守队员X，防守队员Y和Z各自盯防自己的进攻队员；在听到教练喊开始时，A进攻队员持球越过达阵线进入达阵区域，防守队员X也快速爬起追赶A去触碰防守，A会横向跑动寻找摆脱防守的另两位支援队友接球触地得分（图2-87）。

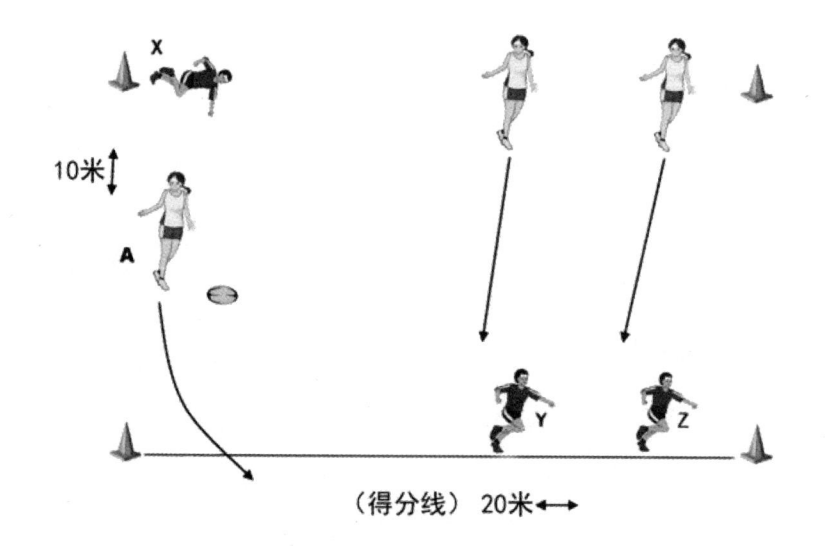

图2-87　传锋在得分区前进攻——3对3练习

六十五、变向摆脱防守——移动技巧练习

（一）场地器材

4个标志、1个球，1个变向标志杆。

（二）练习安排

请看图2-88的训练场地布置。队员在标志A持球朝变向标志杆跑动，突然变向跨步侧蹬，向左或右横向加速跑动。

（三）进阶1

当他们接近标志杆时，教练喊出一个方向（左或右），队员必须对这一喊声做出反应，侧步蹬地跨过标志杆，朝教练口令要求的方向跑动。

（四）进阶2

（1）场地布置同上，这次用一个队员或教练代替标志杆，他们的手臂横向伸展站立。向伸展手臂的反方向做跨步横向移动。

（2）防守队员在标志A放球，然后进攻队员捡球，追逐放球后退的队员，突然跨步摆脱后退的防守队员。

图2-88 变向摆脱防守练习

六十六、动态滚球技巧

（一）场地器材

3个标志、1个球。

（二）练习安排

如图2-89所示，持球队员A从一个固定的标志向7米处的防守队员跑动，并在防守队员的一侧做主动触碰滚球动作。注意：教练应关注队员的步法和身体姿势。

（三）进阶1

进攻队员用他们的非优势手重复练习。

（四）进阶练习2

防守队员防守更加积极，迫使进攻队员很快接近防守队员，迫使进攻队员匆忙改变方向做滚球。

图2-89 动态滚球技巧

六十七、滚球2对1练习

（一）场地器材

4个标志、1个球，滚球后2对1的练习。

（二）练习安排

队员A和B之间很好地配合，进行盯人传球。进攻队员A滚球后并向侧后移动，传锋B迅速捡球再将球传给A。

场地布置如图2-90所示，每次有两名进攻队员和一名防守队员。

图2-90　滚球2对1练习

（三）进阶练习——2对2

两名进攻队员面对两名防守队员。首先A滚球并向内侧斜后方撤离，B为传锋捡球传给A，一旦A队员吸引了一名防守队员，A做盯人传球回传给B；B持球向前跑动，吸引另一名防守队员后做触碰滚球并向外侧做撤离，A位传锋再捡球，传给B，相互配合跑动进攻。

六十八、传锋进攻技巧

这个练习是为了帮助发展传锋进攻时做出正确决定。练习的设置如图2-91所示，每次有两名进攻队员和一名防守队员。器材：4个标志、1个球；防守队员X将球放在进攻队员A的前面，然后退到得分线前。而传锋队员则同时捡球正对着后退的防守队员直跑，并传球给支援队员B触地得分。

图2-91 传锋进攻技巧

六十九、防守移动练习

（一）场地器材

6个标志。

（二）练习安排

训练的目的是训练队员专注于防守线的向前、向后和侧面移动，同时提高动作的灵活性。一名防守队员从Z处向前直跑冲刺到A的外侧，再向斜前方跑动到B，再绕过标志向后移动并绕过C标，然后向前直跑到D。绕过D点后，他们再向后移动，在E点结束（图2-92）。进阶：按照下面所示进行训练（所有距离都是7米），每次都有一名防守队员。

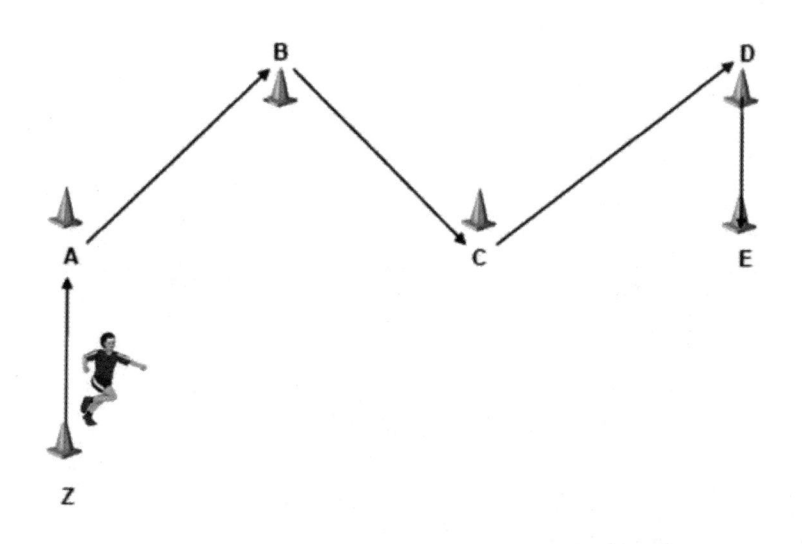

图2-92　防守移动练习

七十、传旋转球练习

（一）场地器材

4个标志、2个球。

（二）练习安排

队员每人一组，迎面站立（一个在A，一个在B）。每队一球，首先用左、右单手向上传出有弧度的旋转球，再用左、右单手向上传直线的旋转球。再过渡到原地双手传旋转球以及跑动传旋转球。练习的目的是鼓励练习传旋转球（图2-93）。

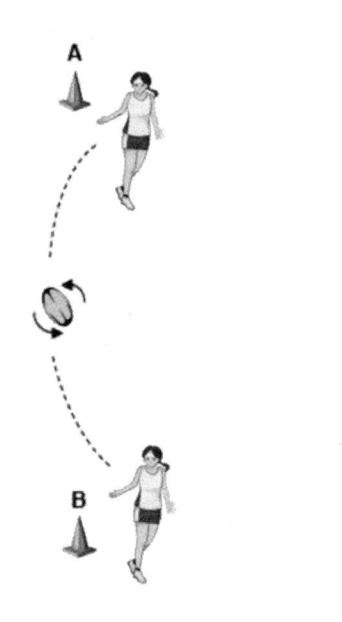

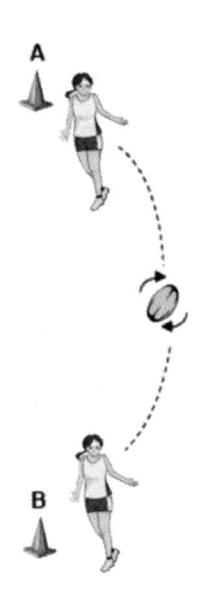

图2-93 传旋转球练习

七十一、灵敏性练习

（一）场地器材

2个标志、2个球、竖旗8面。

（二）练习安排

这个练习是鼓励队员提高他们的步法敏捷性技能。两行队员从A和B标志处开始，每人持球。两名队员向前奔跑，然后绕过前面的柱子。如图2-94所示。A组向左跑，B组向右跑。然后他们绕过后面的柱子，穿过中间的区域，回到起点，把球传给下一个队员。两组互相比赛，每个人在返回队列时都要换线。直到每组队员都跑完左右两侧线路，看哪一组最先完成。

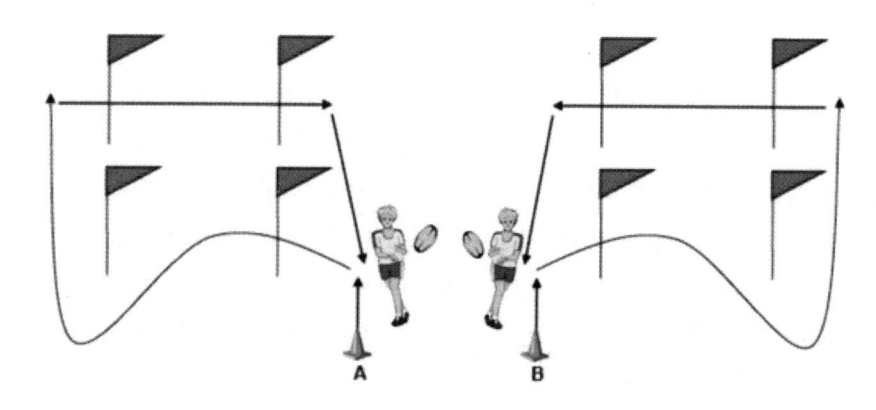

图2-94　灵敏性练习

七十二、交叉进攻练习

（一）场地器材

2个标志、1个球。

（二）练习安排

该练习涉及2对1的情况（图2-95），持球的进攻队员只需吸引防守队员，并有效地进行交叉跑动。在这个练习中，注重练习挑传球，同时考虑根据防守队员的位置选择传球还是持球突破。场地布置如图2-95所示，每次有两名进攻队员和一名防守队员。

持球队员先向前直跑突然改变方向朝队友一侧斜上方跑动，迫使一名防守队员追赶他。如果防守队员在持球队员的外侧，持球队员则将球挑传球的方式传给向相反方向斜线跑入的做交叉的支援队友；如果防守队员位于持球队员及做交叉跑动的队员之间，持球队员则选择假传球突破跑向外侧。

（三）进阶练习：2对2比赛模拟

模拟2对2比赛，允许持球队员A先启动于防守队员X，防守队员X必须站在标志外侧启动。这样防守队员X会过度追赶持球队员以实现触碰持球A队员。

在这个练习中，A的第一个选择是自己得分，因为X不会及时追赶到达那里。如果防守队员X能及时到位，进攻队员A可以和B交叉传球。另一名防守队员Y站在进攻方B的对面。这名防守只能待在外面，不要和防守队员X交叉换位，因为这不是一个理想的防守模式。进攻的持球队员要根据支援队员及防守队员位置选择自己持球突破还是交叉挑传球给交叉跑入的队友，支援队友B在跑动交叉前要做向外跑动，吸引防守队员Y向外移动，进攻队员B再突然向内跑动做交叉配合。

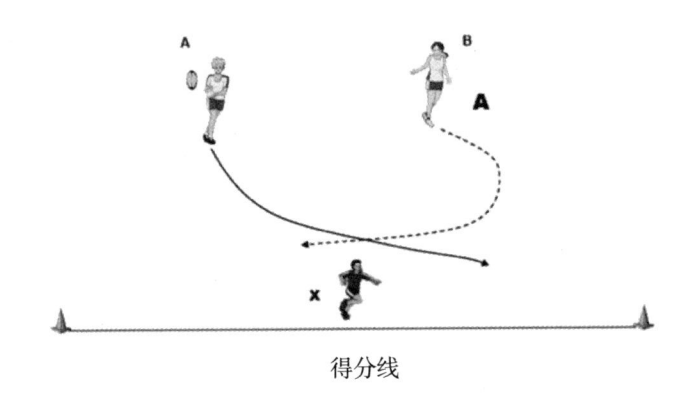

图2-95　交叉进攻练习

七十三、4对3连续进攻配合

（一）场地器材

4个标志，1个球。

（二）练习安排

该练习是为了帮助发展创造连续进攻机会和把握机会所需技能。例如在有防守压力下滚球、传球等。练习的布置如图2-96所示，每次有四名进攻队员和三名防守队员。练习开始于换位——A进攻方移位，造成防守方的人员不足，迫使X和Y防守方"关门"。练习要求A吸引X，然后传给B，B吸引Y。这里会出现一个滚球，面对防守边锋Z造成一个2对1。

（三）进阶练习——中锋/链接队员滚球后配合连续进攻

如同上面的练习，除了A移位吸引防守传球给B，B被触碰滚球，A为传锋捡球，其余同上。

注意：一旦持球被触碰，有效的传锋传球是进攻的关键。

图2-96　4对3连续进攻配合

七十四、灵敏练习——T型防守练习

（一）场地器材

4个标志。

（二）练习安排

这个练习用于鼓励队员在防守线上快速改变方向。练习时让一名防守队员从D冲刺到B，再向侧面移动到A，然后再移动到B，最后再返回到D（图

2-97），然后重复这个动作，改为向侧方移动到C，然后再回到B。如此进行训练，每次都有一名防守队员。

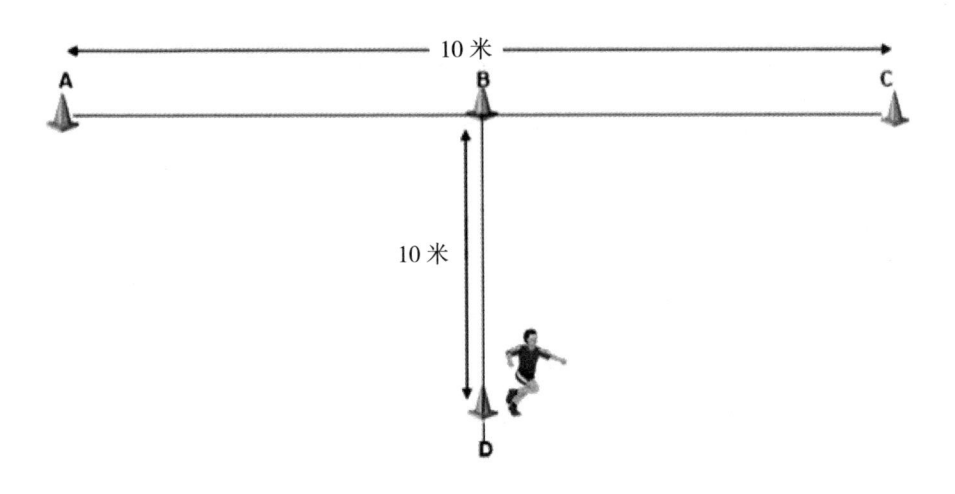

图2-97　T型防守练习

七十五、重叠技巧练习

（一）场地器材

4个标志、1个球、旗杆2支。

（二）练习安排

重叠跑动技巧是持球队员传给他的左侧或右侧的队员，然后迅速向接球队员跑动，从接球者身后绕跑到其外侧，接回传球的跑动技巧。练习的布置如图2-98所示，每次有两名进攻队员。队员A传给队员B，然后进行重叠绕跑。鼓励队员B站位适当的纵深度，并适当向来球方向跑动，以创造外部空间。刚开始练习使用标志杆或其他物体，模拟防守队员，对队员的跑动会有帮助。

（三）进阶练习1：增加防守队员

增加防守队员（队员或教练）而不是杆子或其他物体。让进攻队员吸引防守队员，然后再传给进行重叠跑动的支援队员。

（四）进阶练习2：模拟比赛，综合运用各种技巧

运用组合战术来练习重叠、放球和交叉跑动等。练习时注意做重叠的持球队员根据防守队员的位置选择传球还是持球突破。

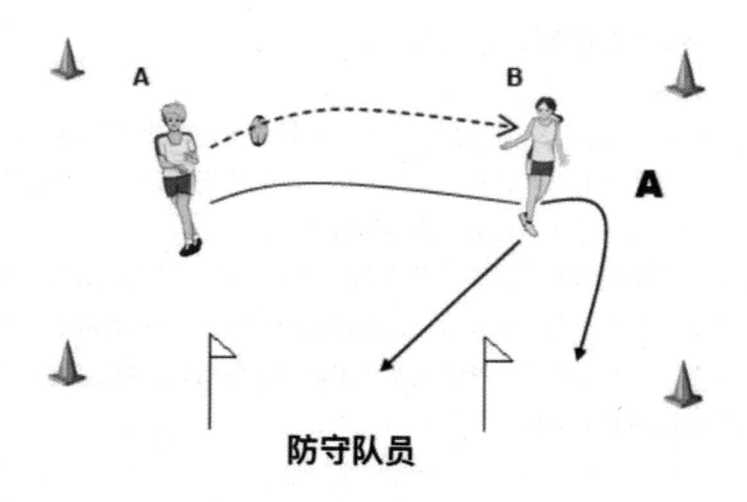

图2-98　重叠技巧练习

第三章 战 术 篇

第一节 触式橄榄球运动的战术基本理念

一、触式橄榄球的战术概念

触式橄榄球战术是指队员在比赛中根据触式橄榄球比赛规则要求及触式橄榄球运动的比赛规律、比赛双方的具体情况和临场变化，有效运用技术所采取的有预见、有目的、有组织的集体行动。

球队在选择战术时，首先应从本队的实际出发，根据队员的技术水平、技术特点、身体条件和体能等情况，选择相应的战术。在运用战术时，还要根据对方的技战术特点及临场情况变化采取灵活的行动，打乱对方的战术意图，以掌握比赛的主动权。

二、触式橄榄球的战术意识

触式橄榄球的战术意识是指触式橄榄球比赛运动员在运用技术的过程中支配自己行动并带有一定战术目的的心理活动，也是运动员在比赛中有效地运用技术和实现战术时所具有的经验、才能和智慧的体现。运动员在比赛中的判断能力、应变能力和实战能力以及每一项技术、战术的运用，都受一定战术意识的支配，包含战术意识的内容。

战术意识是运动员自觉的心理活动，它是通过第二信号系统实现的，其思维活动是在激烈对抗条件下进行的，与运动员的情绪和意志紧密相连，是衡量运动员是否成熟的标志。因此，在触式橄榄球的训练和比赛中，注重培养运动员的战术意识是十分重要的。

（一）战术意识的内容

1.技术的目的性

运用技术时要思维清楚，力求使每一个行动都带有一定的战术目的，目的明确、有的放矢，才能收到好的效果。

2.行动的预见性

触式橄榄球比赛场上情况瞬息万变，运动员为了使自己的技术、战术带有一定的目的性，就要分析情况、洞悉规律、知己知彼、预见未来，要根据临场情况分析和预见可能出现的情况，随时准备采取相应对策。

3.判断的准确性

正确的行动来源于准确的判断，准确的判断是合理运用技战术的前提。运动员在场上必须熟悉规则、尊重裁判、扩大视野、通观全局、提高判断的准确性，力争主动权。

4.进攻的主动性

运动员为了争得比赛的优势、取得比赛的胜利，必须树立强烈的攻击意识。要寻找和创造一切可能的机会积极进攻。

5.防守的积极性

防守是进攻的基础，一定意义上讲，没有防守就没有进攻。为了给进攻创造有利条件，首先必须积极防守，快速压迫。一切防守技战术都必须带有明确的目的性和强烈的攻击性，给形式上的被动防守赋予主动防守的内容。

6.战术的灵活性

无论是进攻和防守，还是个人战术和集体战术，都应力求灵活善变，不应死板教条。要善于根据临场变化，因势利导，随机应变，灵活运用和变换攻防战术，使对方防不胜防。

7.动作的隐蔽性

隐蔽性主要是指假动作和隐蔽动作。假动作是为了迷惑对方，诱其上当。隐蔽动作是为了使对方摸不清技术、战术意图，达到出其不意、攻其不备的目的。比赛中，为了有效地攻击对方，必须使行动隐而不露，并要经常运用假动作和隐蔽动作去扰乱、迷惑对手的判断，造成其错觉，达到声东击西、以假乱真的目的。

8.配合的集体性

触式橄榄球运动是一项集体性强的比赛项目，一切技术的发挥和战术的运用都必须以集体为中心。运动员要胸怀全局，通力协作，相互弥补，把个人的技术发挥融于集体的配合之中，尽一切努力促使集体战术的实现。

（二）战术意识的培养

战术意识需要精心培养，认真磨炼。随着技战术水平的提高和比赛经验的丰富，运动员的战术意识也会不断增强，但必须指出，有意培养与放任自流，其结果是迥然不同的。培养与增强运动员的战术意识一般可采取下列措施与方法。

（1）根据战术的内容与要求，把培养战术意识的任务纳入训练计划。针对不同的对象，有计划地进行系统、严格及有意识地训练，努力把培养战术意识的任务落到实处。

（2）全面、熟练、准确、实用的技术是培养与增强战术意识的物质基础，必须苦练基本功，为战术意识的提高奠定基础。

（3）技战术训练要目的明、方法对，并要在实际训练中贯穿战术意识的素养，把基本技战术与战术意识的培养有机地结合起来，这是培养战术意识的有效方法。

（4）在加强基本技术训练的前提下，要多打、多看比赛，从比赛的实践中增长知识，积累经验，吸取教训，不断增强战术意识。

（5）抓好无球队员的训练，这是培养和增强战术意识不可忽视的内容，要想达到默契的战术意识境地，运动员的无球队员跑动合理与否，将对战术意识的实现起着很重要的作用，必须在训练中反复强化。

（6）加强专项理论知识的学习与研究，提高运动员对触式橄榄球运动发展态势、规则与裁判法的认识，提高技战术的运用能力。

（7）通过赛前观察和赛后总结等方式了解与掌握彼我双方的技术特点和战术打法，做到知己知彼，有助于战术意识的培养与提高，使行动更符合客观实际。

（8）加强对临场比赛情况的观察与判断，在训练和比赛中要注重视野的训练，尽量做到情况明、判断准，以便采取正确的技战术行动，加快战术意识的培养。

（9）"多想出智慧，多思长才干"。训练中不但要提倡吃苦耐劳精神，而且要启发运动员开动脑筋，勤于思索，手脑并用，想练结合，培养运动员独立处置各种临场情况的能力。

（10）教师要有敏锐的观察力和较高的临场比赛指挥能力，这是培养与增强运动战术意识的关键。运动员战术意识的提高主要是通过训练和比赛获取的，因此教师在训练中的主导作用和比赛中的指导作用就显得尤为重要。

三、战术指导思想

战术指导思想是一个球队在训练与比赛中指导战术行动的主导思想和所遵循的基本原则。正确、先进的指导思想应符合触式橄榄球运动规律，并适应触式橄榄球运动的发展趋势。制定本队的战术指导思想应从实际出发，扬长避短，全面分析，要坚持走自己的路，形成本队的独特风格，并要考虑到以后比赛的主要对象和任务。

在贯彻执行战术指导思想的过程中还应处理好几个关系：当前要求与长远目标的关系；国内比赛与国际比赛的关系；独特性与全面性的关系；继承与发展、学习与创新的关系；培养技术风格与苦练基本功的关系。只有处理好各种关系，一切从实际出发，才能迅速提高触式橄榄球运动水平。

四、战术与技术

技术与战术两者之间是互相联系、互相依存、互相促进、互相制约的辩证关系。技术是战术的基础，没有全面、熟练的技术基础，战术就无从谈起。战术是技术的合理组织与有效运用。技术决定战术，战术可以反作用于技术，对技术提出新的要求，促进技术的发展与提高。

战术和技术是在实践中不断发展的。技术的发展往往走在战术的前面，改进原有技术或出现某种新技术就可能形成新战术。但是先有新战术设想，再着手改进和训练技术，也可促进新技术的发展与提高。

五、战术的数量与质量

数量是指战术的多样性，质量是指战术的实效性和熟练程度，两者的关系是辩证统一的。一名队员和一支球队只有掌握了战术的多样性，才有可能灵活地变换战术，使对方捉摸不透，防不胜防。

随着战术数量的增加，战术的质量必然成为矛盾的主要方面，这就是战术由粗到精、由简到繁、由低级到高级的必然规律。如果盲目追求战术数量而忽视战术质量，多而不精，华而不实，就会使战术流于形式而失去了多样性的意义和作用。

第二节　触式橄榄球运动初级进攻战术及应用

一、战术区域概念

触式橄榄球比赛场地区域不同，采用的战术策略会发生变化，以本方的场区为界，通常划分为蓝区、绿区、黄区、红区（图3-1），具体为Blue Zone（蓝区—目标区域）、Green Zone（绿区—舒适区域）、Yellow Zone（黄区—忍耐区域）及Red Zone（红区—危险区域）四个场地区域。在不同的区域有不同的进攻及防守目标，相应的战术策略也发生变化。在蓝区—目标区域：进攻策略采用保持控球时间，运用适当小组战术，如2人快攻（Quickie）、后门（Backdoor）等；防守策略，上前施压，运用交替防守，关门、阻碍对方顺畅换人。绿区—舒适区域：进攻策略，运用适当小组战术，如后门战术（Backdoor）、公鸡战术（Rooster）、绰球快攻（Scooping）等；防守策略，上前施压，运用交替防守，阻碍对方顺畅换人。黄区—忍耐区域：进攻策略，多以线上传球移动向前推进，有需要时向换人区方向进攻以帮助换人；防守策略，触碰后，积极推后退7米再上前施压，人盯人防守，应对对方传锋绰球突破，避免越位及所有队员倒数对方触碰次数。红区—危险区域：进攻策略，以3人或2人向前推进为主，不作冒险展开传球，保护好球权；防守策略，多采用封角、补位及追出的整体防守策略。

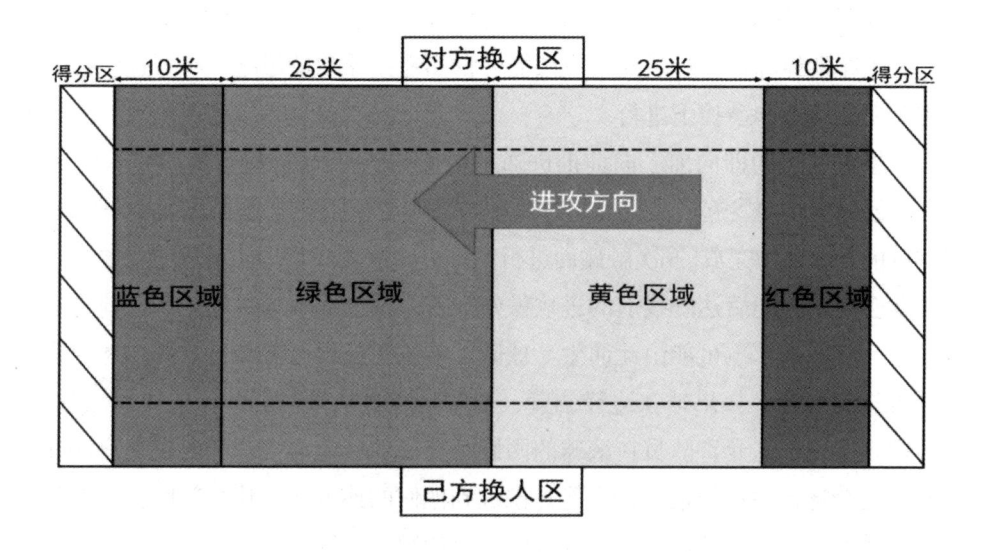

图3-1 战术区域图

二、触式橄榄球初级进攻战术及应用

  向前推进是橄榄球比赛时最先运用的进攻策略之一，通常采用二人推进、三人推进或四人推进战术等。然而，有时需要提醒队员和球队注意向前推进的一些关键要点。球队可能不会简单地通过向前推进去直接进攻得分，但它往往提供了可以执行线上进攻战术的动力。善于利用好我们所支配的6次触碰机会是至关重要的。在触碰计数的早期（即在触碰的第1或2次时），球队试图强行得分不太容易，这往往会导致在进攻中的仓促和慌乱，据统计将近50%的传球是在压力下丢失球权，因此，应试着充分利用6次触碰机会，首先调动防线，利用可能出现的空间和空隙。重要的是，球队每个队员要知道目前触碰的次数，而且可能在第5次触碰时需要一个绰球进攻，这种情况发生在快速滚球之后，传锋队员试图越过越位的防守队员进入达阵区，然后传给支援到位的队友试图触地得分。

当向前推进时，队员应该能够将球较好地控制，并准确地执行滚球技能，但仍要保持推进速度。队员需要能够熟练地用左或右的任何一只手进行动态滚球，同时用非持球的手发起触碰。队员还应该能够准确地从地面传球，干净地绰起球，最后他们应该能够自如地接球和带球跑。所有这些技能都需要在压力和掌控下进行。

推进的目的即向前。向前推进通常是从球队自己的达阵线（红区），或在自己的半场内发起。其目的是以最小的风险在赛场上快速推进最大的距离。这可能是球队为完成的6次触碰而进行的推进，或者一旦球队越过中场线，它可能会寻求为随后达阵线前的进攻做好准备。推进战术的目的是创造前进的动力，其他战术也可能由此而生。球队可能试图在线上展开进攻前，尽快将球推进到中场，如果球在边锋位置，通常是通过从最初的滚球向内场做2次传球来实现，这允许队员在滚球的两侧掌握好加速跑动接球的时机。有些球队可能会选择向边线推进，可能是推进到他们的换人区，让替补队员包抄到球场的大边。无论球队采取何种战术，目的都是一样的，远离本方达阵区即"不在自家门前玩火"，快速安全地将球推进前场，避免基本错误，如越位、自愿滚球、犹豫不决、掉球，同时避免滚球时让球在地上停留过久等。

有效的推进意味着持球队员总是与传锋队员配合默契，传锋滚球时到位并快速捡球，这样球就不会在地上停留太长时间（这样后退的防守队员就无法重新在位）。传锋队员应从地面准确传球，不要自己拿起球跑。接球队员应把握好加速跑动的时间，不要过早跑动，容易造成前传球。接到球后，接球队员应放慢速度，以期待为下一个滚球的到来做准备。

（一）2人推进

持球队员向一个方向进攻，主动触碰防守队员，触碰同时，马上将球放在两腿之间，跨过球后直接向左或右移动，捡球的传锋队员紧随跟进捡球后，马上向后回传给刚才放球撤离的队员，放球队员接到传锋队员传球后，再次成为持球队员，快速朝着刚才触碰后退的尚处在越位的队员跑去，准备下一轮次的主动触碰，从而形成进攻的推进。

（二）3人滚球推进战术

1.目的

触式橄榄球比赛中迅速向前推进是进攻的有效方法之一。

2.要点

滚球队员放稳球、传锋紧跟滚球队员、第三名队员站位要有一定纵深且加速接球朝最初滚球人的正前方跑动。

3.滚球练习

（1）练习方法

放置6个标志，10米间隔，如图3-2所示，3个防守人分别站在第2、4、6的标志上，2个球分别放在第3、5标志上；一个持球队员站在第一个标志上直线跑向第2个标志上的防守队员，触碰防守队员后做滚球，该队员继续跑向第3个标志，捡起地上球向第4个标志的防守队员跑动，左、右手重复做触碰、滚球动作，依此循环练习直到第6个标志。

（2）练习要求

该练习的目的是提高队员滚球技巧。首先防守队员在标志上不移动，让持球队员主动碰触放球；滚球熟练后，防守队员可以向前压迫，以便持球队员判断使用左或右手做滚球动作。

图3-2　滚球练习

4.3人推进练习

放置6个标志，10米间隔，如图3-3所示；3个防守人分别站在第2、4、6的标志上，站在第一个标志上的三人推进的队员分别为A、B、C，A队员首先持球向第二个标志跑动做触碰防守人后放球滚球（Roll ball），再直跑变为下一轮的第二位置——传锋（第一轮B的位置）；B（第一轮传锋）迅速捡起A的滚球，传球给侧后方有纵深的位置C，然后迅速围绕跑动到外侧，变为下一轮次第三位置（第一轮C的位置）；C接到B的传球后向第一轮A的正前方（第4个标志处）跑动做滚球动作变为下一轮第一位置（第一轮A的位置），以此方式，循环练习至最后标志处。

5.练习要求

该练习目的是提高队员进攻快速推进技巧，练习熟练后3人衔接熟练，节奏加快；防守人员由站立不防守到积极防守。

6.易犯错误

（1）滚球队员没有放置稳定球，应当将球轴平行得分线稳定放置。

（2）捡球队员没有迅速捡起放置的球，应跟紧持球队员，在其放球一瞬间迅速捡球。

（3）第三位置队员站位没有梯度，应站在距离传锋侧后方2～3米深度。

（4）第三位置队员跑动方向错误，接球后要向最先A队员正前方跑动。

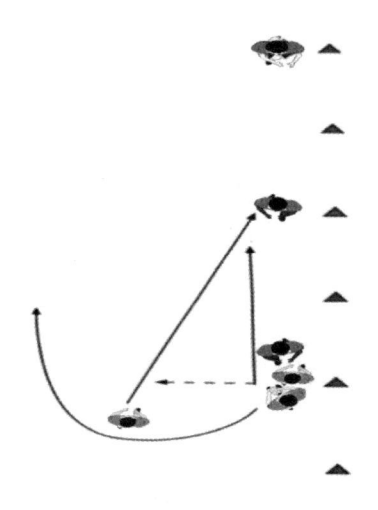

图3-3　3人推进练习

（三）4人推进

4人推进也称为"箭形推进"，4个队员是在3人推进的基础上，连续两波的3人推进，例如第一波向右（左）的3人推进，第二波进攻则是向左（右）的3人推进（图3-4）。

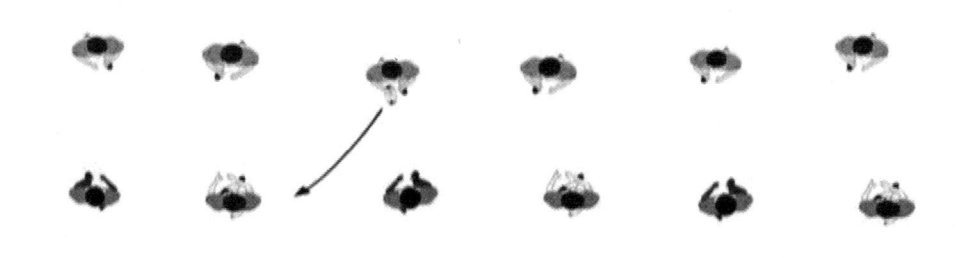

图3-4 4人推进练习

（四）进攻斜向跑动

进攻队员持球斜向跑动，指的是持球队员在进攻半场通常采用的跑动路线。持球队员在进攻时，跑向防守人数最少的一侧的空间通道。这就是通常讲的进攻"外侧"。

1.练习一

重要的是要向队员强调，他们是在获得进攻空间，而不是简单地直接冲向防守队员。为了鼓励队员去攻击这个空间，在一个长20米、宽15米的长方形的一边放两个标志，分别是6米的B和9米的C（图3-5）。一名持球的进攻队员站在B标志，一名防守队员站在C标志。

在教练的口令下，进攻队员从B标志跑到A标志，绕过A标志后，持球跑动试图将球放在长方形的远端达阵得分；同时，防守队员从标志C跑到标志D，绕过标志后，试图在进攻队员得分之前触碰到对方。本练习鼓励进攻队员跑向防守队员的外侧，因为这将使他们在一开始就获得最大的优势。另外，还可以通过改变长方形的宽度以及进攻队员和防守队员标志间距离大小来改变练习的挑战度。

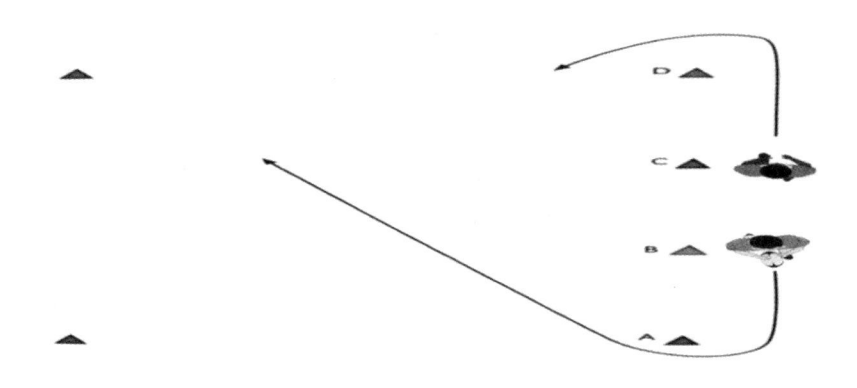

图3-5　进攻斜向跑动练习一

2.练习二

设置两个20米×15米的长方形，它们之间有5米的间隔，如图3-6所示。两个防守队员站在每个通道的中间，试图阻止两个进攻队员得分，防守队员不能离开长方形区域。持球队员想象在其外侧有连接队员和边锋队员大胆且快速攻击了五米长的"安全"通道。如果持球队员有效地突破且摆脱了防守队员，则加速通过安全通道得分。如果持球队员试图通过并进入安全通道遇到防守队员的防守，持球队员应该传球给站在远处能够得分的另一个队员。左侧还有4名他们进攻队友的支援，这些队友希望对方外侧区域能够被攻击。

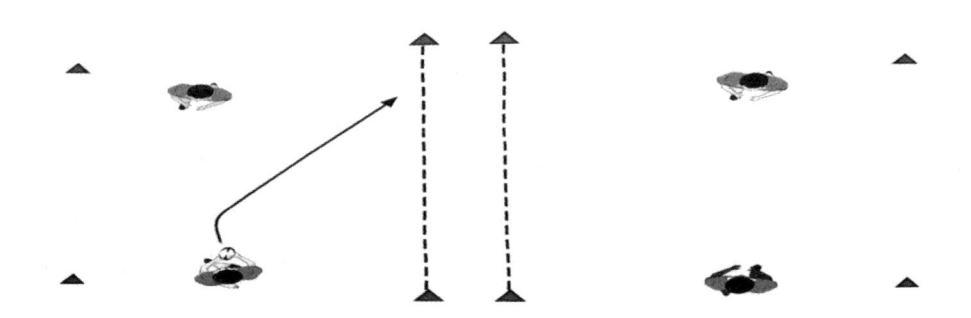

图3-6　进攻斜向跑动练习二

持球队员可以按照图3-6所示的跑动角度，但不能进入较少防守队员的一侧的空间。在新手的比赛中，这比较容易吸引对方。如果对方没有被吸引，持球队员应选择触碰对方再做滚球。持球队员越是有效地攻击外侧的防守队员空间，内侧的防守队员将不得不支援掩护他们，这将在球场的另一侧创造出空位。因此，进攻方希望尽可能快地进攻创造出这样的空位，把进攻的重点转移到已经出现的空当。

（五）滚球脱离

当持球队员（理想情况下是中锋）和他们最接近的队友（理想情况下是他们的连接队员）意识到追逐他们的防守队员不会被突破，他们就会互相沟通，知道持球队员会做滚球。这意味着他会主动触碰追赶的防守队员，然后做滚球，并向侧面快速后撤，即从球被碰触的地点略微向侧后移动，传锋会选择传球给后撤的队员。在这种情形下，传锋会利用后撤队员的假动作掩护，将球假传给后撤的队员，最终将球传给第一波进攻创造出空间的另一侧中锋队员。这就是触式橄榄球进攻策略之一："攻左右得分；攻左右得分"。

如图3-7所示，设置15米×15米正方形场地，至少5人站在标志A和D处，至少2人站在标志B和C处，在标志A处放一个球，第一个队员将球绰起，向C标志跑去。在标志D的第一个队员作为防守队员去触碰持球人；持球队员在向外吸引防守的D处队员，被碰触后做准确的滚球，然后迅速向外脱离（B侧）（和吸引对方向外跑的方向一致）。标志B的第一个队员在持球队员要被触碰后迅速到位，在滚球地点充当传锋，假传给外侧后撤队员，实际传给下一个标志A跑来的队员，该队员接住了球后跑向标志D，传锋和接球队员最后到D标志，后脱离队员到C标志。然后反方向重复该练习技巧，确保球在标志B和A至少有五名队员，在标志B和C至少两名队员。

图3-7　滚球脱离

（六）尽量吸引防守队员形成以多打少的局面

小边攻击（一个队员移进较少防守队员外侧肩区域进攻办法）是触式橄榄球的一种核心比赛模式，因为它是可以创建一个以多打少机会的最简便方法，例如，中锋攻击防守的外侧肩膀的空间，创建一个3打2的机会（图3-8）。在这种情况下，持球队员必须持球往空位直跑，这样，他们的向前跑动吸引防守队员，便会出现以多打少的机会。

图3-8　小边攻击练习

持球斜跑突然改变方向直跑造成其两侧防守队员混乱，内侧防守队员远离持球队员，吸引其外侧防守队员，这样便在防守队员最外侧建立了以多打少的空档区域，这就是最外侧进攻队员应该跑动攻击的区域。如果持球队员直跑但其内侧的防守队员仍盯防持球队员，外侧的进攻队员就没有防守队员以多打少人的优势。

1.练习一

设置一个10米×10米的正方形，在A标志和B标志各有一个进攻队员，在C标志各有一个防守队员（图3-9）。在A标志队员持球进攻。持球队员移动到正方形的中间，然后变直线跑动，加速朝向标志D跑动。这样模仿了在直线跑动之前摆脱防守往外的跑动角度。防守队员从C标志跑来，试图触碰持球人。如果防守失败，持球人加速跑动前进触地得分。如果防守队员看起来有可能碰触到持球人，持球队员就会传给从B区向前跑动的进攻队员，接球向前加速跑动得分。

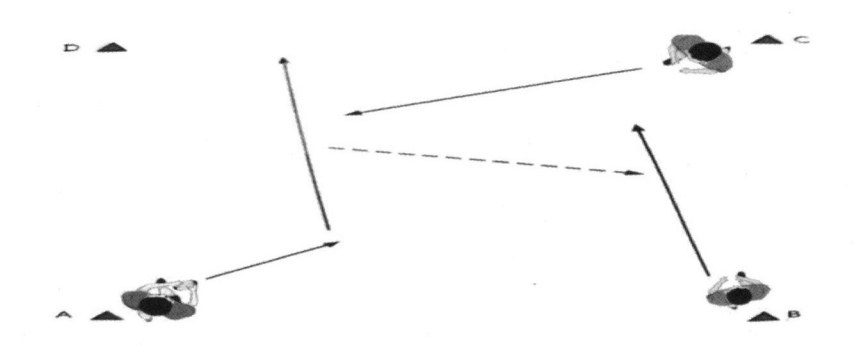

图3-9 小边攻击练习一

2.练习二

设置一个长20米、宽20米的正方形，标志B放在右边7米，标志C放在右边10米，如图3-10所示。进攻队员站在B标志后，防守队员站在C标志后。听到教练的口令，两个进攻队员（一个已经持球）跑到A标志，一个防守队员绕跑到D标志。持球队员绕过A标志转90度后，持球向前跑动，试图越过正方形另一端的得分线触地得分。防守队员绕过D标志转身来试图阻止持球队员得分。

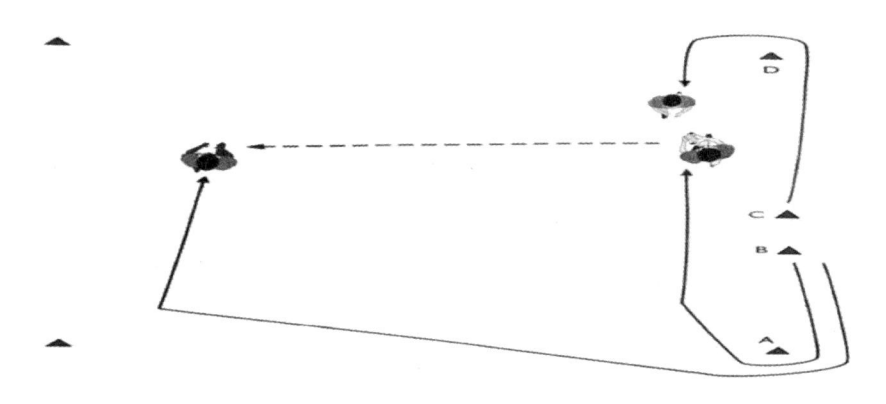

图3-10　小边攻击练习二

这个练习的目的是创建一个所有进攻队员都在移位的场景，因此，进攻队员要强化识别在临场情况下选择的正确空间跑动。当防守方绕过标志转身进入场内时，持球方应沿着内侧正对着防守人跑动。这就相当于在一场比赛中持球直跑并向场地内侧吸引防守，另一个进攻队员应该尽量拉开跑动接球，就像他们在比赛中应该做的那样。进攻队员通过跑动（他们在比赛中应该通过跑动的路线变化）设法寻求得分的机会；防守队员如果不能够阻止进攻队员得分，也将获得在防守中干扰对方的经验。

3.进阶练习

为了增加进攻方的难度，并使练习更加注重防守，可以在短暂的休息调整后，再增加一名防守队员进入场地，这相当于在比赛场景中防守队员应对以多打少时追赶过来补防。进攻队员打法不变，但是这会给其进攻充分发挥技能的压力。

第三节　触式橄榄球运动初级防守战术及应用

触球规则虽然对进攻方有利，但防守球队应该有不认输的雄心，尽管一个完美的防守体系并不存在，但一个进攻球队如果战术是有效的、精准的，那么他们很可能在比赛的某个环节得分。因此，防守球队的策略应该是尽可能地让对方得分变得困难；如果丢失球权，防守方应该确保进攻方必须更加积极地比赛才能得分（而不是因为防守失误或缺乏努力而给进攻方机会）。防守要通力合作，每个防守队员必须相互协助努力防守，保护他们之间的空位。防守队员每人形成一个狭窄的区域，相互有效沟通，成为一个整体来保护它所盯防的区域，使进攻方没有机会加速进入空位接短传球。

滚球是球队防守和进攻争夺的焦点，因此也影响比赛的节奏。进攻队员想要尽可能快地来从滚球处捡球推进，以减少防守队员重新站位布防的时间；防守方希望对方滚球尽可能的慢，以便让自己尽快就位。下面的一些方法可以帮助队员更有效防守，包括：当其他防守队员触碰对方时，已参与触碰的防守队员要确保已经回到了在位的位置上；用防守方人数较多的那一侧的手去触碰，这样可以帮助其触碰后较容易退到一个保护小边（防守方较少一侧），尽可能边观察场上进攻队员动向边后退，而不会使防守方惊慌失措，顾此失彼。

一、在中场对滚球推进的防守策略

无论是进攻方主动还是防守方主动与对方之间的触碰都算作一次触碰。在进攻方可能要开始触碰时，防守方就应该主动触碰进攻方，干扰进攻方滚球的时机和位置（而不是允许进攻方主动发起触碰防守方），当防守触碰到持球人时，应自信喊出"触碰"通知裁判已经完成了一次触碰。

除了以上方法，防守队员还有如下方式可以通过触碰来获得对进攻方防守的竞争优势。这些包括：在持球队员刚一拿球就去触碰；在持球队员身体向前重心降低（要做触碰滚球）前触碰球，破坏其顺畅的滚球节奏，这给了防守方额外的时间，延缓对方传锋快速捡球。

利用与进攻方碰触时的冲力帮助触碰的防守队员更快地后退7米，从而节省体力，这在中场区域尤其容易实现，因为进攻方试图获得进攻空间的推进，接球队员会加速跑向滚球方向接球。

防守方的目标是"把球权夺过来"，在尽可能短的时间重新获得控球权。这可以通过以最快的速度后退7米，然后向前压迫以减少对方跑动空间，造成对方失误来实现重新获得球权机会。然而，防守方也要避免犯规给对方重新6次触碰的机会。

如果防守队员在中场触碰持球队员，触碰后准备向本方人数少的一侧移动，以保护小边区域（走角），而他的同伴则准备填补他们之间的空位。因此，重要的是防守方不要因本方越位判罚踢给对方。因此，每个防守队员必须意识到，他们只能在对方传锋触碰球后才可向前移动。但是，如果进攻方拖延滚球，或者滚球后没有传锋及时到位时，防守方可以询问裁判是否可以向前推进，或者裁判直接就告诉防守方可以向前推进，防守方要确保裁判判定他们向前压迫防守是在位的还是由于提前压上会判罚越位情形。

如果一名队员在他们没有后退7米之前触碰持球人，裁判将根据有利原则宣布比赛继续，即使是越位队员触碰到对方后又回到在位位置再次触碰到持球的进攻队员，该触碰也会被裁判否定。这名越位的防守队员只有在其他在位的队员触碰到持球队员后才会重新参与防守（此时裁判将根据有利原则决定是继续比赛还是判给罚踢）。中场对滚球推进如图3-11所示。

（一）练习一

持球队员站在离防守队员7米远的地方，防守队员上前触碰对方，目标是使用上述战术。触碰后，防守队员后退7米，一旦防守队员回到他们的起点，他们再次向前触碰，重复这个技能。防守队员重复该技能6次，每组6次；持球队员和防守队员交换角色。这个基本的练习让教练有机会去观察队员的防守动作，在每次触碰的后退和前进中给出建设性的建议。这也为防守队员的技术发展提供了一个可预测的环境。

（二）练习二

在一条10米的正方形场地中央，第一名防守队员站在离三名进攻队员8米远处，另一名防守队员应站在第一名防守队员身后约8米处，第三名防守队员应站在第二名防守队员身后约8米处。三名进攻队员进行三人推进进攻，而每一名防守队员完成积极有效的触碰防守。一轮练习后进攻和防守队员交换角色练习。

图3-11 中场对滚球推进

下面是增加防守难度的训练，要求只有一个防守队员。进攻队员进行三名队员推进的进攻，防守队员在每次触碰后退7米后再进行比赛情形的防守。这为防守队员创造了一个更有压力的环境来完善他们的触碰技术。防守队员应该尽可能快地后退7米，然后再向前压迫，缩小进攻队员的跑动空间，不让进攻方轻易获得更多向前的地域，并对持球队员施加压力。

二、防守队员在接近达阵线附近的防守策略

防守最脆弱的地方是它的小边，小边是由一个防守队员触碰对方或在某一特定时刻该区域被持球队员攻击决定的。人数最少防守队员的一侧就是小边。小边容易受到攻击，因为进攻方可以通过改变跑动节奏摆脱小边防守队员而得分；或者进攻方可能会吸引其他防守队员并造成以多打少的机会。防守队员越少，对进攻球队的压力就越小。因此，每个防守队员基本职责是盯防自己的区域（而不是那个队员）。区域是指一个防守方与另一个防守方之间的空间，或防守方与边线之间的空间（如果他位于边锋位置上）。为了保护空间，防守方应将6名进攻队员视为两组，每组3名；左边是3个，右边是3个（从防守方向看进攻方）。如果球权在左侧进攻方3名队员手中，则每位防守队员都在自己和队员的左侧（或边线，如果他是边锋位置）之间划出区域，从而保护小边。如果球权在右边3人的任何进攻队员的手中，则每个防守方都在自己和队员之间划分防守区域（或边线，如果他是处在边锋位置），

从而保护了小边。在图3-12中，持球队员与左侧防守中锋触碰，他的右边有三名防守队员，左边是两名，因此，小边的一侧是该触碰防守队员要后退的位置。

防守方的目标是将自己置于进攻队员和希望在其小边加速进入的区域之间，通过压迫他们的空间强迫他们朝向防守方的大边攻击，即朝着防守方数量更多一侧进攻。尽管进攻方边锋站在尽量靠近场地外侧的空间，使防守方不好防守进攻方的长传球，但与长传与攻击小边相比，接长传球可能容易掉球，更难达成进攻效果。长传球时球的飞行时间可能会更长，让防守队员有时间追赶接球队员，传球可能会被拦截或掉球；持球队员可能会决定不尝试长传，认为长传可能超出了他们的传接球能力范围。

还可以通过防守方触碰后"走角"向小边后退的方法来保护小边免受攻击。这是防守的基本策略；但是在这种情况下，六名防守队员是两组，每组3名，左边的3个和右边的3个（从防守方俯视）。如果触碰的队员是左边3个中的任何一个防守队员，则每个防守队员都从滚球点向其左后方后退7米以关门收缩自己与队员之间的通道（如果是边锋，则可以关闭到边线），从而保护小边。如果触碰的队员是右侧卧位中的任何防守队员，则每位防守队员都从滚球点向其右后方后退7米，以关门收缩自己与队员之间的通道（如果他们是边锋，则关闭到边线），从而保护小边。在图3-12中，右侧防守中锋刚刚发生触碰，在他们的左边有三名防守队员，在他们的右边有两名，因此，小边在防守队员的右侧，他们从滚球点后退了7米，朝着自己的右侧走角斜跑侧身后退。

图3-12 接近达阵线附近的防守

可以进行如下练习：

两队六人在一个缩小场地的空间（大约15米宽、30米长）中彼此面对站立。双方的队员均不得奔跑，只能步行。在进攻方左中锋（从防守方向进攻向俯视）持球。每个防守队员都要明确在自己和队友之间的防守区域（如果是边锋，则是边锋到边线区域）。进攻队员不移动，但是左中锋将球传到右中锋（从防守方向看）。每个防守队员都会做出反应，向右侧移动保护自己和队员之间的空档（如果是边锋，则是边锋到边线）。当中锋选择将球传给任何队友，防守队员都要像这样做重新选择防守位盯防自己的区域。

当球在左侧进攻的情况下，每位防守队员都明确自己和队友左侧之间的防守区域（如果是边锋，则为边锋到边线区域），如图3-13所示。

图3-13　左侧进攻情况下的防守练习

当球在右侧进攻的情况下，每位防守队员都明确自己和队友右侧之间的防守区域（如果是边锋，则为边锋到边线区域），如图3-14所示。

图3-14　右侧进攻情况下的练习

这个练习让防守队员在看到进攻的中锋队员持球时要清楚每个人的区域防守的位置。防守队员要根据防守对方中锋、连接队员及边锋的要求熟练地来回移动位置。该练习也可以通过增加进攻节奏、加快防守移动的节奏等方法强化练习。

三、关门防守策略

前面已经概述了防守队员如何负责盯防自己的区域（而不是特定的进攻队员）。每个防守队员应尽一切努力来把控他们所防守的空间，以使他们不需要队友的帮助。但是，防守队员可能会因为进攻队员的变换节奏的移动或进攻队员将攻击点从防守队员的一侧迅速有效地转移到另一侧时，使防守队员失去原盯防位置，以至于比赛处于防守被动的状态。进攻队员可以通过一个侧步变向或有效的交叉跑动来改变这种状态。这样如果进攻成功的话，会导致持球队员的一侧形成以多打少的局面。对于在外侧处于防守窘境的防守队员来说，会被动无助，因此每个防守队员都应保持基本的防守队员的职责，使自己处于良好的位置，要确保外侧被攻击的可能性降到最低。下面将讨论防守队员如何应对在内侧被攻击做出的防守反应。

在图3-15中，进攻队员运用应对防守方所关注的对小边防护的进攻方法，通过关门防守使进攻队员朝着他们外侧区域前进，当球在进攻的三人组成员手中时，防守队员应该明确各自防守的区域。但是，如果持球队员向外侧斜跑，这种将使防守队员远离进攻队员。如果防守队员遭到攻击，防守面临失去盯防位置，那么他必须喊"关门"。这就告知他们内侧的防守队员，必须承担责任去协防触碰持球队员。一方面，关门的防守队员的角色没有改变，持球队员处在他们防守的区域中，所以触碰持球队员是他们的责任。但是，即使是再精明的防守队员，也可能会因片刻的犹豫让持球队员摆脱，内侧防守队员必须关门协防，避免持球队员通过防守区域较容易得分。对脱离原防守区域的持球队员被内侧另一个防守队员触碰的动作称为"关门"，经过防守队员集体的关门可以使得进攻变得乏力。

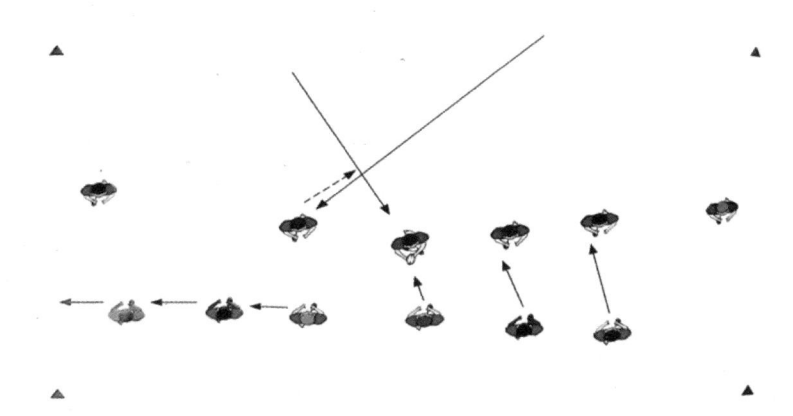

图3-15 关门防守练习

防守队员在准备触碰要摆脱他们原先盯守的进攻队员时的犹豫不决，导致进攻队员能够自由突破。为了避免持球队员将球轻松地传给下一个进攻队员突破得分，所有防守队员都必须跟随进行关门的防守队员，变换盯防的队员，每一位防守队员都要在进攻队员变向或交叉进攻时对换位防守作出反应，对进攻队员施压。

队员必须了解到，关门将使最外侧的进攻队员自由活动，但是，进攻方将球传到最外侧的进攻队员手中（将球传到远端或通过长传）会比较困难。这时防守方要仔细考量风险，要接受防守方可能截获传球直接突破得分的风险，因此防守方集体协防迫使进攻方得分变得困难。

第四节 触式橄榄球运动中级进攻战术及应用

一、触式橄榄球的进攻原则

（一）利用触碰的次数

在6次的触碰过程中，保持占有球权。

（二）向前推进

向前推进的速度和距离表示一个队运用该项原则的能力。

在接球前加速跑动，目的是尽快通过有利线。有利线是指当进攻队队员滚球时，通过地上的球与达阵线平行的一条假想的线。

（三）制造混乱

（1）进攻队向两侧进攻配合，从左右两边调动对方防守，使防守队所有队员都处于移动状态，使防守队的防守线因有队员脚步移动速度不足而出现空位，进攻队员寻机突破。

（2）使防守队中间队员向外侧跑动，使进攻队获得有利的进攻机会。

①进攻队持球队员伺机跨步变向跑动从内侧突破防守队防守，向防守队得分区冲击。

②向内侧传球，使处在防守队防线空位的队友接球突破。

③进攻队无球队员作为诱饵迷惑对方，使防守队员脱离防线，为在边路的无球队友制造空位，持球队员及时将球长传给边路的队友，从而突破对方的防守。

④进攻队持球队员与队友交叉跑动传球配合，突破防守队防守（持球队员的外侧队友观察到防守队中间队员向外跑动时，突然向内侧加速跑动接球，寻机从中间队员的内侧肩突破）。

（3）外侧自由人突然插上，扰乱对方防守。

（4）创造有利的滚球二次进攻的机会。

进攻队通过改变跑动路线和跑动传接球配合，迫使防守队队员向内侧补位采用关门夹击防守，从而使防守队外侧出现空位，进攻队持球队员主动触碰向内侧部位的防守队员滚球，跟进过来的传锋迅速将球绰捡起来，攻击向内侧补位的防守人外侧的空位，在边路形成以多打少的局面。或传锋队员将球直接传给在外侧处于防守队空位的队友，突破对方防守线（32交叉，2将球传给向内侧跑动的外侧中间队员，外侧中间队员触碰盯防自己的对方中间队员，2绰捡球突破，在边路形成3打2局面）。

（四）施加压力

将施加压力体现在所有的原则中。进攻队采用更快、更加连续和更有力地对抗对方防守压力的进攻，给对方的防守制造混乱，出现越位和防守空位，进攻队从而获利或突破得分。

（五）支援持球队友

无球队员跑动接球；传球后继续跑动；无球队员在持球队友的内侧和外侧跑动支援，使持球队友能在两侧做出选择。

（六）调整节奏

采用减慢进攻节奏的战术，使得防守动作迟缓或防守位置混乱。待防守队员速度减慢后，在发动第5次或第6次进攻后，突然加快进攻速度，采用重叠和交叉跑动，使防守人迟疑，从而难以快速移动。

（七）相互沟通

比赛中队员间要喊出触碰的次数，明确还剩下几次触碰次数；同时，队员间要通过语言或手势等身体语言，让队友明白将实施的战术策略等。

本节将描述进攻时触式橄榄球队不同位置所充当的角色和应具备的技能。还将介绍如何将控球技巧运用到触球比赛中，以取得超越对手的表现优势。

以上比赛原则和比赛方式旨在帮助球队在进攻时制定简单、直接的战术方法。队员和教练可以相信，如果有效地执行这些动作，将会使防守位置混乱，从而创造出进攻空间。如果比赛刚开始没有创造出进攻空间，则球队应注重发展其基本进攻技能和应用战术策略的能力，并相信如果进攻方所采取连续有效进攻战术，则防守方面将出现空位。

二、进攻时球队位置的特定角色

随着球队逐渐掌握基本的进攻技能，并希望将其应用于比赛，他们会发现正式比赛对场上的每个球员场上的位置都有特定的要求。例如，所有队员都必须具备传球和接球技巧，但是有些队员可能更擅长跳起接高球，或者当他们要得分前接球鱼跃飞扑达阵得分。这些能力将更有效地用于边锋，而不是中锋。以下简要概述了进攻比赛环境中每个位置的要求。对于队员和教练来说，了解一些队员在场上所占据的位置的编号能够帮助其进行战术交流。通常，边锋用数字1表示，连接队员是数字2、中锋是用数字3来表示。

（一）中锋（3）

中锋比赛会反复控制球，因此需要具有很高的传球和接球能力。中锋比赛中经常自如地滚球，有效执行这项核心技术的能力非常重要。中锋在将球向前场推进方面发挥了重要作用。在得分线附近，中锋在小边一侧有两名队员，在大边有三名队员，并且在比赛的每波进攻都将在早期阶段掌控球。因此，他们具有更大的战术选择范围，可以选择要进攻的领域以及将球传给谁，因此中锋通常是在防守压力下具有正确决策能力的队员。在进攻到得分线时，中锋队员可以通过滚球和向两侧撤离（滚球后向侧后撤接传锋的传球动作）或通过变向闪躲来创造许多以多打少的进攻机会。敏捷性是中锋的一项重要身体素质。此外，中锋会参与很多第二波的进攻，也就是说，当被防守方关门收紧防守时，中锋会靠近滚球处参与进攻。因此中锋的长传能力有利于击败防守方向场地内的关门防守。

（二）连接队员（2）

连接队员在向前推进方面发挥了重要作用，需要具备良好的滚球技巧。连接队员越接近得分线，进攻队员就越有机会利用其防守方外部暴露的空间。他们也是进攻方最有可能接到交叉跑动绕防守队员的传球。因此，灵活的脚步是连接队员要具备的能力。连接队员和边锋拥有更多的机会来攻击第二波比赛的空间；他们必须提高阅读对方防守情况的能力和根据对方防守情形正确选择从哪一侧攻击防守方防线（在防守方外侧造成以多打少的局面；在防守员内侧造成"一对一"的进攻情形）。良好的传球和接球是连接队员的重要能力。

（三）边锋（1）

边锋可以通过中锋和连接队员向场地内侧并向前推进来减轻压力。球越接近得分线，连接队员和边锋就有更多机会在第二波比赛中进攻，他们必须提高以下技巧：阅读防守漏洞的能力并正确选择攻击防守方的那一侧（如果防守是1对1就采用外向内；对外侧的防守队员以重叠的方式进攻）。边锋常常会在外侧接到队友的长传球，因此边锋要具备接高低不同位置球的能力是很重要的。由于边锋经常处于最外侧位置，因此他们通常比连接队员或中锋身材更高。

三、比赛中的滚球推进：三人推进

为了简单、快速获得地域，需要进攻的三个队员有效向前推进。第一个持球队员主动触碰对方并进行滚球，第二个球员在滚球队员身后捡球为传锋，第三个球员是向前跑动接传锋传球的队员，这是比赛的第一波推进进攻；第一波的第三名队员接传锋的传球后向第一波滚球地点正前方加速跑动，再与防守队员主动触碰，成为第二波的第一个队员；第一波执行滚球队员滚球后向前直跑，成为第二波捡球的传锋队员；第一波的传锋队员，传球后向侧后跑动站位，成为第二波的接球队员，这就是三人推进的基本流程。

在比赛中，三名队员如何做到快速有效地将球向前推进？首先，接球队员要向被触碰的防守队员正后方跑动，以创造将要触碰的防守队员越位的机会；其次，尽可能快速、有效地执行每个滚球，以减少防守队重新组织防线的时间。可以通过两种方法使防守没有充分时间后退保持在位：一种方法是确保球稳定地放置在地面上并停留的时间尽可能短，这时通过持球队员确保触碰对方后，滚球时传锋就在其身后，立即捡球。如果持球队员接到传锋的传球时是在距离传锋斜后方一定的距离，加速向第一波滚球的正前方跑动，找到第一波滚球后充当下一波的传锋队员，传锋队员在持球队员触碰对方滚球后，便已到位尽可能快地将球从地上捡起传开；另一种方法是减少防守队的重新布置防线的时间，让准备接球的队员在恰当的时机，加速跑动，接到传锋的球后要跑过有利线（传锋从滚球处捡起的球所在的一条平行于得分线的想象中的横向线）。以上概述的对3人推进过程中每个人轮换角色要求的熟练掌握才有助于进攻队伍有效向前推进。

四、绰球

如果向前推进有效会造成防守队员在得分线前越位，传锋会决定立即从地上绰起球朝向越位的防守队员跑去（如果越位的防守队员触碰到传锋，不算被触碰）。但传锋无法直接得分，如果在传球前被对方合法触碰，球权会立即交换。但是，由于传锋的突然加速突破，防守线通常会崩溃，另一名防守队员通常会试图补防处在越位位置防守队员的区域并触碰持球队员，但是如果这样做，持球队员将可以灵活地传球给另一进攻队员，从而较容易得分。努力向前推进，然后迅速击球向前直跑，这是获得达阵得分的直接方法。如果有效的按这样执行，则防守很难进行防御（即使防守方预见到攻击方的意图），而且这可能是最常见的得分方法之一，球队在尝试进行任何更复杂的练习之前，应该专注于练习这种方法。

（一）练习一

用标志创建一个20米的正方形场地（图3-16）。防守者站在标志C处，持球队员位于标志B处，而其他进攻队员则在标志A处。持球队员向前加速以攻击防守队员外侧的空间，吸引防守朝标志D方向移动。持球队员发现本方传锋到位后马上触碰防守人，立刻做滚球并马上向右后方脱离，伺机向前加速跑动接传锋的传球。防守队员触碰后应马上从滚球地点后撤7米，并防守他与标志D之间的空间（最初的持球队员滚球向后退的动作为脱离）。传锋起球先不向两侧传球，而是加速跑向触碰的防守队员和标志C之间的通道。

加速跑向触碰的防守队员和该防守队员原先站位的标志之间的通道，而最初的持球队员滚球后则向滚球地点的右侧撤离。该练习的目的是使绰球的传锋果断地跑向防守方空间。

进阶练习：两个防守队员站在持球队员的对面，第二个防守队员先不从标志移出防守，传锋绰球后加速跑进刚触碰的防守队员与第二个固定防守队员之间的空间。随着练习的进一步熟练，允许固定防守队员移动防守，但第三名进攻队员加入练习。持球队员触碰后执行滚球，而传球攻击两个防守之间的空间。如果第二个防守队员被传锋靠近并触碰他，则第三个进攻队员将会自由地接到传锋传球。如果第二个防守队员没有靠近防守触碰他，那么传锋突破跑过得分线，两名没有被盯防的进攻队员寻找到恰当的空间接球得分。

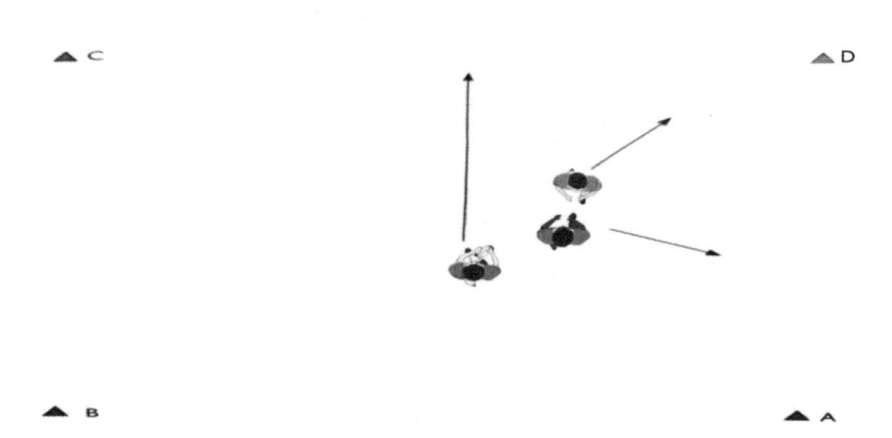

图3-16　传锋绰球

（二）练习二

设立一个约30米的正方形，三名进攻队员从一侧开始，一人持球对三名防守队员进行三人推进进攻。进攻方试图通过快速滚球使一名防守队员越位，当防守漏洞机会出现时，传锋绰捡球对着触碰防守队员的肩膀后面的开阔空间加速跑动，而另外两名进攻队员则寻找接球的位置去得分（图3-17）。

图3-17　三人推进

三人推进已经拖垮了中间的防守队员，并且创造出触碰队员与右侧的空间传锋快速绰起球加速跑进中间防守和右侧防守之间的空间。

五、调动防线的进攻策略

当防守方保持场上防线较好，传锋绰球进攻也没有有效击溃对方防线时，许多球队都采用调动防线的比赛策略。使用前面概述的队员编号系统，由中锋和连接队员执行的调动防线称为"32下"，其中3是中锋，而2是其最近的连接队员。"下"指的是滚球。虽然单独一次32下将防守队员吸引到场地的一侧，从而为进攻者开辟了空间，使他们能够通过滚球向前推进，但不可能立即创造得分机会。因此，对于采用简单的进攻模式（例如32下）的球队来说，应创造一些人员数量变化以增加其进攻潜在得分机会。这种方法使很多进攻方都熟悉如何发起攻击，因此，如果队员场上位置由于换人等更替，攻击仍会继续进行。这也给防守方带来了难以准确阅读进攻动向的难题。当进攻在得分线附近执行32打法时，要做好充分的准备，但必须根据位置的变化来涵盖很多打法的可能性。为了进一步讨论如何建立基于基础进攻战术的更多演变，在后面"触式比赛高级战术与运用"章节会详细讲解。

（一）假外真内

持球的中锋队员向防守队盯防他的中锋和连接队员的空档跑动，进攻方外侧的连接队员准备成为传锋。持球中锋碰触防守队的连接队员，滚球后迅速向外侧的方向脱离滚球点，这样可以调动防守队的队形向外侧边线方向移动，这时传锋迅速捡球与刚脱离滚球点的中锋做假传球配合，随即将球传给内侧的进攻中锋队员，中锋再和临近的连接队员做上面相同进攻模式移动，将球传给32刚开始的一侧。重复此进攻模式，直到场上防守线出现机会。

重复32战术的目的是有效地将防守队员从场地的一侧拉到另一侧，这会使对方疲劳为进攻方创造突破空间。但是，防守经验丰富的队伍会习惯于防守这一种标准模式，因此，可能需要在六次进攻中花费几次机会熟练应用这种技巧才会制造出现防线缺口。

图3-18右侧中锋和相邻连接队员实施32战术，右侧中锋滚球后向右侧

脱离。传锋先假传给右中锋真传球给内侧左中锋，再和临近的连接队员实施32战术。

图3-18 假外真内练习

（二）32s 短传围绕跑动战术

如果防守方开始预料到进攻方会重复使用32s战术，则进攻可能会以"短传围绕跑动"战术进行。持球的中锋队员向防守队盯防他的中锋和连接队员的空档跑动，进攻方外侧的连接队员准备成为传锋。持球中锋碰触防守队员，滚球后迅速向外侧的方向脱离滚球点，同侧连接队员将球从地上捡起，当听到"短传"喊声时，将球传给向两名防守的中锋队员的空档跑动的内侧中锋队员，这样吸引对方中锋队员同时移动防守他，传锋传球后与本队内侧中锋队员做围绕跑动；跑向对方的内侧中锋和连接队员的空档，在场地的另一侧形成4打3的局面（图3-19）。

图3-19 32s 短传围绕跑动战术

（三）32s长传战术

如果防守方预判会出现短传围绕的进攻，则进攻战术用"长传进攻"来变化。持球的中锋队员向防守队盯防他的中锋和连接队员的空档跑动，进攻方外侧的连接队员准备成为传锋。持球中锋碰触防守队的连接队员，滚球后迅速向外侧的方向脱离滚球点，同侧连接队员将球从地上捡起，内侧中锋向他们要攻击防守两位中锋之间的空档（目的是让他们远离场地的内侧）跑动时，突然跨步变向防守方的内侧中锋和连接队员空档跑动，并接到传锋长传，在场地的另一侧形成3打2的局面。

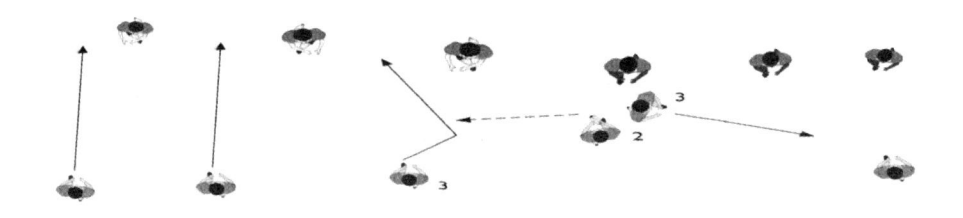

图3-20　32s长传战术

（四）反向插上战术（后门）

持球的中锋队员向防守队盯防他的中锋和连接队员的空档跑动，进攻方外侧的连接队员准备成为传锋。持球中锋碰触防守队的连接队员，滚球后迅速向外侧的方向脱离滚球点，这样可以调动防守队的队形向外侧边线方向移动，这时传锋迅速捡球与刚脱离滚球点的中锋做假传球配合，随即将球传给从外侧围绕刚滚球后脱离的中锋和捡球的传锋反插向防守方两个传锋的空档的边锋，边锋接到短传球，然后朝两个中锋空档加速直跑（目的是吸引防守的两个中锋）。如果边锋有效地加速跑进两个中锋之间的通道，便会在场地另一侧造成一个四打三局面。

队员位置已用数字标注，因此准备插上的边锋会与和他相邻的中锋和连接队员进行沟通，他们会喊"32，1反插"，但是"后门战术"是适合任何队员通过滚球后再使用反插攻击的，并不只是边锋围绕中锋和连接队员反插。反插只不过是吸引附近一名队员触碰滚球，目的是攻击最初比赛所进攻的场地的另一侧。例如，距离连接队员最远的两个中锋使用33配合，外侧的连接队员反插到中锋和远端的连接队员中间的空档，在场地的另一侧创建了三打二局面（图3-21）。

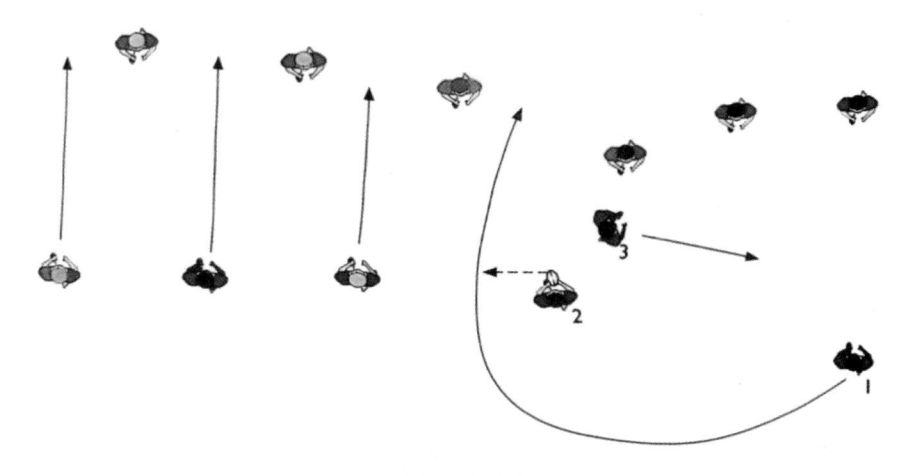

图3-21 反向插上战术（后门）

六、交叉进攻

（一）交叉战术概述

交叉战术的好处是，它能完成32进攻配合的战术，不会被防守触碰。位于中锋位置的队员持球向边线跑动，吸引盯防他的对方队员也向外移动，他临近的连接队员观察到盯防持球人被吸引到持球人的外侧时，喊"交叉"（就是连接队员向持球中锋内侧斜上方跑动），接到中锋的传球后攻击盯防中锋的防守队员的内侧肩膀方向空间。由于交叉跑动吸引盯防他们的防守队员，这会使防守队员陷入防守困境。

为了有效地执行交叉战术，需要连接队员要判断在即将被接触之前的时机参与交叉跑动。在大多数情况下连接队员有非常好的观察防守的视野，能更好地判断盯防的队员防守困难程度（防守队员追赶得越快，交叉跑动的效果越有效），这也与盯防队员与内侧同伴之间的差距的大小有关。因此，判断交叉的时机主要是靠连接队员来判断。持球队员应该转体180~270度朝向内交叉的连接队员做调传球，当传球时，进攻的双方都要保持目光接触。如果盯防持球的防守队员向外移动得不够快，在这种情况下，连接队员接到球在不被触碰的情况下向两名防守队员空档直跑（图3-22）。

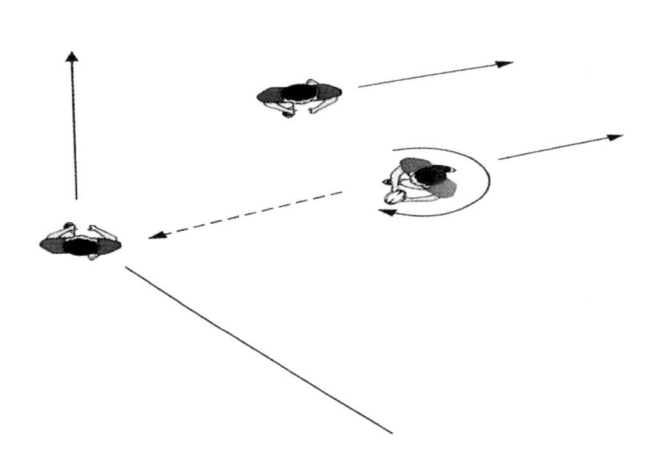

图3-22　交叉战术

1.练习一

在两个相距10米宽、20米长的长方形A、B场地上分别放标志，持球人站在长方形左侧底部，队友站在底端右侧，防守队员站在持球队员对面的三分之二位置处，持球队员向着防守队员外侧肩的方向跑动，试图将防守队员从防守的A区吸引到B区；在防守队员从A区调动到B区前，没有带球的进攻队友仍然站在B区的外侧。在B区的进攻队员喊"交叉"时，朝持球队员向内斜上方跑动，并接持球队员的挑传球，接球后该队员加速直跑向得分线（图3-23）。

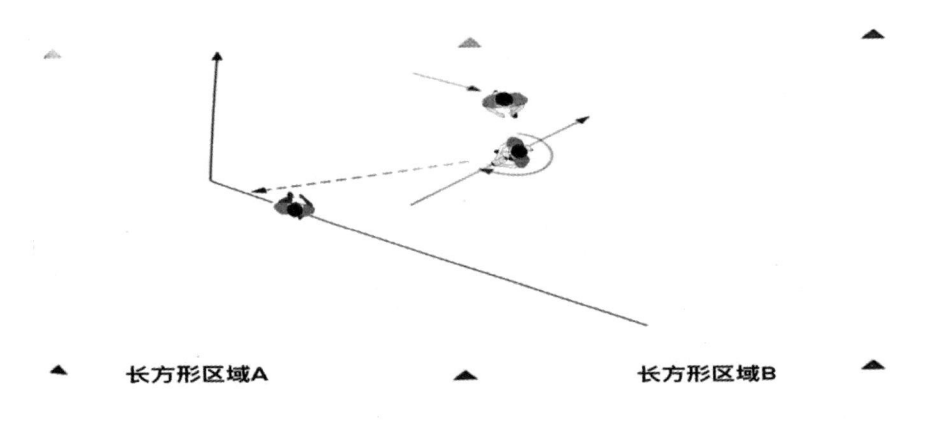

长方形区域A　　　　长方形区域B

图3-23　交叉战术练习一

2.练习二

设立一个20米×20米的正方形，正方形的四个角至少各有两名队员。在标志B的第一个队员持球，在标志A的第一个队员为持球队员的队友。标志C的第一个队员盯防持球队员，持球队员向防守方外侧肩膀空间跑动，持球队员试图把防守队员吸引到标志A和D的场地一侧。当持球队员在场上被防守队员努力追赶时，外侧的进攻队友会突然改变方向并喊"交叉"。持球队员继续跑动，并向左侧转身，看到跑来交叉跑动的队友时调传球，如果防守队员被有效地吸引，接球队员向平行边线方向加速直跑，传球后的进攻队员加入队列C，其他进攻队员和防守队员加入队列D；下一轮将改变进攻方向，C和D标志前的两个队员进攻场地另一端标志B的防守队员。为了全方位地练习，改变跑动方向，将球放在标志A的位置，在标志D的第一个队员为防守队员（图3-24）。

进阶练习：为了挑战进攻队员，让前两名防守队员站在对面的标志上来防守进攻。如果进攻队员没有造成较好的交叉跑动效果，追逐第一个持球的防守队员应该把交叉接球的队员留给他的防守伙伴，而不是盯防他。鼓励防守方模拟比赛场上实际情况不仅仅是为了练习，如果防守队员站位非常狭窄，防守方知道对方会交叉，进攻方则变化策略，通过把球直接传向外侧直跑队友直接得分；当防守队员因此会站得更宽来防守这种可能性时，交叉传球跑动会再次成为一个不错的选择。

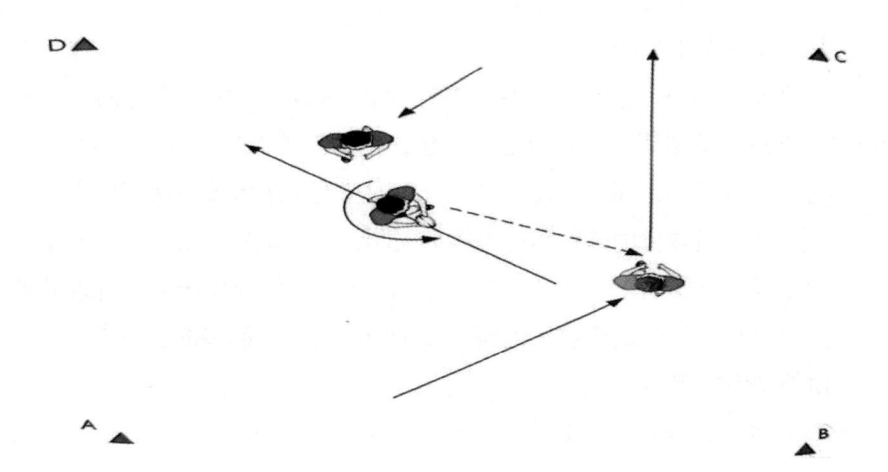

图3-24 交叉战术练习二

（二）交叉进攻的变化

如果要使比赛中的第一波进攻有效果，就要非常准确地实施交叉进攻。进攻方应结合前面已经讨论过的比赛模式加上交叉进攻，进一步提高进攻威力。

1.长传加交叉进攻

在32进攻模式中，持球的中锋队员向防守队盯防他的中锋和连接队员的空档跑动，去碰触防守队的中锋队员，滚球后迅速向外侧的方向脱离滚球点，这时进攻方外侧的连接队员迅速捡球，随即将球传给向防守方的外侧跑动并喊"长传"的中锋，这时接球的中锋的外侧连接队员突然向内侧跑动，与向外跑动的持球的中锋做交叉配合，防守方都向外侧追赶持球进攻队员，突然的变向使得防守更加困难，接球的连接队员朝着追逐的中锋防守队员的内侧肩膀的区域跑动。

2.短传围绕跑动加交叉传球战术

在32短传围绕跑动进攻中，将要接到球的中锋喊"短传"，如果两个防守中锋都被吸引进来，去触碰上在加速进入他们之间区域的持球队员，这时中锋将球传给围绕跑动的连接队员，连接队员在场地滚球的另一侧形成3打2局面，因此，最接近围绕的防守中锋必然在场上非常努力地追赶他，此时交叉跑动会更加有效。持球队员的外侧连接队员突然向里与持球队员交叉，接球后向防守盯防的防守队员内侧肩的空间跑动。由于防守队员已经在向外侧追赶，突然的变向会给防守队员带来防守的困难。

3.提升进攻队员跑动的角度

当防守是"1对1"情形（没有以多打少），进攻方攻击防守方的唯一途径通过每波进攻节奏明显超过对方的优势，向防守外人数最少的一侧攻击。如果不存在这种优势，那么在没有以多打少的情况下进入该空间实际上对防守方有利，因为进攻方的奔跑角度可能会关闭，防守队较容易防守。对于边锋的防守，边线可以充当"第七个防守者"。在1对1防守情况下，进攻队员很可能会站在防守队员的内肩（内侧区域）中找到尽可能多的空间。

4.由外到内的跑动

即将接球的进攻队员向防守方靠近边线的一侧（防守方的外侧）漂移，将防守方拉向场地的一侧。当持球队员准备传球时，接球队员突然改变跑动角度，并加速进入距边线最远的防守队员内侧的空间。持球队员传球到空档，而不是队员站的位置，而接球队员则接球后努力突破达阵得分。

如图3-25所示，当防守队员1对1站位时，并且防守队员的肩膀外侧空间很小时，进攻队员应采用进攻右肩膀对防守队员的内侧肩膀的站位。

图3-25 进攻右肩膀对防守队员的内侧肩膀的站位

5.跑动方式在比赛中的应用

中锋和连接队员进行交叉跑动，连接队员接到中锋的挑传球并向两个防守的中锋之间的通道跑动，立即将球传到内侧的中锋位置，准备好成为传锋。内侧中锋向场内跑动，吸引盯防他的中锋，在他们防守触碰时尽快滚球推进。滚球点外侧的进攻队员向防守的外部空档漂移。当传锋准备将球从地面传出时，两名进攻队员都要突然改变跑动方向，并加速跑进防守队员内侧的空当。传锋决定在哪个空挡中有更多空间，然后将球传递到该区域。因此，两个接球队员都必须预判接球区域，加速向前接球达阵得分。

第五节 触式橄榄球运动中级防守战术及应用

一、触式橄榄球的防守原则

（一）相互沟通

沟通是防守原则中最重要的部分。每一名队员在进攻方滚球时，都要喊出自己要盯防的队员；在防守进攻方做重叠、交叉等移位时，相互沟通是至关重要的，因为每个防守队员的职责可能在三到四名队员之间发生变化，重要的是绝不能有2个防守队员同时防守同一个队员（除非是特别制定防守的防守策略）。

（二）施加压力

最好的防守模式是对进攻方施加压力。防守要压缩对方的时间和空间，导致对方出现失误，要尽早施加压力，并保持施压状态。

（三）尽职尽责

每个防守队员要明确自己的职责，清楚盯防的人及区域，坚韧不拔，不给进攻方任何机会。

二、在中场和进攻队半场的防守策略

（1）在触碰发生之前，防守方全队要整体移动，迅速压上，以压缩并限制进攻队员移动空间。

（2）当防守队员预测队友即将触碰进攻队持球队员时，其他队员要及时退后到越位线的后方成为在位。

（3）防守队员与进攻队持球队员发生触碰时，防守队员要处在进攻队持球队员的防守队得分线之间。

（4）在持球队员上体前倾降低重心准备快速滚球之前，防守队员主动触碰持球队员，以使防守队员在进攻队传锋捡球前争取赢得时间迅速后退。

（5）借助持球队员的冲力迅速向后退到距离滚球发生地点7米以后的地方并因此而节省体力。

（6）触碰发生后，防守队员在向越位线退后的过程中，要始终面向进攻队，以及时观察进攻队和场上发生的状况。

（7）防守队员触碰进攻持球队员时要喊"Touch"，以此示意裁判员已经与对方持球队员发生接触。

三、在得分线附近的防守策略

（一）与对方持球队员发生触碰之前

（1）全队以局部整体队形压迫，不要采用1对1的盯人防守，要采用3防2、4防3。

（2）不要从外向内追逐进攻队持球队员，要从内向外追逐进攻队持球队员。

（3）当进攻队员持球时，盯防该进攻队员的防守队员要使自己处在与该进攻队持球队员的外侧肩的位置上，同时在防守对方持球人的队员内侧的队友要注意防守自己与盯防持球人队友的内侧空挡。

（二）触碰发生之后

（1）防守队员与进攻队持球队员发生触碰后，要向场地的小边方向移动，及时防守本方边路。

（2）当进攻队传锋持球向场地大边跑动时，防守队采取关门防守。

（3）当进攻队传锋持球向场地小边跑动时，防守队向边线方向移动，并且增加防守人员。

下面将根据这些原则，描述在触球比赛中不同位置在防守过程中所扮演的角色和所需要的技能，并探讨防守方如何去限制对方获得进攻方面的优势。以上防守原则旨在帮助球队提高防守能力。队员和教练应牢记，触球规则有利于进攻方。但是可以通过运用合理和有效的方法，让对方进攻不容易得分。

四、在防守中队员位置的特定角色

（一）中锋（3）

中锋在防守过程中会进行大量的触碰，在进攻时通常会利用防守方在得分线附近的横向移位去孤立防守的中锋。因此，耐力素质（在中场连续往返移动）和敏捷性是防守中锋队员要具备的重要素质。在对方进攻时，防守中锋将观察进攻方一侧的两名队员和另一侧的三名队员。他们面临更多具有挑战的选择，要具备阅读比赛的能力和揣摩对方进攻意图的能力。特别是对于没有马上参与盯防进攻队员的防守中锋来说，因为他有机会预测进攻方将加速进入哪个区域选位防守，中锋越早这样判断就越可以为整队的防守打下良好基础。

（二）连接队员（2）

连接队员防守外侧的能力将在比赛防守中予以体现，也包括他们阅读交叉进攻意图的能力。如果他们可以预判所防守的进攻队员即将进行交叉进攻，防守的连接队员就可以和本方中锋一起协防对方中锋及要进行交叉的连接队员，对于靠近边线的突然关门的比赛情形，防守连接队员将承受很大压力。另外，预判是否需要采用关门战术的能力是根据连接队员自身位置所必备的能力。

（三）边锋（1）

防守时的边锋在靠近边线附近采用关门战术情形下将承受较大的压力，因为这是进攻方得分的最常见方法。边锋需要具有预判是否需要采用关门战术并据此选位的能力。边锋通常是防守对方接长传球的队员，因此通过预判对方要采用长传球时进行拦截，为球队防守做出贡献。像进攻的边锋一样，身高是边锋要具备的素质，同时还有出色的接球能力。

五、对进攻传锋快速捡球直跑推进的防守（图3-26）

进攻方在滚球时传球试图快速推进，防守方可能会面临着仓促后退来不及有效布防的情形。防守传锋快攻的最佳方法是在中场进行有效防守，防守快速压迫且始终井井有条，从而使进攻没有机会发动传锋快攻。但是，如果传锋确实快速捡球起来并冲进了防守方，则盯防传锋的防守队员应该马上压上追赶，而其他防守队员则留在原地并盯防与他们相对应的队员。如果另一名防守队员离捡球的传锋较近，他要及时沟通告知队友他将上前防守，参与防守对方捡球传球的队员要马上明确下一波自己要盯防的那一个进攻队员。具体的练习方法如下：

6名防守队员站在得分线外约15米的球场上，面对进攻队员正准备防守。一名要充当捡球的传锋的进攻队员站在距离球旁两三米处，他的前方已选择好盯防他的防守人。其他进攻队员以他们希望的任何形式或位置站在防守队员的身后。在教练发出开始指令后，传锋捡起球并朝得分线加速跑动，站在传锋身后方的防守队员立即追赶，而其他防守队员转身并试图协防另外的进攻队员并防止得分。

图3-26 对进攻传锋快速捡球直跑推进的防守

六、阅读进攻策略保持人盯人的防守

如前所述，防守队员应该尽可能地保持自己所盯防的区域安全，并且不需要队友的协防，因为队友跑到另外区域防守将会导致他该盯防的区域暴露更大的空间。在大多数情况下，要很明确进攻方是要对哪一个空间区域的进攻构成威胁。但是，触球是一种战术不断变化的运动，进攻方将不断改变场上位置。当发生这种情况时，即使防守队员盯防的特定进攻队员与场上的另一位队员调换了位置，防守队员仍然要负责保护其防守区域中的空间。

每个防守队员应对自己的区域尽职尽责，应了解队友应负责哪个区域，还要帮助队员如何识别对方进攻模式。在图3-27中，左中锋攻击了盯防他的防守队员，进攻防守方队员最少的一侧（所指的外侧位于图中防守队员的左侧）。但是，防守方的中锋已有效地盯防了他们左侧的区域，很明显，他们不会在外侧被打败。进攻的中锋被触碰并滚球，然后脱离后退到一侧，附近的连接队员充当传锋，当脱离滚球点的进攻中的传锋跑进防守方连接队员的区域，而捡球的传锋跑入防守的中锋的区域，两名进攻队员交换了位置，但这并没有太大关系，因为球一直处在进攻方左侧3名队员手中。因此，即使在原防守区域的盯防的进攻队员已变化的情况下，防守中锋和防守连接队员仍坚守其位置并继续盯防他们与左侧队友之间的区域。

在图3-27中，进攻的右中锋吸引防守向右侧边路进攻，盯防进攻的防守队员右侧人数最少。但是，右边的防守中锋有效地盯防了他们右边的区域，很明显他们不会在外部被打败。进攻持球队员通过与最接近连接队员的位置执行交叉进攻，中锋跑动并接到挑传球，两名进攻队员已经调换了位置，但这并没有太大关系，因为球一直处在右侧进攻三人的手中。因此，即使在原防守区域盯防的进攻队员已变化的情况下，防守中锋和防守连接队员仍留守其位置并继续盯防他们与右侧队友之间的区域。

→ 盯防该区域的防守队员

图3-27 盯防进攻的防守队员人少一侧

在上面这两个示例中，防守中锋都盯防好自己的区域，并且没有过度追随进攻队员。但是，如果防守中锋都被进攻队员吸引错位了，然后不得不追赶持球队员，那么他们较难触碰对方并保持自己的位置，因为他们的身体重心都被进攻方吸引到球场外方向。在这种情况下，防守中锋与其外侧连接队员之间的沟通至关重要，如果有人发现防守中锋应追赶进攻队员而失去自己本应盯防的位置，那么侧面的连接队员要向场地里侧移动补防原中锋的位置去触碰持球人；而中锋应及时后退7米后，移动到内侧的连接队员的位置，以连接队员的角色盯防自己的区域。

图3-28左侧防守连接队员察觉到左防守中锋因追赶进攻队员很难盯防

他原防守的空间，他的身体重心已被吸引到左侧，这时防守连接队员要向场内移动，在中锋防守区域去触碰对方，原防守中锋则后退至原连接队员位置。实际上，这两个队员交换了位置，以便阻挡进攻球队获得空间。

盯防该区域的防守队员

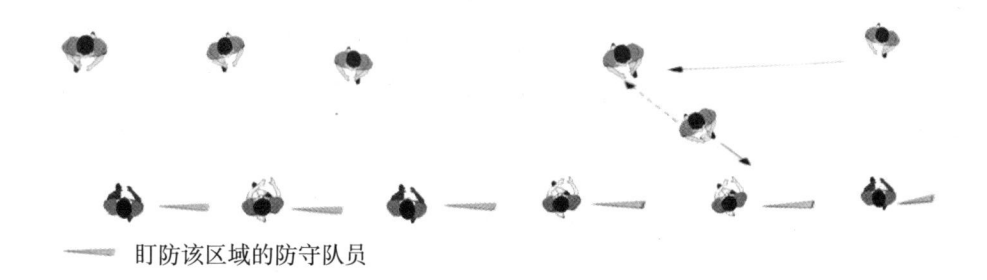

图3-28 防守连接队员向场内移动

重要的是要注意，如果防守连接队员移动到由于中锋防守过度而失去的位置去补防，那么连接队员的防守区域中会出现一个较大的空间，进攻队员随后可以攻击该空间，移进补防的决定要判断准确，并且要有经验（尤其是特定位置的队员彼此并肩防守时，他们要开始揣摩如何应对出现的不同状况）。常见的是在连接队员和边锋之间的防守换防，尽量减少边锋的触碰次数。如果边锋盲目地移到内侧进行触碰，则外侧防守可能会处于非常不利的局面。尤其是防守队员边锋向内侧移位去触碰不是自己盯防的对方边锋队员时，在外侧留出空间，就为进攻方提供了一个不必要的以多打少的机会。内侧的连接队员应该有意识地帮助边锋。如果防守连接队员不得不追赶自己盯防的队员到较宽的区域，或者他们努力追赶对方去保护自己的小边，而使对方将球传给了进攻的边锋队员，这时防守方将很难进行触碰对方并保护他们的盯防区域（因为他们的身体重心已吸引到球场的外侧方向）。这种情形防守边锋要向内侧移动，协防连接队员去触碰对方，而连接队员要后退7米，进入边锋的位置。这样，小边就得到了防守，边锋无须进行盲目的防守，连接队员也不通过摆脱向外的身体重心而竭力回到其原盯防的位置。

练习方法如下：

在一个20米的正方形两端的10米处各放置一个标志，在正方形的区域内可以看到两条10米长的通道，分别是A区和B区。两名进攻与两名防守队员比赛。持球队员（假设他们是右侧手旁的连接队员）站在A区中，一个防守队员站在他的对面，在他们防守的得分线前方约7米处。持球队员试图将防守队员（想象他们是左侧手旁的防守连接队员）从区域A吸引到区域B。防守队员试图在持球队员被吸跑动一段距离后与之触碰。

图3-29中，防守队员的追赶太快，无法保护其盯防的位置，而向左侧的防守方向内移动去触碰持球队员，与参与的防守队员交换防守位置，顺势向外退到去补防的队员位置。

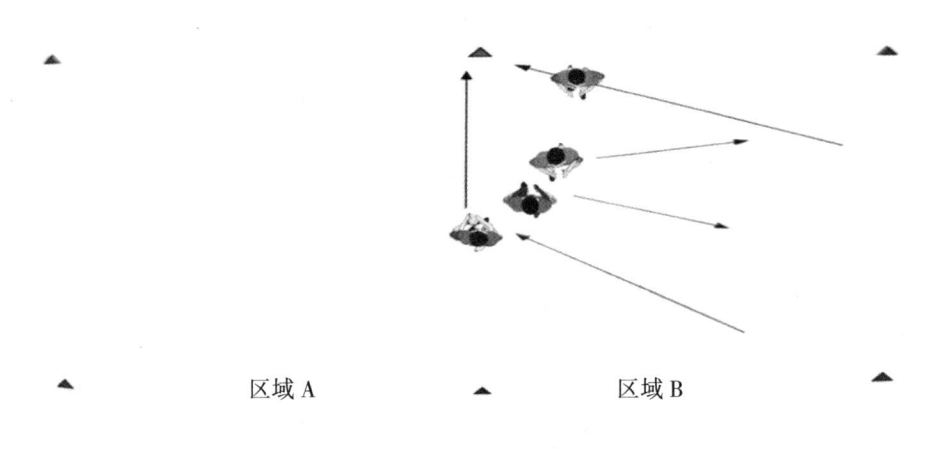

区域 A　　　　　　区域 B

图3-29　补防示意

第二个进攻队员（想象他们是边锋）在B区开始，一名防守队员站在他的对面。该进攻队员站位距离持球队员较远，可以保持防守的边锋也站位较宽。当持球队员触碰到对方并做滚球动作后随即向场地右侧脱离。场地B区的另外进攻队员成为传锋。他捡起球并直接向得分线奔跑。刚触碰的防守队员（想象在右侧的另外四名防守队员）与外侧防守队员进行沟通，以便使追赶触碰持球队员是否能够后退7米，并有效地盯防传锋快速捡球向前直跑的区域。如果进攻方是这样进攻的话，防守方就会像往常一样后退。如果不这样进攻，就要在追逐的防守队员触碰对方时，外侧防守队员要向内侧移动，以盯防传锋捡球将进的区域，同时告诉刚触碰完的防守队员"留在外侧"。进攻的战术选择始终是相同的，即传锋抄捡球直跑，或与脱离的队员进行传球配合。练习一轮后，攻击方和防守方会互换角色再练习。

该练习是为了培养队员的判断能力，在实战比赛中，可能无法使一个防守队员始终能在同一个位置做出相同的判断，因此实战训练会代替扮演这种角色。它还可能使在防守中彼此并肩作战的两名防守队员了解彼此的能力并发展彼此之间的有效沟通。另外，实战比赛中很可能会有队员被替换，而训练可以为培养队员战术理解能力创造条件。进攻队员的滚球战术选择始终是相同的，但是如果此时外侧防守队员在触碰之前过早地进入内侧防守区域，那么进攻队员应该将球传向外侧已经打开的区域。

七、在得分线附近防守

如果一名进攻队员在对方7米上展开进攻时，那么整个防守队伍所有队员都必须向前移动（规则指出要以合理的速度向前移动），直到裁判判定触碰发生。这样防止了防守队员仅仅停留在自己的得分线上（因为一旦触碰发生，如果防守队员在得分线上他们已经就位，就不必再后退7米或到达得分线）。如果裁判判罚防守队员在下一次接触即将到来之前没有前进压迫，将对防守队员判罚踢。如果进攻方没有态势快速接近得分线，则他们可能会放慢进攻节奏，寻找机会将防守队员从得分线拉出，一旦所有的防守队员远离得分线，随后发生触碰的防守队员以一定角度后退，便为进攻方提供了空间，进攻队员会加速进攻。

在接近7米线上触碰发生后，防守队员可以选择任意角度后退7米，但是他们将整体后退，即必须后退7米到达得分线，而且所有队员立即向前离开得分线，才能成为在位队员参与比赛。如果裁判认为进攻方受到越位队员的影响，将判防守方罚踢。因此，防守队员在防守时，应努力使自己侧身对着小边内侧手去触碰对方，这样他们就可以转身并随时努力去追赶对方，如观察到进攻方改变了攻击方向，就可以立即转身追赶。

八、预判关门的防守战术（图3-30）

对进攻方的行动做出及时反应是比较困难的。如果攻击队员和防守队员具有相似的身体素质，一般进攻方会占据优势，因为他们拥有进攻的主动权。因此，防守队员必须预见到关门战术的必要性。防守队员应了解，关门防守只是他们已经熟悉的一种防守战术策略的应用，他们负责防守自己和与之相邻的最靠近持球队员的防守队员之间的区域。当防守队员远离他们原盯防标的进攻队员时，不同位置的关门战术可能会不同。预测要采用关门战术是一种基本的心理状态，不同的位置都要具备预判关门的意识。随着队员防守经验逐渐丰富，尤其是具有与特定防守队员盯防特定进攻队员一起参与防守的特殊经验，防守队员便会开始预见比赛即将发生的情况，并能够相应地调整自己的位置。

练习方法如下：

在40米宽，约10米纵深的区域（从得分线外7米线区域），四名防守队员与六名进攻队员对阵。左边的第二位进攻队员或右边的第二位进攻队员持球。持球队员向小边最外侧防守队员没有防守队员的区域跑动，防守队员被吸引出来保护他们的小边。持球队员与最外侧的进攻队员进行交叉跑动，盯防防守队员判断他们是否盯防已打开的区域。该判断必须立即作出，如果防守队员被吸引失去盯防位置，要马上喊"关门"。在听到"关门"的口令时，所有防守队员都要向内侧移动，离开自己原先盯防的区域，重新定位要防守的区域，准备触碰持球进攻队员。

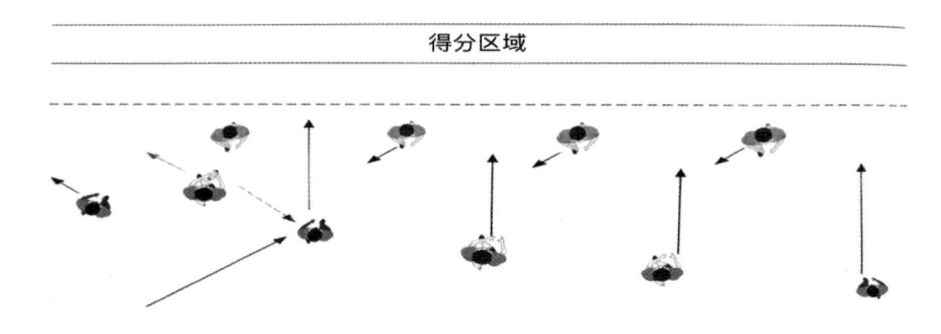

图3-30 预判关门的防守

在这个练习案例中，防守队员追赶持球的进攻队员时失去自己本来盯防的区域。当追赶持球的防守队员喊"关门"时，防守的队员要向内侧移动，离开自己原盯防的进攻队员的区域，以便能够触碰持球进攻队员。

在这种主要练习防守的训练手段中，尽管防守队员正确地保护外侧区域，持球队员可以通过努力奔跑，在最外侧防守队员没有盯防的情况下，可以将球传给外侧进攻队员。假设第一位防守队员努力追赶，并且对方进攻队员交叉进攻跑动有效地吸引到防守队员，持球队员应选择传球。如果防守方没有关门防守，进攻队员应该加速跑动通过空档努力去得分。如果防守采用关门战术，但其中一名防守队员对关门的呼唤做出了较迟的响应，则持球队员应确定哪个进攻队员会有空档并将球直接传给他们。进攻队员经常会发现，虽然第一位防守队员有效地执行了关门战术，但只要防线上其他位置上的队员防守有疏忽，便会造成被疏于盯防的第二或第三进攻队员伺机攻击。如果所有防守队员都预料到会关门，并参与向内侧移动关门自己的防守区域，那么外侧最远处的进攻队员将会有机会，持球队员应练习向该队员传长传球的能力。上面概述的练习可以简单地通过以下方法进行提升练习：去掉交叉吸引对方的开始模式，让五个进攻对阵四个防守队员，这鼓励两组队员在比赛实际出现的状况灵活地应对。也可以通过让六名进攻队员与五名防守队员在整个场地的宽度进行比赛对抗，进一步提升各自的能力。

九、第二波进攻的防守

如果防守方要实施关门战术，那么进攻方最终会选择利用关门战术对抗防守。尽管正确地执行关门战术会有效阻止因防守失位队员造成的一波攻击，但确实会使防守队伍在他们被关门的那一侧处于脆弱状态。在防守队员离开外侧进攻队员向内侧移动的场地一侧会出现以多打少的机会。因此，防守队员在关门后必须立即朝场地外侧方向追赶，以防止得分。防守方采用关门战术，会给进攻方外侧开放空间，但防守方阻止了进攻方在内侧更容易获得得分的机会，尽管如此，还是为进攻提供了得分机会。现在，防守方只能将希望寄托在外侧全力以赴的防守上，这会产生足够的压力让进攻方出现失误。

练习方法如下：

在50米宽、约15米深的区域（从得分线7米线）场地上练习预判关门战术。五名防守队员对阵六名进攻队员。不允许进攻方在比赛的第一波攻击就得分，进攻方要采用（如交叉或滚球脱离短传）等战术让防守方采用关门防守战术。防守方开始关门,然后向被关门所暴露空间的场地一侧后退7米,进攻方的目的是利用已经出现的机会。

在该练习案例中(图3-31),进攻左侧中锋和连接队员做了交叉,防守中锋无法防守交叉跑进的队员,而防守方的右侧连接队员和边锋成功地关门防守线。现在所有的防守队员都在向右侧追赶,以保护这一空间,避免造成以多打少的局面。

关门后向外追赶防守是很难有效完成的。防守队员触碰后要再向后退协防,为增加这种训练的难度,可采用控制进攻方行动的特殊规则办法,即确保进攻方一波进攻,以便在这样的比赛情况下才有可能使防守方采用关门战术。而防守队员在盯防进攻方滚球脱离再短传,很可能会出现关门战术。这种练习尽管提高了防守的关门再追赶的防守能力,但也显现防守方会在防守过程中出现漏洞,因此,要通过练习尽可能地避免这样的漏洞。

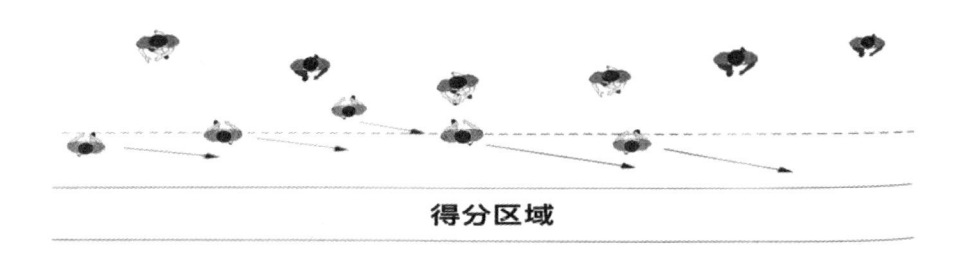

图3-31 第二波进攻的防守

第六节 触式橄榄球运动高级进攻战术及应用

像许多运动一样,触式橄榄球是一种靠向前推进触碰对手的运动。当他们参加基层比赛、到顶级俱乐部比赛,甚至国家和国际触式橄榄球比赛时,会发现触球比赛仍然是在试图吸引防守以创造得分空间。高水平队能把我们前面所讨论的相关简单技能以更高的连贯性、更高的速度正确地应用,对来自防守的更大压力也能够有效化解。这里介绍高水平球队如何使用与一般队员相同的简单触球基本技巧来展示他们如何在进攻中熟练掌握灵活运用触式橄榄球的基本技巧来构建进攻战术。缺乏比赛经验的队员通常会认为这些高水平的战术很复杂，其实仔细观察高水平球队只是连续熟练地执行许多简单的触球技巧在比赛的高强度快节奏下完成。高水平球队还是采用以前章节中讨论的进攻原则，在对方的防守中去接受挑战并创造新的变化。此外，高水平的球队更有可能发起多波的进攻（一波进攻是从触碰对方后从滚球开始，因此比赛的第一波会随着第二次触碰结束，也是第二波比赛的开始），因此，在比赛中开始几波攻击的目标是使防守方以特定方式做出响应，从而暴露出薄弱点，在接下来的比赛阶段采取适当的攻击策略。

一、发展面对防守向前滚球推进战术

球所处的场区位置很重要，一支球队进攻越接近得分线，得分的机会就越高。如果一支球队在对手半场的比赛中取得控球权，他们可以选择执行进攻性战术去冲击对方。但是，如果球队在自己本方得分线附近获得控球权，则最重要的是使用最少的触碰次数将球尽可能快地推进到对方得分线前，可以使用三人滚球推进。

（一）在中场地域实施向外再向内侧的滚球推进战术

在对方失误后开始反攻，由离球最接近的两名队员进行滚球推进。一队员跨过球，另一队员是传锋，捡球将球传给距离传球最远的中锋开始进行第一波向外侧进攻。中锋持球向前，向防守他的队员进行触碰，持球队员完成滚球动作后，继续向前跑，成为第二波触碰滚球的传锋；另一个中锋跟进成为第一波向外进攻的传锋，将球传到外侧的连接队员，并绕跑到边锋外侧，边锋向内移动到连接队员位置，外侧连接队员持球朝第一波完成触碰向前跑的中锋方向跑动并触碰防守方就结束第一波向外侧进攻，也开始了第二波向内进攻；第二波的传锋捡球将球传给场地内侧的连接队员，并绕跑到内侧边锋外侧，边锋向内移至连接队员的位置。连接队员持球朝第一波完成触碰向前跑的中锋方向跑动并再次触碰防守第一波后退的同一名防守队员。如果有效地执行了向前推进，则防守方，尤其是这两波所集中攻击的防守队员，会处于越位而被追赶的局面。防守队员面对传锋快速绰球跑动会因处于越位而被动，作为最简单的战术选择，这也是比较可取的选择，进攻方也可以决定根据所处的位置选择灵活特定进攻战术。除了向前推进和进攻场地中区外，这种进攻方式还具有将连接队员边锋轮换参与推进的作用，有助于使防守方在外侧陷入混乱。

（二）在中场地域实施一次向外、两次向内侧的滚球推进

在对方失误后开始反攻，由离球最接近的两名队员进行滚球推进。一队员跨过球，另一队员是传锋，捡球将球传给距离传球最远的中锋开始进行第一波向外侧进攻。中锋持球向前，向防守他的队员进行触碰，持球队员完成滚球动作后继续向前跑，将成为第二波触碰滚球的传锋；另一个中锋跟进成为第一波向外进攻的传锋，将球传到外侧的连接队员，并绕跑到边锋外侧，边锋向内移动到连接队员位置；连接队员持球朝第一波完成触碰向前跑的中锋方向跑动并触碰防守方就结束第一波向外侧进攻，也开始了第二波向内进攻；该连接队员完成滚球后，将继续向前跑，将成为第三波触碰滚球的传锋。第二波的传锋捡球将球传给场地内侧的连接队员，并绕跑到边锋外侧，内侧边锋向内移至连接队员的位置。连接队员持球朝第二波完成触碰向前跑的中锋方向跑动并再次触碰防守第一波后退的同一名防守队员并作滚球，第三波传锋捡球将球传给向内移动到连接队员位置的边锋队员，该队员接球后朝第二波完成触碰向前跑的中锋方向跑动并触碰防守第二波后退的同一个防守队员，传锋传球后绕跑到边锋外侧。如果有效地执行了向前推进，则防守方，尤其是两波所集中攻击的防守队员，会处于越位而被追赶的局面。防守队员面对传锋快速捡球跑动会因处于越位而被动，作为最简单的战术选择，这也是可取的选择，进攻方也可以决定根据所处的位置选择特定进攻战术。除了推进球和进攻场地中区外，这种进攻方式还具有将连接队员边锋轮换参与推进，有助于使防守方在外侧陷入困境。由于增加了一次向内侧的触碰，会使进攻方能够更有效推进，到达适合进攻的位置。

二、传锋有效的绰球推进（图3-32）

为了使传锋绰球推进有效，传锋必须保持机敏。由于传锋从地面绰球需要特殊的脚步与身体姿势，因此传锋在靠近球时，必须清楚自己将要做什么，如果绰起球然后再做决定，战术效果要差得多。绰球的队员还应该预判随后战术的完成效果，如果球在场地中间附近被触碰滚球，则传锋应立即捡球，从触碰的防守队员身后快速推进。这时由于触碰的防守队员还处于越位位置，很可能另一位防守队员会补防他们被触碰后退的防守队友。因此，滚球后绰球的传锋应快速绰球，加速对着触碰的防守队员直跑，使触碰的防守队员越位后退，处于被追逐的状态。当传锋捡球快速到得分线时，他们将寻找机会传球给处于开阔区域的无防守的进攻队员，或者是处在传锋近端无盯防进攻队员。如果传锋队员刚跑到得分线时没有看到处于无盯防的进攻运动员，则他应该沿着死球线继续奔向场地的某个角落，以最大限度地利用这个时间寻找传球机会。其他接应的进攻队员应着眼于将防守队员摆脱并越过得分线，接球触地得分。最外侧边锋位置上队员也要随时准备接球。

如果防守中锋触碰持球队员，持球队员做滚球动作，此时防守队员会向小边移动以保护这一侧，绰球直跑的传锋会在大边创造出以多打少机会。传锋队员应从触碰的防守队员肩部内侧区域加速推进，而大边其他进攻队员则加速从盯防他的防守队员外侧肩区域跑动。如果防守方没有采用关门战术防守传锋，其他进攻队员将在防守方身后直跑，跑到得分线附近随时准备接短传球。如果采用关门战术，则进攻队员通过传球造成大边以多打少的局面。

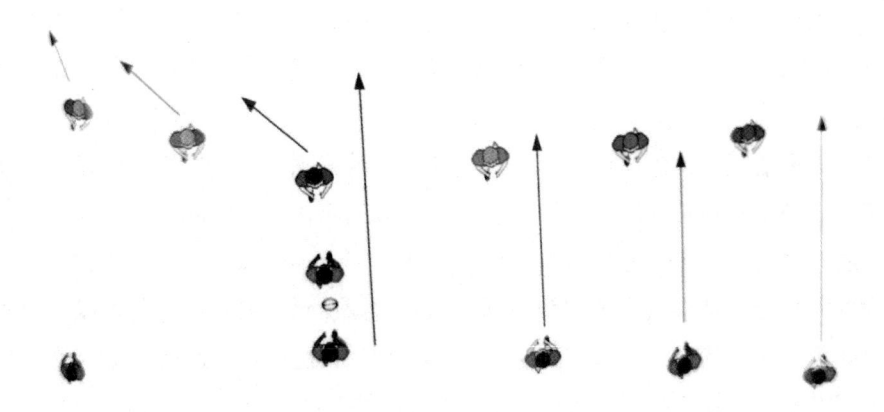

图3-32 传锋有效的绰求技术

在这个练习中，左侧进攻的中锋持球跑动吸引防守做滚球。场地左侧的防守队员正在移动以保护小边一侧。传锋捡球快速从两个中锋之间推进，而其他右侧的进攻队员朝防守队员的外侧奔跑。如果防守队员继续盯防各自右侧进攻队员，则传锋持球直跑推进，如果他们向内移动关门防守传锋，则在右侧将出现以多打少的机会。

如果防守方对其中一名进攻队员（不是传锋队员）进行触碰并且滚球，则在防守方进行触碰的场地一侧仍存在以多打少机会，在滚球处的传锋可能决定持球朝小边推进吸引防守队员，利用盯防进攻的防守队员人数差以多打少。

三、利用传球去调动防守线战术

如果一支球队在进攻方的半场拥有控球权，但没有要实施滚球和传锋绰球推进的态势，可以利用传球来牵拉调动防守线。为此，球队必须对队员的基本技能充满信心，他们需要确信自己具备可以攻击到场地任何一侧的空间，如发现该空间已被关门防守，要能够将球转移到场地的另一侧以寻找替代的机会。传球的范围越广，防守队员就越需要拉开盯防的区域，他们在比赛过程中将变得容易疲劳。攻击场地外侧区域对于进攻方来说可能是有用的战术，使用连接队员和边锋寻找空间。如果没有空间，则连接队员或边锋可以始终将球传给内侧中锋（如果连接队员持球，就一次传球；如果边锋持球，就隔人传球），再实施一些进攻战术，后面进攻章节会提到此类战术。如果中锋最终接住球并发起进攻战术，随着传球转移将吸引防守方在球场上来回移动很长的距离以覆盖盯防场区，这样就为进攻方打开了远端比赛空间。

理想情况下，边锋要求尽量避免被防守触碰到。如果边锋被触碰，则连接队员必须向外移动成为传锋，从而导致球的停顿运转时间更长。此外，由于所有进攻队员都将处在球的一侧，因此防守方知道球将要运行的方向，但比赛时边锋总是难以避免被触碰到，如果边锋预判会被碰到时，可以将球向内侧传给连接队员；如果连接队员被触碰到，则边锋迅速跟进成为传锋（减少球在地面上停留的时间）。

四、在得分线附近的滚球推进战术

如果进攻方不能有效地利用防守方处于越位的时机,采用传锋绰球推进是不可行的,因为在传锋传球之前,对方会迅速触碰绰球的传锋,这样将会导致球权转换。一支球队可能会发现自己处于得分线附近,但没有快速向前推进的态势(例如,对方的防守已盯防到位)。在这种情况下,应采用触碰对方做滚球技术来尝试创造得分机会,这种状况下,滚球的主要目的不是通过滚球尽快向前场地(如前所述),取而代之的是,进攻的目标是通过滚球方式来加快球的运行节奏和横向运动,以达到攻击防守方一侧的空间。

进攻方队员仍然需要注意"超过触碰点""滚球不当"和"球落地"等规则。因此,他们仍应着眼于如何做主动触碰(预测并控制滚球时将球放到何处)对方的动作。进攻队员仍应尝试在防守方体侧触碰滚球(使对方后撤在位尽可能困难),并保持双腿站得较宽而结实的站姿。然而,为了能产生明显的横向移动,需要对触碰技术进行一些调整。这时队员在滚球后努力保持后撤。也就是说,一旦他们的球放置在地面上,就尝试进行明显的动态的横向运动。因此,持球人如果向前快速跑动做触碰滚球动作,将较难做触碰后撤离的动作,但还是有可能做的,触碰时持球队员的前脚也是做后撤的发力脚,落地的位置需要非常准确,并且队员可能会弯曲更多的膝盖以产生所需的力量来推离后撤。队员应该记住,如果他们希望向右后腿离,则需要左脚向左前跨步,用他们的左手触碰,用右手放球,努力使左腿向右后蹬离;相反,如果队员希望向左后退离,则需要右脚向右前侧跨步,用他们的右手触碰,用左手放球,努力使右腿向左后蹬离,这是准备快攻战术(Quickie)必备的技巧,具体方法如下。

(一)队员在做适合靠近得分线附近的滚球向左撤离的技巧时

(1)滚球队员用右手触碰对方,右腿向右前方跨步。
(2)努力向左后方撤离。
(3)马上接从处于外侧防守人盯防的传锋传来的球。

（二）队员在做适合靠近得分线附近的滚球向右撤离的技巧时

（1）滚球队员用左手触碰对方，右腿向左前跨步。
（2）努力向右后撤离。
（3）马上接从处于外侧防守人盯防的传锋传来的球。

（三）练习一

摆放两个相隔10米标志，在它们中点的前方一米之处放置另一个标志。持球队员从距离中间标志外七八米远向中间标志跑动，按照前面讲述的放球方法，将球放在中间标志上，然后交替向侧面撤离，后撤到右或左侧标志上。灵巧的后退动作是为了使后撤的队员能够尽快接到来自传锋的传球，而不容易造成前传球（图3-33）。

随着练习的发展，有两个进攻队员接近中心标志（一个是持球队员，另一个是传锋）。一旦持球队员将球放在地上，则传锋根据滚球队员撤离的方向，向左或右传球。练习的目标应该是，当持球队员滚球后快速后撤，传锋快速捡球传给后撤的队员，使球在地面上最多停留一秒钟。这通常称为"快速捡球攻击战术"。

图3-33 进攻队员滚球后向左后撤

（四）练习二

两个进攻队员与一个防守队员在一个10米的正方形场地内。防守必须从得分线向前移动。持球队员应在距离得分线至少7米处开始触碰对方（使防守队员后退更大距离）并向侧后撤离，目的是在防守队员后退到得分线并离开得分线处在在位位置前，接到传锋传球触地得分。防守队员在接触前必须确保他们将整整后退7米至得分线；触碰持球的防守队员向斜后方后退到得分线来盯防掩盖滚球后后撤的进攻队员（图3-34）。

图3-34 防守必须从得分线向前移动

如图3-34所示，持球者从标志A跑动，防守队员从标志D防守，持球队员主动发起触碰并向右撤离，防守队员向侧后方后退以盯防他。传锋从标志B跟进，迅速捡球传给后撤的队员。

五、交叉进攻的发展变化战术

交叉进攻时，当防守队员的内侧肩转向要盯防的进攻队员，便较难再转向外侧追赶防守，这样交叉进攻会产生效果。进攻队员主要观察防守队员的身体腰部。当进攻队员做交叉时，如果防守队员的腰部转向防守区域内侧，那么他几乎不可能再盯防自己的防守区域。交叉的队员在接到队友的挑传球后还应观察内侧是否有另外的防守队员做关门防守。如果盯防交叉的进攻队员的防守队员位置较差，进攻队员将会抓住防守空隙加速通过防守线得分。如果进攻队员意识到防守会采用关门战术，就采用碰触防守队员再准备下一波进攻。

（一）交叉后的第二波进攻

在这种模式下，进攻方的主要目的并不是通过一次的交叉进攻就打败对手，取而代之的是，他们希望吸引防守采用关门战术并创造第二波的进攻。进攻中锋和连接队员做交叉进攻跑动，连接队员接到中锋的挑传球并向两个防守中锋之间的区域直跑，然后他立即将球传到另一个中锋，并准备好跟进做传锋。中锋朝来球的方向跑动，将对方吸引到场地内侧。接球的中锋会尽快触碰对方并滚球，传锋快速绰起球，并加速跑向刚触碰的较少防守队员一侧的区域。传锋可能突破防守线，或向场地外侧吸引另一位防守队员并制造出以多打少的机会。

经过多次练习后，防守队员可以主动参与压迫进攻队员的交叉战术跑动，如果交叉是由进攻中锋队员及其外侧的连接队员之间进行的，则防守队员的连接队员可能会停止盯防进攻连接队员跑动，转向参与盯防进攻的中锋队员，而防守中锋会停止盯防中锋的跑动转向盯防进攻的连接队员交叉跑动。如果处在这种防守情况下进行交叉，进攻将是无效果的，这时交叉的连接队员突然变向直线跑向防守中锋。如果防守方能够较好应对这种进攻战术，可以尝试以下进攻模式巧妙调动防守队员向内侧移动。

如图3-35所示，在进攻的左侧中锋（3）持球和连接队员（2）进行了交叉传球跑动之后，连接队员接到交叉传球后将球传到其右侧的向来球方向跑动的中锋，中锋接球后与防守方进行触碰滚球，并向内侧撤离；传球后的连接队员成为传锋迅速绰球，朝触碰的防守队员的外侧肩膀方向，与外侧队员形成以多打少的局面。

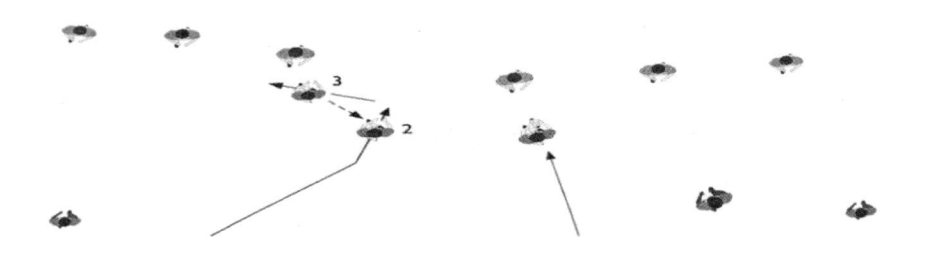

图3-35　交叉后的第二波进攻

（二）假交叉

在这种进攻模式下，进攻方希望让防守方感觉到要进行交叉进攻跑动，相应地会预料到需要盯防场地内侧的持球人。实际上，进攻方将攻击持球人外侧的空间（通过使防守队员向内侧移动或至少不向外侧追赶，试图扩大攻击空间）。持球队员朝防守的外侧肩跑动，外侧队员转身要向里侧跑动。当察觉到防守队员对交叉做出防守跑动后，进攻的中锋和连接队员便喊出"假交叉"（D-CUT）。连接队员立即侧蹬变向，朝防守方连接队员的外侧肩区域跑动，持球中锋继续朝防守中锋的外侧肩攻击。如果防守连接队员盯防进攻连接队员的跑动中稍有迟疑，则持球中锋传球给连接队员，连接队员会突破防守线并可能得分。如果防守连接队员较好地盯防该进攻连接队员的跑动，但防守中锋没有盯防进攻中锋的跑动，则该中锋继续持球跑动，突破防守线，并有可能得分。如果两个进攻队员的奔跑路线都被盯防，则进攻中锋和连接队员将进行横向传球调动，使防守队员疲于跑动追赶，在场地另一侧开创了进攻空间。

如图3-36所示，进攻方的左侧中锋向防守方人数较少的一侧进攻，进攻的左侧连接队员斜插跑动，似乎是要切入场内，防守中锋和连接队员迅速跟随盯防这两个队员，移动到即将做交叉跑动的位置。进攻的连接队员突然侧蹬朝场地外侧的方向，希望对方措手不及盯防，形成以多打少的局面。

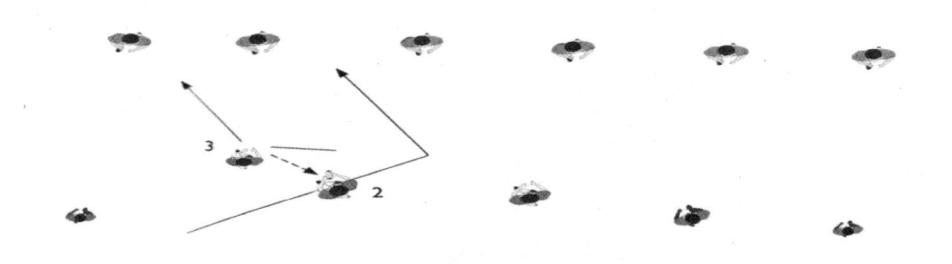

图3-36 假交叉

（三）慢跑交叉，侧蹬向外跑动

持球的中锋队员和他最近的连接队员（观察到防守队员开始要盯防交叉

进攻）进行小角度的交叉，与连接队员做较大的横向跑动，但向前的跑动速度比正常的交叉要慢，大约60%的正常速度进行。交叉传球后，中锋沿同一侧继续横向移动，连接队员接到球后，继续向内场横向移动二三步，进一步吸引防守队员向内场移动。然后，持球队员突然向外侧变向，加速跑进防守中锋和连接队员之间的区域，传完球的进攻队员也突然加速跑进防守连接队员和防守边锋之间的区域。

这种进攻模式的目的是把防守方向场内调动，进攻突然改变方向令防守方措手不及。如果防守中锋没有关门防守区域，则持球队员将突破防守线并可能得分。如果防守中锋关门其防守区域，但防守连接队员没有关门，则持球队员会将球传给发起较慢交叉的队员，将突破防守线并可能得分。如果两个防御队员的反应足够快关门被攻击的区域，则进攻队员将执行横向传球调动防守，使防守疲于追赶防守，突然变向，使防守方无法改变身体重心，不能盯防自己的区域，从而在场地远端扩大了进攻的空间。

如图3-37所示，进攻的左侧中锋已经移到了他最近的连接队员（2）处，并进行了小角度的交叉，交叉传球后，他们继续横向移动了几步。连接队员（2）队员已经吸引对方防守的连接队员移进内场。然后连接队员突然向外交向，中锋跑动的角度和连接队员一致，使防守方防守措手不及。

图3-37 慢跑交叉

(四) 慢交叉，一次传球，反向包抄插上进攻

作为上述替代的战术，中锋和最近的连接队员进行缓慢的交叉进攻跑动。传球后，中锋继续向同侧横向跑动两三步。接到球后，连接队员横向移

动,并立即将球传给内侧中锋(同时准备跟进成为传锋)。内侧中锋向内侧跑动触碰防守队员并迅速滚球。缓慢的交叉和中锋向来球方向跑动,将两个防守的中锋队员吸引在一起(盯防了相同的区域)。传锋快速捡球沿着刚才触碰的防守队员的外侧肩膀的方向跑动。同时,做交叉的持球队员在传球后要控制身体向前的冲力,立即向一侧撤离,朝着滚球的那一侧做包抄跑动(即"后门"战术),并跑进防守中锋和连接队员之间的区域。这会在第一次进行交叉跑动的另外一侧创造出以多打少的机会。

(1)中锋和连接队员进行完缓慢交叉后,连接队员拉向场外跑动似乎要回传球给中锋。

(2)持球队员实际上将球传给内侧的中锋,外侧中锋迅速后撤。

(3)内侧中锋接球后迅速触碰滚球,外侧中锋迅速包抄滚球点反向插上。

(4)插上的中锋在场地的远端成为另外的进攻队员接球突破。

六、反向插上进攻(后门)战术的构建

一次反向插上进攻本身不可能导致决定性地突破防线。但是,如果后门战术之前的一波进攻能将防守队员从反向加速插上的区域吸引离开,那么随后的后门战术可能会突破成功。后门战术将调动防守队员,进攻可以采用下列方法调动防守,利用防守的防线漏洞,反向插上进攻。

假传—后门战术的实施如下:

如图3-38所示,持球的连接队员做隔人传球给最远处的中锋,中锋接球后朝内场方向跑动与防守方的中锋碰触滚球,吸引防守方向内场移动并撤离小边。持球的连接队员传球后迅速跟进到滚球点成为传锋,被隔人传球的中锋立即从滚球点包抄从小边的连接队员与滚球点之间的区域插上,造成了小边的以多打少局面。

连接队员(2)向远处的中锋做隔人传球,中锋接球后向内侧移动以发起触碰并滚球。连接队员跟随他们的传球成为传锋,而被隔人传球的中锋(3)包抄在滚球点的侧面插上,在场地的左侧产生了以多打少的局面。

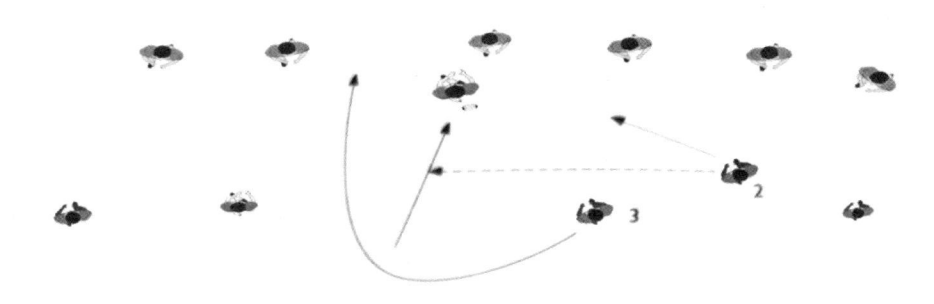

图3-38　反向插上进攻（后门）战术

以多打少的机会是由向内场跑动接到隔人传球的中锋及被隔人传球的中锋朝滚球点小边插上队员创造的。滚球时越是能牵扯进防守队员，则越能有效地打开进攻空间，因为原先盯防插上进攻的防守队员由于被触碰滚球而处于后退状态，相当于被触碰阻挡住了。

七、一个进攻战术主题下的多种变化

高水平的防守队伍能够熟练分析实际比赛情形下进攻队伍可能尝试完成的战术的演变。例如，进攻队伍攻击防守中锋外侧区域，但显然不是触碰外侧队员就是要从外侧区域突破，或将通过两个中锋间的交叉进攻就可以从防守中锋的附近区域突破，因此高水平队伍会制定出基本的进攻移动战术或基本模式，然后随着队员能力的提高，并根据防守的实际情况作出选择。

（一）中锋与连接队员间的进攻战术演变

中锋与连接队员间战术模式通过中锋（3）对其外侧连接队员（2）进行传球跑动调动防线，随后触碰防守后迅速滚球撤离，在巩固上述基本进攻模式基础上，作出如下不同选择的战术演变。

（1）中锋与连接队员进行跑动传球调动防线，中锋与防守队员触碰滚球并撤离；连接队员（充当传锋）从滚球点捡球，朝两个防守中锋之间的空位跑动，力图不被防守队员触碰而突破防守线，或者继续跑动在滚球地点的另一侧场地有效地创造四打三的局面。

（2）中锋与连接队员进行跑动传球调动防线，中锋与防守队员触碰滚球并撤离，连接队员（充当传锋）迅速捡球将球传给撤离的中锋（快速移动），中锋接球后朝正在后退的刚触碰的防守队员外侧突破。

（3）中锋与连接队员进行跑动传球调动防线，中锋与防守队员触碰滚球并撤离，连接队员（充当传锋）佯装要把球传给滚球向外撤离的中锋，实际将球传给内侧中锋。中锋在两名防守中锋之间的空位中接到短传（意在吸引对方中锋靠拢防守）。传锋跟随他们的传球，从滚球点包抄从内侧中锋和连接队员之间的空位插上，如果两个防守队员都被吸引，则包抄的连接队员将处于无人防守状态，并且在滚球地点内侧形成三打二的局面。

（4）中锋与另一中锋进行跑动传球调动防线，中锋与防守队员触碰滚球并撤离，连接队员（作为传锋）从撤离的中锋处（即发生滚球位置）传球给场地另一侧的中锋。接球的中锋站好位置，准备进攻两名防守中锋之间的区域（目的是将他们吸引到场地远端），然后呼叫"长传"。中锋没有向两名防守中锋之间短传，而是向外侧区域长传。当中锋传球时，接球的中锋快速变向跑向空档。

通过最初的走位、长传和快速变向，接球的中锋希望将防守球员留在发生滚球的一侧，并利用另一侧的空间。

（5）更进一步的战术选择，喊叫"短传"的中锋接到球在与后退盯防他的原触碰的防守队员触碰前，与包抄插上的传锋做假传球配合，在防守队员被假传球吸引离开后，持球突破，在短传或长传之后，持球队员会在防守连接队员拦截防守前攻击防守的外侧。

（二）中锋间传球跑动及向外撤离及调动防守的战术

该战术是在下面战术模式的基础上变化发展：一个中锋（3）与另一个中锋（3）一起进行传球跑动来调动防线，一旦中锋被防守触碰顺势球滚动，就立即撤离。

（1）中锋与另一中锋进行跑动传球调动防线触碰防守后滚球并向外撤离，中锋（作为传锋）击球，跑向朝两个防守中锋之间的空位，目的是在不被触碰的情况下突破防守线；或通过中锋的滚球撤离在场地另一侧形成四打三的局面。

（2）中锋与另一中锋进行跑动传球调动防线并撤离战术；中锋（作为传锋）捡球，迅速传给滚球后的中锋的，撤离后中锋接球后朝刚触碰的后退防守队员跑动攻击。

（3）中锋与另一中锋进行跑动传球调动防线并向外侧撤离；中锋（作为传锋）捡球，佯装传球给外侧撤离的中锋，实际将球传给朝触碰滚球方向跑动的内侧连接队员。他在防守中锋和连接队员之间的空位中接到短传（目的是吸引对方），传锋跟随他的传球，绕跑到滚球点的内侧连接队员与边锋的空位，如果防守的连接队员被吸引到内侧，则绕跑的中锋将没有被盯防，将在场地的内侧出现二打一的局面。

（4）中锋与另一中锋进行跑动传球调动防线，中锋与防守队员触碰滚球并撤离，另一中锋（充当传锋）佯装要把球传给滚球向外撤离的中锋，实际将球传给内侧接锋。内侧接锋朝盯防自己的接锋的外侧肩膀方向跑动（力图吸引对方接锋向场外方向移动）。接锋在接短球的瞬间突然变向内侧跑动，接传锋的长传球，在防守的中锋与接锋的开阔空位突破，或者在内侧形成二打一的局面。

（5）更多选择

喊叫"短传"的连接队员接到球后，与绕跑的传锋做假传突破进攻。

（三）中锋间（33S）传球跑动及向内侧撤离（SAMO）及调动防守的战术

该进攻模式是在如下进攻战术的基础上变化发展的：中锋（3）开始与盯防他的防守队员触碰滚球，然后向他最初站立的场地的同一侧撤离，这就是为什么将此动作称为"同侧撤离"（SAMO）。这是一个较难的跑动方式，因为通常滚球向场地外侧撤离，而现在是做向场地内侧，即中锋滚球腿的位置动作侧后撤离。

（1）中锋开始与盯防他的防守中锋进行触碰滚球，并执行同侧后退（退回到他们最初站立的那一侧）；中锋（作为传锋）绰球，跑向两个防守中锋之间的空位，目的是不被防守中锋触碰突破防守线，或者是通过跑动传球，在场地一侧有效地形成四打三的局面。

（2）中锋开始与盯防他的防守中锋进行触碰滚球，并执行同侧后退（退回到他们最初站立的那一侧）；中锋（作为传锋）捡球，迅速传给了后退的中锋；撤离后中锋接球后朝刚触碰的后退防守队员跑动攻击。

（3）中锋开始与盯防他的防守中锋进行触碰滚球，并执行同侧后退（退回到他们最初站立的那一侧）；中锋（作为传锋）捡球，佯装传球给外侧撤离的中锋，实际将球传给朝触碰滚球方向跑动的内侧连接队员。他在防守中锋和连接队员之间的空位中接到短传（目的是吸引对方）。传锋随他的传球，绕跑到滚球点的内侧连接队员与边锋的空位，如果防守的连接队员被吸引到内侧，则绕跑的中锋将没有被盯防，将在场地的内侧出现二打一的局面。

（4）中锋开始与盯防他的防守中锋进行触碰滚球，并执行同侧后退（退回到他们最初站立的那一侧）；另一中锋（充当传锋）佯装要把球传给滚球向内撤离的中锋，实际将球传给外侧连接队员。内侧连接队员朝盯防自己的连接队员的外侧肩膀方向跑动（力图吸引对方连接队员向场外方向移动）。连接队员在接短球的瞬间突然变向内侧跑动，接传锋的长传球，在防守的中锋与连接队员的开阔区域突破，或者在外侧形成二打一的局面。

八、高水平连续多波进攻战术综合运用策略

在高水平比赛中，队员具备观察防守和进攻方面的弱点或场上出现的空位的能力。凭借队员的经验和良好的训练指导，队员能够根据比赛实际选择技战术，尤其是在有压力的情况下作出正确的判断，采取最有效的行动参与比赛。尽管进攻队员的某次移动可以产生得分机会，但它并不能保证一定能得分（因为防守队员也具备强健的防守能力或对比赛的出色阅读能力足以补防进攻移动变化所出现的空位）。因此，进攻方应清楚在他们第一波的进攻结束时会影响到下一波行动的开始。教练和队员应尝试多波的进攻模式，其中第一波的进攻意图是使防守方以常规防守战术作出反应，然后预测可能出现的空位，再发动第二波或随后几波的进攻。

（一）向前推进战术的变化

这种推进的目的是通过更多地利用传球（而不是队员的奔跑能力）来实现与以前的进攻模式相同的结果。传球次数是指每波进攻进行的传球次数，

但是，有时是左边锋或右边锋取得球权转换，因为较高水平的球队在无法制造得分的情况下会选择在远离本方阵线的场区边锋位置转换控球权。如果滚球是在中锋位置和连接队员之间进行，则只需要进行两次传球就可以达到相同的结果，因此队员需要意识到目的是将球传到远处的边锋，不需要完成三次传球。

球传到场上最初的滚球相反方向的连接队员，需要三次传球。连接队员持球前进，并尝试与最近的防守中锋碰触，传球给连接队员的中锋跟进成为传锋。传锋将球反向回传到最初滚球的一侧的进攻中锋，再依次将球传到外部的连接队员，连接队员再持球向前推进并试图与最近的防守中锋触碰。第一阶段已完成。

将球传给连接队员的进攻中锋成为传锋。传锋将球反向传给另一中锋，中锋持球向前与防守队员进行触碰。第二阶段已完成。

如果有效地执行了上述每个阶段，则防守中锋将被拉向不同的方向，而进攻的中锋（其中一个正在滚球，另一个是跟进滚球的传锋）相对较轻松。因此，防守可能容易受到传锋持球突破的攻击，因为这是较简单的战术选择，所以更加实用。另外，进攻方也可以决定建立已经取得好的场上位置的特定进攻移动战术。这种推进的优势在于可以扩大传球范围，并让防守方以一种方式追逐，通过进攻方的传球而不是通过队员的跑动，这样不会造成进攻方疲劳，而且只使用了三次触碰；如果这样进攻还没有产生突破，那么进攻方还有三次触碰，仍有机会创造得分。

（二）得分线附近横向移位战术

当高水平的球队发现自己正在进攻的得分线附近没有向前突破的机会时（例如，防守的阵线已形成），他们知道突破防守方后面的空间是不可行的。但能够有效攻击的最大空间是在防守方的两侧，因此队员们的目标是利用触碰滚球手段来快速地控制球并做横向移动。在这种情况下，要利用好约束防守队员在其防守线附近行动的相关规则。具体来说，如果一名持球进攻队员进入他们正在防守的得分线前的7米上，那么每位防守队员都必须移出得分线以合理的速度继续向前压上，直到发生下一次触碰为止。当进攻方在对方的分线附近由静态开始发动进攻时（例如进攻方刚刚获得罚球权），将利用规则展开下列模式的进攻，在防守方已经做好布防下创造突破空间。

1.慢交叉触碰滚球后的传锋捡球突破

持球的中锋与另一中锋进行慢交叉，将防守队员从得分线前面的7米区域中吸引出，交叉传完球的中锋，减速并保持其场上跑动位置，准备成为传锋。中锋交叉接到球后，中锋继续向场内横向移动两到三步，以吸引防守队员向场内靠拢。然后，持球人突然改变步伐，加速跑向两个中锋空位，目的是吸引两个中锋到触碰滚球地点，并与任一中锋触碰，并努力地向侧后撤离。另一中锋作为传锋快速捡球并向两防守中锋之间的空位跑动，再次吸引两名防守队员，恰当时机将球传给防守队员外侧通道的撤离队员。

中锋和连接队员可以执行上述相同的进攻模式。但是，两个中锋间配合的进攻模式的好处是传锋与触碰后撤离的中锋，会在较宽的球场区域进攻，避免进攻空间不足的风险。这也使撤离的队员在外侧有更多的队友，可以通过传球与外侧的连接队员配合进攻。

2.中锋与边锋的慢交叉触碰后与反向撤离的队员跑动战术配合

中锋持球与外侧的连接队员进行了一个慢交叉跑动，吸引防守队员从得分线前方的7米区域向外压上。交叉传球后，中锋继续朝外侧防守的连接队员附近横向移动，连接队员接到球后继续朝场地内横向移动，目的是吸引防守队员往场地内侧移动，远离交叉传完球的中锋。持球队员继续移动，并在另一中锋进行滚球配合并反向撤离移动（触碰滚球后回到他们最初站立的那一侧撤离）。另一中锋成为传锋将球传给反向撤离的朝触碰的外侧防守队员的空位跑动的连接队员，如果防守连接队员向内侧移动帮助中锋关闭通道，则持球队员传球给刚开始缓慢交叉的外侧与防守连接队员对位的进攻队员。

3.中锋与边锋的慢交叉触碰后与反向撤离的队员跑动配合的战术变化——持球传锋的变向进攻

作为上述进攻战术的一种变化：中锋持球与外侧的连接队员进行了一个慢交叉跑动，吸引防守队员从得分线前方的7米区域向外压上。交叉传球后，中锋继续朝外侧防守的连接队员附近横向移动。连接队员接到球后继续朝场地内横向移动，目的是吸引防守队员往场地内侧移动，远离交叉传球的中锋。持球队员继续移动，并在另一中锋进行滚球配合并反向撤离移动（触碰滚球后回到他们最初站立的那一侧SAMO）。另一中锋成为传锋将球传给反向撤离的朝触碰的外侧防守队员的空位跑动的连接队员。在进攻队员做反向撤离的同时防守方也做出反应并且也尽力向后侧撤离来盯防撤离的进攻队员，持球队员突然蹬地变向，朝另一防守中锋的内侧肩膀（两个防守中锋之间的空位）跑动。如果防守队员无法补防空位，持球队员可能突破得分。如果其他防守中锋可以帮助补防，则持球队员对着补防的队员的内侧肩膀方向跑动，与外侧刚才传球的传锋形成二打一；或者外侧刚才传球的传锋突然向内跑动与持球队员做交叉，交叉后接球的队员可以突破得分，也可以与另一边外侧队员形成以多打少的局面。

（三）触碰"错误"防守队员的价值

通常所描述的防守战术模式是假设进攻队员与自己相对应的盯防队员发起接触并滚球。因此，与"错误的"盯防队员进行触碰会因出乎意料的变化造成防守方的混乱，进攻方会因势利导，展开进攻。例如，进攻方两个中锋准备进行触碰滚球撤离战术配合，但是，在开始触碰之前的几秒钟中，持球队员继续向场内移动，并与距离他最远处的防守中锋触碰。

当传锋捡球时，他已经站在两个防守中锋之间位置，如果他要进攻中锋滚球撤离的防守方盯防一侧，那么他们会轻松实现有四打三的局面。如果传锋立即将球传给撤离的中锋，将比对常规盯防自己正前方的防守中锋触碰并撤离进攻打法会有更多的进攻空间。如果对中锋触碰的防守队员努力追赶撤离的进攻队员以关门该区域，那么在两个防守中锋之间可能会出现一个空位，这样传锋会捡球直接突破。如果撤离的中锋接到传锋的传球并且两个防守中锋之间的空间仍然没有关门防守，这时撤离的中锋与其外侧连接队员会采用交叉跑动进攻战术。

同样，进攻的中锋决定与距他们最远的防守中锋进行触碰滚球后做反向撤离，也就是向后退回到中锋原先站立的那一侧。当传锋捡球时，他们将位于两个防守中锋之间位置。传锋将球传给撤离的队员。如果撤离的队员非常敏捷，他们可能有机会突然变向（朝撤离的反方向）攻击两个防守中锋之间的空位，突破得分或利用变向动作所产生的以多打少的局面。

如图3-39所示，中锋（3）移动到防守他的防守中锋队员的位置，并与对方触碰滚球，向防守方的右侧撤离。当传锋将球捡起来时，他们在防守方的右边立即出现以多打少局面。

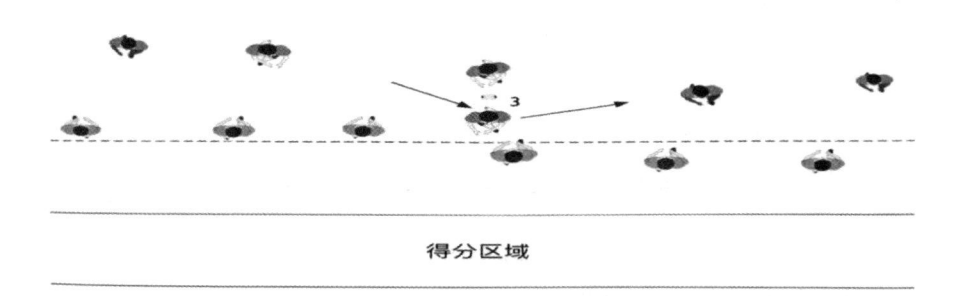

图3-39 触碰"错误"防守队员

（四）交叉跑动

跑动路线在各种橄榄球运动中都非常重要，交叉或隔人传球是联合会式和13人制职业橄榄球比赛中都经常使用的传球方式。目的是要接球的队员通过与队友间有效地跑动，在防守队员迟疑的同时传锋选择恰当的传球目标。例如，如图3-40所示，中锋和连接队员执行32跑动配合，传锋随后将球传到触碰滚球的场地另一侧，传锋会根据无球队员的跑动及防守队员的相关防守情形选择传球目标，远端的连接队员与中锋交叉跑动，也就是连接队员向盯防自己的防守队员内侧肩的空位跑动，进攻中锋在连接队员跑动后，与连接队员交叉跑动加速进入防守的连接队员外侧肩的空位。当防守的连接队员发现自己在内侧和外侧同时受到攻击时，他们可能会犹豫或向内移动（他们应始终防守外侧的空位），传锋在决定传给谁之前先阅读防守队员的防守状况。如果防守连接队员没有向内侧移动，而防守中锋被吸引向内侧移动，则把球传给连接队员。如果防守连接队员犹豫或向内侧变向补防，则球传到中锋的角度。在后一种情况下，传球是在交叉跑动后进行的，隔人传球到中锋位置，并继续攻击防守方外侧空间。

图3-40　无球队员为传锋提供了两个传球选项并吸引一个防守队员

（五）声东击西，出其不意

防守方会逐渐习惯应对进攻方惯用的攻击策略，即在连续几波的32配合攻击外侧区域，或者利用33滚球向同侧撤离，再变向进攻的战术配合，先假装攻击外侧，然后突然变向攻击内侧区域。但是，有时运用不常见的策略，先假装攻击内侧后再攻击外侧通道，也许会有更有效的突破。在一对一的情况下，持球队员会试图利用变向来突破防守方，换句话说，他们将向内场倾斜跑动，然后再突然侧蹬向外侧，从防守方的内侧肩跑动突然转向外侧肩上，要求持球队员拥有极为有效的闪躲技巧，或比对方明显的脚步节奏的优势，或许会让防守方在向内场追逐时犯下防守错误，从而给进攻方在外侧轻松实现以多打少的机会。上述进攻策略都是可行的，进攻方还可以通过其他方法假装向场地内侧区域进攻，从而使防守方从场地外侧移动到内侧（保护其小边），然后，攻击方就有机会攻击场地外侧空间。

（六）向场地内侧移动，努力在外侧进行交叉进攻

持球的连接队员蹬地变向朝场地内防守连接队员与最近的中锋之间的空位跑动，目的是吸引防守的连接队员移动到场地内，最近的进攻中锋与连接队员进行交叉跑动传球，接到交叉传球的中锋加速跑进防守连接队员与边锋之间的空位。

这种进攻模式的目的是在攻击防守方外侧前先吸引到内场，交叉后的接收队员会加速跑进由于防守队员向内侧吸引而暴露出来的外侧空位。在进攻中锋与连接队员交叉之前，通过进攻方边锋加速跑进防守方中锋和防守连接队员之间的空位，也会吸引防守方移动到内场。

（七）滚球后同侧撤离，向内闪切，向外侧交叉进攻

中锋持球与防守方触碰后滚球并向其原先站立的场地一侧撤离，另一中锋作为传锋将球传给撤离的中锋。盯防撤离中锋的防守队员也作出反应并且也努力地在撤离之后，持球队员突然变向，朝盯防防守队员的内侧肩（两个防守中锋之间的空位）跑动。传锋传完球后与突然变相的持球中锋进行交叉跑动，并接到他的传球，加速跑进防守中锋和防守连接队员之间的空位，准备利用在场地一侧形成的以多打少的局面。

这种进攻模式的目的是吸引防守方向内场移动，再攻击外侧场地空间，交叉后接球队员会加速进入因防守队员向内场移动而使外场暴露出的空位。传锋交叉跑动接球后也许有机会得分，但是如果防守连接队员和边锋也向内侧移动，则空位可能会关闭。但是，进攻方仍将在外侧与连接队员和边锋配合，并将有三打二的机会。

一种出其不意的触碰方法是：通过推压防守队员的手或手臂来使他们失去平衡，并朝着与进攻方试图撤离的相反方向推动。这为进攻方创造了更多空间。但队员应注意，裁判有权对进攻队员的这种"暴力"接触予以处罚，因为过度用力会使防守方受到裁判判罚犯规处于不利地位。但是，这只是裁判尺度上的问题，有些裁判会允许这样做。

第七节　触式橄榄球运动高级防守战术及应用

高水准的触式比赛，教练和队员都要理解防守体系的有效性和局限性，并且找到最适合自己球队的能力和技能水平的防守战术。他们还要能够评估对方，了解他们更喜欢采用的进攻战术。归根到底，教练和队员需要提高针对进攻队伍的战术运用时评估本方防守弱点的能力。因此，教练或队员能够意识到自己防守的薄弱环节并希望据此调整自己的防守战术是比较大的挑战。以下的防守战术是球队根据进攻方的长处或短板灵活加以运用。与本书中讨论的其他防守体系一样，它们也许不是完美的，但是或许能够使进攻得

分变得不那么容易，甚至改变比赛的走向。

一、连接队员的高级防守策略

进攻方通常会吸引防守中锋以将其移出原防守位置，或者瞄准中锋为目标实施持续的有效地调动进攻，使得他们超负荷地参与防守而变得疲劳。因此，为保持中锋的体能充沛有助于他们保持犀利的防守状态，防守方通常会采用强有力的连接队员防守体系。坚固的连接队员防守能力需要与连接队员外侧的两个中锋的站位紧密，连接队员要同中锋沟通联系使中锋不必过度追赶进攻队员，给予中锋强有力的防守协助，尽可能多地触碰防守。例如，如果持球队员攻击他们中锋外侧肩部的区域，但以较大的角度朝中锋跑动进攻，持球队员会被连接队员触碰（因为连接队员与中锋的站位较近），这样中锋就避免了不必要的防守行动。

（一）练习一

在图3-41中，左侧进攻中锋进攻时跑动角度过大。防守的连接队员与中锋保持紧密的站位，连接队员代替中锋去触碰持球队员。

图3-41　连接队员代替中锋去触碰持球队员

连接队员需要特别留意确保其小边的防守职责。如果进攻队的外侧队员接到球，连接队员就必须保护正在受到攻击的区域。为了使连接队员防守更加牢固，站位不能太宽。如果连接队员站位过宽，将必须尽快向场地内侧移动为中锋提供支持，如果外部需要盯防，他们几乎不可能成为外部区域的有效防守者。一开始就靠近中锋站位使连接队员可以帮助中锋防守，避免中锋疲于防守中间的变向或交叉跑动，而且还能够保护自己的小边。

（二）练习二

在50米宽（比赛场地的宽度）和大约20米深（从得分线向外）的区域中，六名防守队员与六名进攻队员比赛。将比赛场地分为三个部分：首先标记中间场地部分的宽度约为25米，外部的两个部分的宽度约为12.5米。中间部分只允许有防守方的中锋、防守连接队员和边锋位于两个外侧区域。进攻方可以自由移动，可以攻击防守方的得分线。连接队员应尽可能地靠近内侧区域，并指令连接队员尽可能地帮助中锋做触碰防守。

在图3-42中，防守的连接队员距离中锋站位非常宽阔。进攻方中锋持球触碰对方做滚球，进攻方连接队员，将球向防守的两名中锋（3）中间空位跑动，与相邻插上中锋做短传球配合；或将球传给远处的进攻连接队员，上述配合都可能导致突破得分。

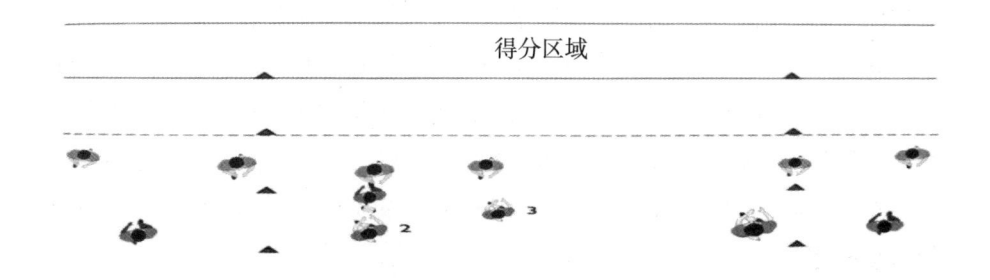

图3-42 连接队员帮助中锋做触碰防守

很快就会发现，两个防守中锋会非常脆弱，他们在两个人之间有很大的防守空间，进攻方会充分利用这一优势。防守中锋会感到被暴露无遗，连接队员也会感到沮丧，因为没有给中锋提供更多帮助。轮换不同区域的防守队员继续上述防守练习，让所有队员都有机会在中锋位置和连接队员位置进行短暂防守。再改变防守的三个区域的宽度，中间区域的宽度减小到16~17米，两个外部区域的大小相应增大。遵循相同的比赛规则，仅在中间区域允许使用防守中锋站位，连接队员应尽可能地靠近内侧区域，并指令连接队员尽可能地帮助中锋做触碰防守。这样，队员防守中锋在较窄的区域内进行防守应该更加容易。连接队员将协助中锋防守，替他们进行更多的触碰，使中锋不至于连续追逐失去盯防位置，这样中场防守的区域更小，防守更牢固。

这种训练手段使连接队员在中锋建立稳固的防守位置并确保本方防守职责的基础上，尽可能地帮助中锋防守，避免中锋过度追赶进攻队员，失去防守位置。通过变化防守区域的大小来进阶练习，采用使中间防区的宽度更小来尝试练习更强有力地连接队员防守能力。在这种情况下，连接队员和外侧边锋会变得非常脆弱，进攻方会将传球或进行交叉跑动来攻击外侧区域。

二、中锋与连接队员的协同高级防守策略

高级的中锋与连接队员的防守策略是中锋与连接队员间协同配合的战术环节。高级的中锋与连接队员的防守是一个中锋在距离得分线10米左右承担向前压迫的角色。该中锋负责在球场中锋所处的区域内与对方进行触碰。他们将通过及时退守来保护自己的小边，因此必须遵守战术纪律，不要让自己被拉向场内太远。另一防守中锋则采取了距离突前的中锋较深的站位，一旦中锋触碰后就必须撤退至防守方在位的位置，进攻方在滚球及捡球后突破需要立即关闭中锋和向前压迫的中锋之间的空位。站位较深位置的防守中锋充当向前压迫的中锋的"口袋"。由于充当中锋口袋的一侧空间开放很容易受到攻击，因此，这一侧的连接队员向中锋靠得更近一些，以缩小防守空间并给进攻队施压。

图3-43中，右侧防守中锋和左侧防守连接队员向前，而左侧防守中锋留守在右锋侧后做口袋状。右中锋向场地中部去触碰防守，如果进攻要加速从两个中锋间的空位突破，左侧中锋则迅速压上关闭空位，触碰防守的右中锋则后退至右侧角落方向（小边），以保护小边。

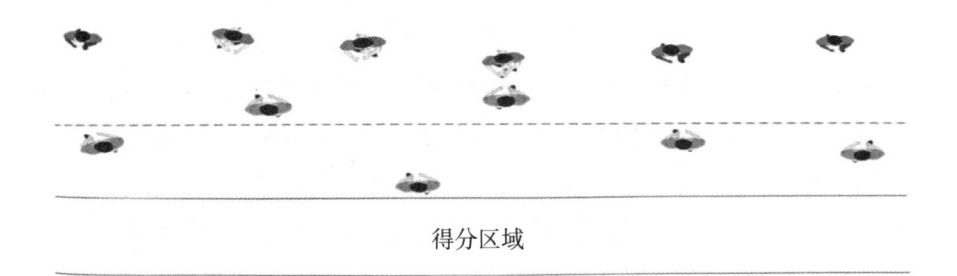

图3-43 以缩小防守空间并给进攻队施压

高水平的中锋与连接队员的防守旨在有效应对进攻球队的战术选择。如果进攻方喜欢选择对防守方的右侧进行进攻（许多球队都这样做，因为大多数队员都是右手，并且在该方向上有更好的长传）；右侧防守中锋和左侧连接队员将会向前压上；右边的防守中锋会在场地中间区域触碰任何持球的进攻队员。这意味着防守方将一直会被拉向他们的右侧角落，并追赶到进攻方想移动的位置，从而阻止进攻。或者，如果进攻方要攻击防守方的左侧，则左侧的防守中锋会在场地中间区域触碰任何持球的进攻队员。这意味着防守方将一直会被拉向他们的左侧角落，并追赶到进攻方想移动的位置，从而阻止进攻。

如果特定的一中锋去做触碰防守并因此总是会被拉到特定的一个角落，进攻方就会利用这一点成为进攻的优势。例如，防守方指定了他们的右侧中锋向前压迫，并在中场进行触碰，并且他们知道进攻方会喜欢利用两个中锋间的战术配合（33），中锋触碰滚球并向防守方的右侧撤离并接传锋的传球。进攻方在战术实施的第一波会观察到，防守的动作让进攻突破无效。在比赛的下一波进攻中，进攻采用的33战术，中锋触碰滚球后继续向防守方的右侧撤离。但是，当撤离的中锋要从传锋接球时，突然变向朝防守方中锋的内侧肩膀方向跑动（由于防守右侧中锋向外移动会暴露一个空位）。

为了防范这种潜在的漏洞，左侧防守中锋必须能够立即实施关门战术。因为，右侧中锋在触碰后在裁判的监督下要快速后退在位，再次压上防守会较慢，因此他们不能跟上右侧中锋的步伐，因此左侧中锋准备好尽快关门通道，防守突然变向突破的进攻队员。

高水平的中锋防守应避免被拉到内场进行触碰，毕竟，该防守战术体系的目的是让中锋保护其小边（场地外侧），但是，如果确实发生进攻方要攻击外侧，作为口袋的中锋可以补防向前压迫的中锋追逐防守被吸引到外侧而暴露的空位，触碰的中锋就要退回到队友向前协防而腾出的空位中。类似地，如果连接队员在外部被攻击，则拖后的口袋的中锋要补防向前压迫的连接队员追逐防守被吸引到外侧而暴露的空位，连接队员触碰防守后要退回到中锋的区域。

如图3-44所示，防守中锋（3）触碰后并向右后退到7米，以保护其小边。发起触碰的进攻中锋滚球并向防守右侧撤离，并接传锋传球。他突然变向朝两个中锋人之间的内侧空位突破。作为口袋的左侧防守中锋必须准备立即向前关门防守，以免对方从该空位突破。

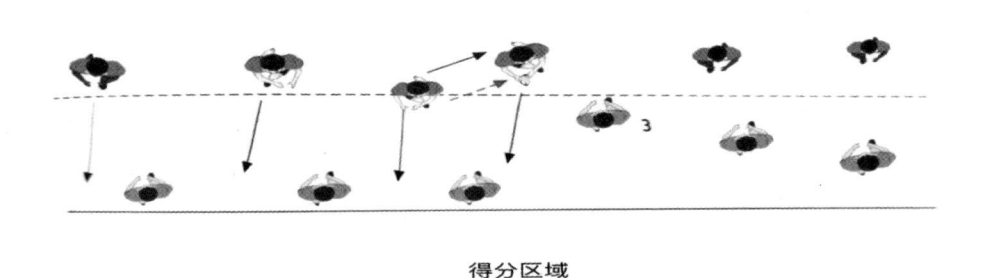

图3-44　连接队员触碰防守后要退回到中锋的区域

练习方法如下：

两队各六人在一个大约15米深，30米宽的场地内，双方的队员都不允许跑步，只能以走动的形式比赛。首先，控球仅限于两个进攻中锋，他们可以将球传给对方并相互移动进攻。在此练习中，先指定右侧中锋和左侧连接队员向前压迫防守，右侧中锋去做触碰，练习的目的之一是让被指定的中锋判断何时应该停止去触碰，也就是说，如果左侧进攻的中锋持球并且向场地的左侧移动较长一段距离时防守的中锋就停止去触碰。向前压迫的中锋必须与连接队员一起来建立合适需要连接队员要替代中锋向前压迫触碰的防守默契的理念。两个防守的中锋还必须明确哪一个中锋要去触碰对方的时机和地点，如果防守中锋触碰后直接后退，作为口袋的防守中锋向前补防，压上的中锋一侧的小边会受到威胁。通过练习，防守队员可以熟悉其位置感并建立起空间的视觉想象。练习中防守队员应轮换位置，以熟悉所有位置的防守要求，尤其是中锋位置和连接队员位置。练习中可以进行不断挑战性训练，使进攻持球队员可以将球传给六人中的任何一个；还可以变化练习的节奏，由走动到跑动，以增加防守决策的压力，也可以增加练习的区域宽度等。

第四章 体 能 篇

第一节 触式橄榄球比赛特征

触式橄榄球运动是一项间歇性高强度跑动的团队运动,队员在触式橄榄球比赛中经常进行高强度的跑动(如冲刺跑),间隔着低强度的活动(如站立、行走和慢跑)。有研究统计：40分钟的触式橄榄球比赛的统计数据显示：

平均总距离：约3000米；

最大速度：24.8千米/小时；

最大心率：195次/分钟；

平均心率：160次/分钟；

平均消耗的卡路里：500卡。

因此,触式橄榄球运动的体能练习,应该在有氧练习的基础上强化速度练习,尤其是反复冲刺跑动能力。

第二节 触式橄榄球体能训练原则

触式橄榄球的体能训练必须明确要达到的目标,因此首先我们必须了解体能训练的目标是什么。为了帮助实现体能训练目标,需要遵循SMARTER的原则。

S目标必须是具体的；

M目标必须是可衡量的；

A目标必须是可调整的；

R目标必须是确实可行的；

T目标必须是基于时间的；

E目标必须具有挑战性和刺激性；

R目标必须被记录下来。

第三节　速度训练方法

一、如果你能抓住我

一个10米的正方形，在中间放两个标志物。一名队员绕着外侧加速跑到对角，另一名队员则从中间加速跑，绕过标志物。第一个到达对角的队员获胜（图4-1）。依次交换角色，做3~5组，每组之间休息2~3分钟。

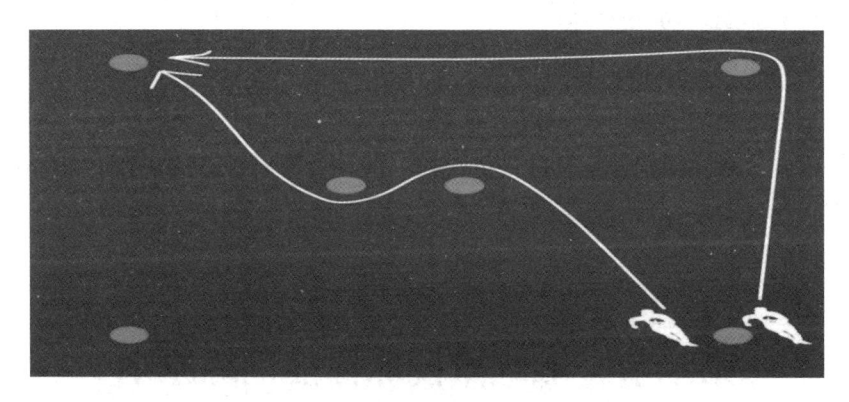

图4-1　"如果你能抓住我"练习示意图

二、变节奏跑

在10米、15米和20米处放置标志。慢跑到起跑线上，然后尽可能快地加速到10米处，再减速跑到15米标志处，然后再次加速到20米处。走回起点

（图4-2）。做3~5组，两组之间休息2~3分钟。

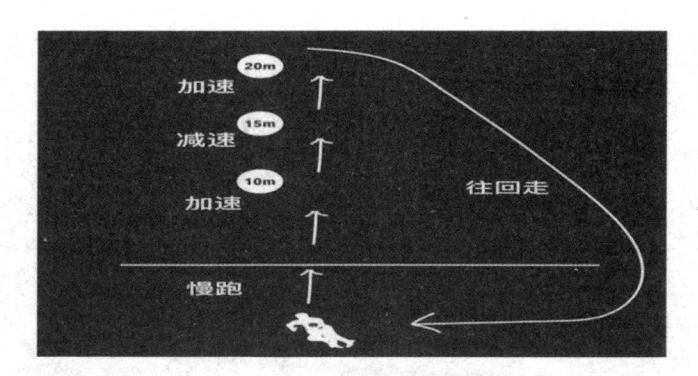

图4-2 变节奏跑练习示意图

三、站立式加速跑

同上，但每次努力要从静止状态站立开始起跑（图4-3）。

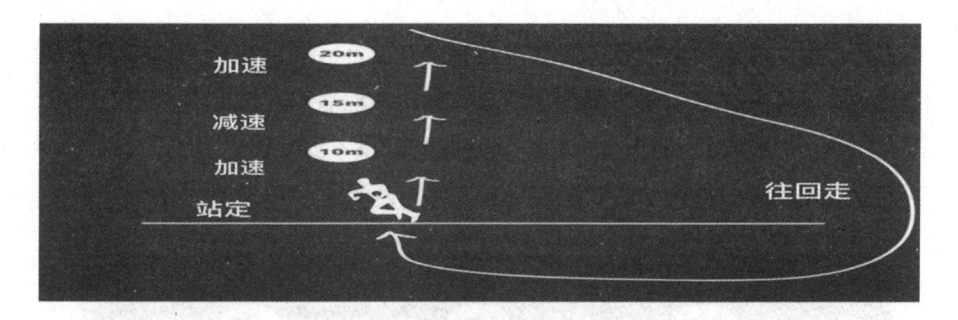

图4-3 站立式加速跑练习示意图

四、加速和改变方向跑（向后/向前）

在5米、10米和15米处放置标记，从俯卧或仰卧开始，起身向前冲刺到5米线处，迅速停止，转身向后跑到起点，再次停下来，然后向前冲刺跑到10米线处，迅速停下来，转身向后跑到5米线，最后，向前冲刺跑到15米线，然后逐渐减速，从相反的身体位置开始做下一组（图4-4）。做3~5组，两组之间休息2~3分钟。

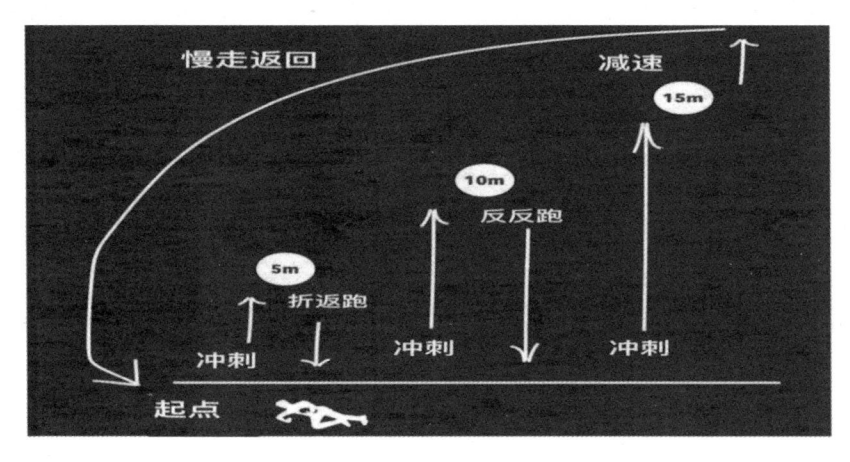

图4-4 加速和改变方向跑（向后/向前）练习示意图

五、加速和改变方向跑（左/右）

在10米处放置一个标志，然后向左和向右延伸5米各放置一个标志。从起点开始，尽可能快地向前冲刺到10米处的标记，然后向左或向右侧步变向跑，再次加速到左或右5米的下一个标记，变向时尽量不要减速。慢走回起点，然后重复向相反方向进行（图4-5）。做3~5组，两组之间休息2~3分钟。

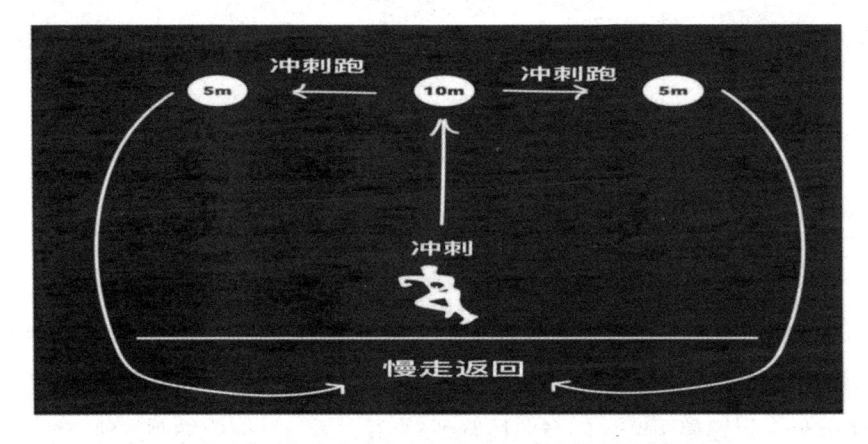

图4-5 加速和改变方向跑（左/右）练习示意图

六、短跑混合训练

本训练通过一系列的短跑来发展短、中、长距离的短跑，并增加速度耐力。毕竟，在橄榄球比赛中，往往不只是冲刺一次，必须具备能够一次又一次反复地冲刺跑的能力。

10次×15米短跑（慢慢走回来，根据需要恢复）。

8次×25米短跑（慢慢走回来，根据需要恢复）。

6次×40米短跑（走回来，根据需要恢复）。

4次×70米短跑（根据需要走回来并恢复）。

七、橄榄球场冲刺跑混合训练

橄榄球场冲刺跑混合训练（图4-6）是在橄榄球场地上进行的包含一系列短跑的项目。

（1）4次从达阵线开始捡起球，向22米线慢跑，冲刺跑到中场线，再减速到下一条22米线，然后冲刺到最后一条达阵线。慢走回去恢复并重复。

（2）4次冲刺和后退跑：从达阵线开始，冲刺跑10米，迅速停止并后退跑5米，再向前冲刺10米，再后退跑5米，最后向前冲刺最后10米。走回去恢复并重复。

（3）4组对角线和达阵线跑：从角到角冲刺跑球场的对角线长度，然后沿着达阵线慢跑。循环进行练习。

（4）1次橄榄球场线折返跑：从球场最末端的死球线开始，跑出并返回到橄榄球场的每一条线，直到到达球场另一端的死球线。拼搏到底——最后一次练习。

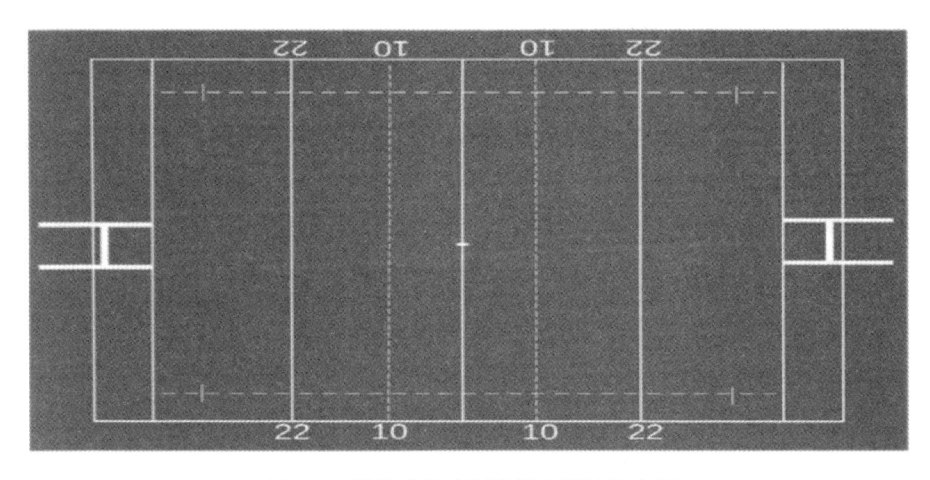

图4-6　橄榄球场冲刺跑混合训练示意图

第五章 竞 赛 篇

第一节 触式橄榄球裁判员具备的重要品格

一、尊重

裁判员应尊重每个人。尊重有助于促进与队员、教练和其他裁判员建立积极的关系。

二、诚信

裁判员在执裁时应始终保持高度的专业精神和诚信。这包括保持判罚准确，不偏不倚，并在任何时候都坚持公平竞争的精神。

三、知识

裁判员应该对比赛规则以及如何应用这些规则熟练地掌握。

四、信心

裁判员在场上做决定时应始终表现出自信。这有助于队员和教练服从裁判的判罚。

五、服务和承诺

裁判员应该明白他们的职责是服务比赛和帮助促进球队竞技水平的发挥。裁判员应努力坚守橄榄球运动的"正直、热诚、团结一致、纪律、尊重"的橄榄球运动核心价值和自身发展的承诺，不断提升执裁水平。

第二节　触式橄榄球裁判员的技能

触式橄榄球裁判员应该具备下述技能。

一、沟通

沟通是裁判执裁工作的重要部分，人们常说，最好的裁判是最好的沟通者。良好的比赛控制来自裁判拥有良好的沟通技巧。裁判沟通方式包括语言、身体语言、手势、哨声等。

二、位置

处于一个良好的位置将有助于裁判员作出尽可能正确的判罚，这也有助于获得队员和其他教练的信任。

三、团队合作

裁判小组同场共同工作，为比赛作出最佳判罚，分工协作，使比赛在最小的干扰下流畅进行。

四、控制

根据比赛规则，适时恰当地判罚，有效管理潜在和实际的冲突，合理掌控比赛"温度"，善于利用场上队长帮助管理球队，保持对比赛的管理与控制。

五、体能

触式橄榄球是一项快节奏的运动，裁判需要具备良好的体能。裁判要做相应的体能准备是很重要的。当裁判员疲劳的时候，会影响其在场上的注意力和判断能力。

第三节 触式橄榄球裁判员的执裁原则

一、流畅性

通过沟通，比赛裁判尽量不要成为比赛的主角，因为那就意味着整个比赛过程因为你的判罚支离破碎，降低了比赛的观赏度，所以裁判要清楚掌握在规则允许的范围内保证比赛的流畅性的原则。

二、安全性

比赛中执法的裁判必须确保场上队员的安全性，保证他们在比赛中按照比赛的规则进行。而当比赛中出现队员受伤的情况时，裁判必须暂停比赛来确保队员没有问题后，再继续比赛。

三、互相沟通

裁判与队员之间的相互沟通是为了向队员解释他们判罚的理由，以便让队员和观众能更好地理解裁判的判罚。如图5-1所示。

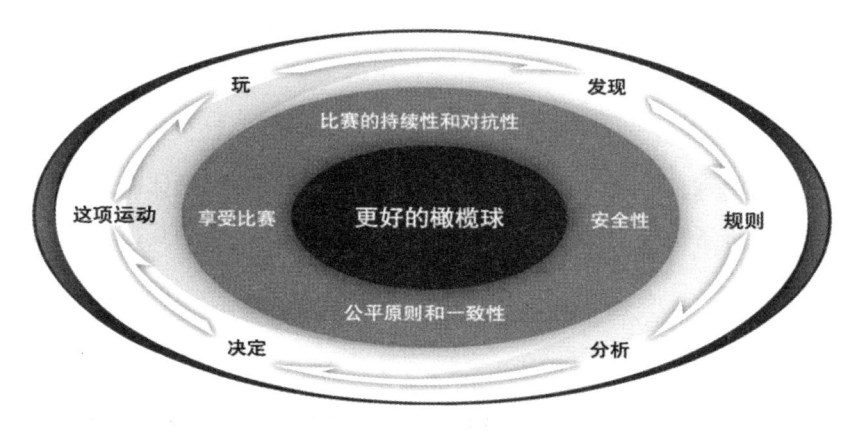

图5-1 沟通示意图

第四节 触式橄榄球裁判的执裁流程

在裁判人员上场执法触球比赛之前，一定要做相关准备工作，以良好状态完成裁判员的现场发挥。

为一场比赛的执法做准备意味着裁判员已经做好迎接扑面而来的挑战以及在任何可能的情况下所要做的准备。准备比赛执法的过程中包含很多因素：收到执法比赛的任命通知、旅途的组织和安排、装备的打包、对参赛双方球队和队员的历史资料进行回顾和了解，以便有一个初步的印象，以及抵达后在更衣室对队员的着装、装备、佩戴饰物等进行最终的检查。比赛的裁判和官员如果在赛前不进行细致的准备，那么在场上肯定不会有出色的发挥，不管是什么级别的比赛对他们来说都是如此。

一、触式橄榄球裁判执裁准备的要素

（一）体能

如果有可能，坚持每天进行体能锻炼。这里的体能锻炼包括耐力、速度、灵活性、力量和恢复等方面。

（二）饮食

确保每天的饮食都是健康合理的。

（三）理解比赛

空闲时间多看比赛录像，多参加练习，多与其他裁判和队员进行交流，与同事就比赛规则和在比赛中的应用进行讨论等方式来提高自己的业务水平。

（四）学习比赛规则

在已经熟悉了比赛的原理之后，裁判应该对比赛规则及裁判方法进行学习和研究。

（五）抚平内心的紧张，做好精神上的准备

每周或者是在比赛前花一些时间来进行冥想或者心理放松，做好精神上的准备，以便能以更好的精神状态迎接比赛。

（六）小贴士

1.意料之中和意料之外

永远要记得下一秒就可能会出现意料之外的情况，不管是在开球之前还是在比赛进行中。任何有经验的裁判身上肯定有不少关于这些年发生在他们身上的故事，这些轶事是整个执法生涯中重要的组成部分。

2.保持冷静和专注

思考并找出一个自己所需要的明智的解决方案。

二、裁判员装备清单

裁判员包里的物品清单如图5-2所示。

如果裁判员穿着随便地出现在比赛场上进行执法，场上队员和观看的观众都会认为这种行为是难以理解的，也会对其个人的执法造成影响。裁判员必须保证自己的执法表现不会因为一些非技术因素而被影响。

裁判员如何将自己携带的包整理好，这其实是一项日常工作。首先裁判员要准备一份检查清单，列出每次比赛需要的常规装备。而有时在特殊情况下裁判员还需要准备其他的一些设备，比如天气原因，比赛的组织原因或是赛前、赛中和赛后的支持程度等原因。所以，建议裁判员从下面的这份标准的检查清单开始，加上自己个人所需的物品表之后，放到自己的包里作为一个长期的检查清单，免得每次有比赛时还要重新准备。

裁判员的打包清单

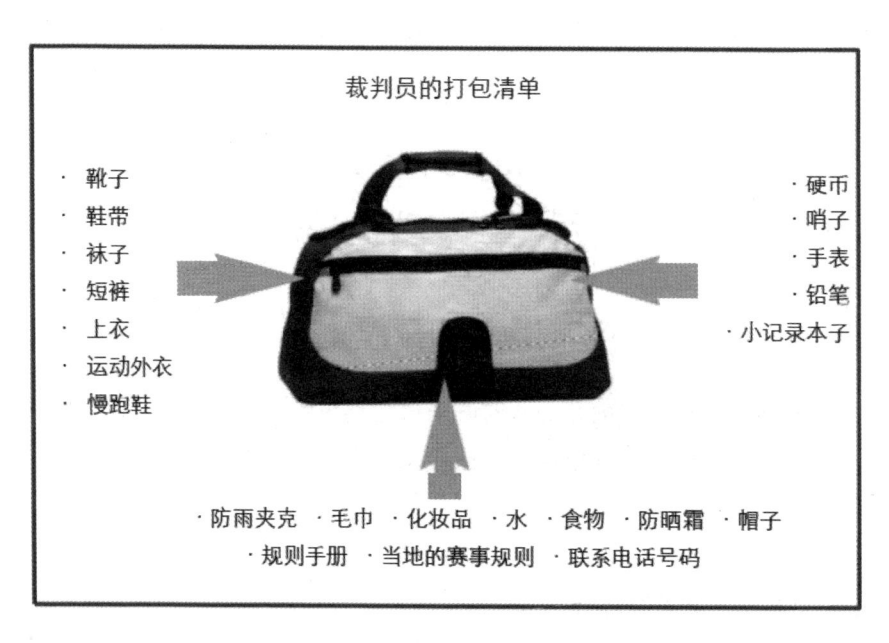

- 靴子
- 鞋带
- 袜子
- 短裤
- 上衣
- 运动外衣
- 慢跑鞋

- 硬币
- 哨子
- 手表
- 铅笔
- 小记录本子

- 防雨夹克 · 毛巾 · 化妆品 · 水 · 食物 · 防晒霜 · 帽子
- 规则手册 · 当地的赛事规则 · 联系电话号码

图5-2 裁判员的打包清单

三、裁判工作流程

（一）提前到达

总是提早到达，以便有足够的时间将注意力集中在比赛上。

尽管在比赛期间有很多时间可用，但是集中注意力同样重要。

（二）热身和伸展运动

根据个人情况，先进行热身后再进行拉伸运动（大约10~15分钟），应安排在尽可能接近开始时间的位置，以防止拉伤。热身应该包括半速跑步、短跑冲刺跑等。伸展运动应包括跟腱、小腿、股四头肌等肌群。

（三）检查场地及设施、队员装备

裁判员应在比赛前对比赛场地进行检查，最好在良好的天气中画好线，认真检查，以保证划线正确，确保比赛场地环境安全。

（四）潜在的风险

（1）场地不平整或表面有洞。

（2）场边的潜在危险（如自行车、婴儿车）。

（3）橄榄球门/足球门柱是一个潜在的障碍物。

（4）场地划线和标志的位置不正确。如果有任何问题，请在比赛开始前联系竞赛主管或活动组织方。

（5）队员着装：裁判员应在比赛前检查队员服装及球鞋，确保他们安全并准备好比赛。确保队员摘下任何饰物等并将指甲剪短。

（6）鞋类：允许穿训练鞋或带模具的靴子。

另外，检查医疗救护设施、休息区、音响等设备。

（五）裁判的赛前讨论

在讨论过程中，裁判组成员应相互鼓励，提出并确定与下列方面有关的策略。

（1）谁来组织投掷硬币。

（2）哪个裁判将进行队员装备检查（小组所有裁判都应参与此检查）。

（3）裁判执法如何安排？

（4）裁判从哪一侧互换位置？（如果是2人轮换情况，请考虑太阳方向）

（5）计分卡在哪里？

（6）裁判在得分线上轮换位置的策略是什么？

（7）队长有什么指示吗？

（8）裁判员是否送水？

（六）挑边

尽可能地接近实际，不要着急，将参赛队伍召唤到场地并确认队伍的队长，为确保比赛流畅，最好在开赛前完成挑边，并在计分卡记录挑边结果。

挑边的程序为：

（1）主队队长掷硬币。

（2）当硬币在空中时，客队队长猜面。

（3）让硬币掉落到地面。

（4）投币赢家获得：选择上半场开球（重要说明：新的实验规则挑边的球队会在"加时赛"期间首先获得开球及进攻方向）；整个比赛的换人区。如果对于由谁来组织投掷硬币并开始比赛有任何疑问，则由裁判主持挑边，另外，可以利用挑边前，把有关参赛的注意问题告知队长（包括与场地或场地布置有关的任何危险）。

（七）比赛开始

裁判员应迅速进入角色，担任其裁判职务，裁判员应首先举手示意开表。

场下计时员伸直手臂回应，准备开始计时比赛。

1.比赛沟通

在每场触式橄榄球比赛中，裁判员都在与队员沟通，甚至也要和教练、管理人员、观众交流，还要注意裁判间的交流。

沟通方式如下：

（1）有效的言语和非言语交流（例如肢体语言，眼神交流）。

（2）哨声和声音。

（3）手势。

裁判为什么要掌握沟通技巧？

裁判具备良好的沟通能力可以促进触式橄榄球比赛流畅，从而改善比赛环境。良好的沟通能力也有助于比赛的顺利进行，增加执裁时的信心，提高判罚决断的准确一致性等。

2.记录比分

裁判要负责在比赛中记分，记分卡应在每次达阵后由判罚的裁判员标记，在比赛结束时，记分卡必须由两队队长签字确认得分，并返回竞赛办公室。比分卡如图5–3所示。

记录比分方法：

赛前可以将比赛场地、执裁裁判名字、比赛两个队伍名字、比赛场次序号在记分卡填写好，可以单独安排记分员，也可以由执裁裁判记录。如果A队先得分就在A队1号数字画圆圈；随后B队达阵得分，就在B队2号数字画圆圈，B队再次得分就在3号数字上画圆圈，这样记录的好处是可以发现队伍得分的顺序，以便核实比分；中场比赛结束，可以向两个队伍核实比分，比赛结束双方队长核实比分并签字确认，并上交竞赛办公室。

场地		裁判	

1	2	3	4	5	1	2	3	4	5
6	7	8	9	10	6	7	8	9	10
11	12	13	14	15	11	12	13	14	15
16	17	18	19	20	16	17	18	19	20
21	22	23	24	25	21	22	23	24	25
26	27	28	29	30	26	27	28	29	30

队长	比分	队长	比分

图5–3 比分卡图

（八）队员安全

尽管在触球比赛中身体接触很少，但受伤仍会时有发生。如果场上确实发生了伤害，应根据实际情况尽快停止比赛。然后应该评估情况的严重性。

请记住：如果裁判员没有接受过急救方面的训练，裁判这时更要确保每个人都保持冷静，由专业的医务人员对受伤队员进行正确的护理。

虽然比赛仍在运行，但队员的安全和福祉始终是第一位的。不要急于重新开始比赛，直到你觉得这样做是安全和可行的。

如果确实发生了严重的伤害，而队员不能被移动，请确保尽快告知赛事主管或比赛相关工作人员。

（九）比赛后

放松拉伸，提交比赛成绩及相关比赛报告，与裁判教练交流回顾评估比赛执裁情况。

第五节　触式橄榄球比赛裁判沟通方式

一、语言

下述语言沟通技巧有助于裁判员在场上控制比赛形势，保持比赛的连贯性。

（1）在跟队员解释判罚的时候，裁判员应当使用简洁的语言，并且尽量使用橄榄规则手册上的词语和语言。

（2）在进行口头解释的同时，最好辅以一些适当的身体语言，能够更清晰地传达自己想表达的意思（比如示意某位队员应该或者是避免做某种动作等，"越位"）和信息（队员收到的信息，比如"触碰用力过大"）。

（3）预防性的警告应该谨慎使用，而且不应该在所有比赛中都运用。队员在比赛中应该从一开始就了解并遵守比赛规则。

（4）预防性的警告最好不要重复使用。当同一情况在警告后再次出现时，裁判员应该按照规则作出相应的判罚。

（5）建议的沟通方式是使用球队的名称或者颜色加上队员的号码，不要通过球员名字的方式来分辨他们。

（6）比赛中裁判尽量跟比赛双方的队长交流而不是其他队员，当然，具体情况要具体分析。

（7）比赛中裁判严禁使用任何出格的或者是有侮辱性的语言和词语。

选择语言交流的时机至关重要，如以下情况：

第一，管理滚球。

第二，管理越位队员，包括仍在后退的队员和参加触碰防守队员。

第三，有利益规则运用时。

第四，球权转换时。

第五，管理队员严重犯规。

第六，有争议的违例与犯规。

其他有助于比赛的交流方式：

第一，如必要依据规则早喊比赛继续，以防止不公平的比赛停顿。

第二，指出发生触碰的位置。

第三，清晰地喊出触碰次数。

第四，明确回答任何现场问题，例如"我在位吗？"或"裁判，触碰次数是多少"。

第五，管理场外队员、教练、官员和观众。

场外裁判也可以与队员交流的区域，如：

第一，在常规比赛中管理边线附近的队员。

第二，罚踢时管理防守方队员。

第三，在比赛开始/重新开始时管理队员。

第四，管理队员遵守正确的换人程序。

第五，在队员被判罚离场过程中管理其对判罚的异议。

第六，比赛结束后与队员、教练和领队讨论比赛相关判罚的地点、时间和方法。

二、哨音

裁判在场上还可以通过鸣哨来表达他们的判罚，哨音提醒所有人有犯规行为发生。记住，队员和观众不喜欢频繁地响哨，这样会打断比赛的流畅性。同时要记得在犯规发生时不要太早鸣哨，如果比赛形势依然有利于被犯规方，那么应该保持比赛继续进行。对于裁判在比赛中使用的哨音语言，可以参考下面的一些建议来帮助你在所有的比赛中都能保持清晰、自信和一致的判罚。

（一）哨音的控制

哨子在嘴里不同的角度会发出不同的声音：高一点哨音就会尖一些，低一点哨音就会低一些。哨音可以是短促的，也可以是长音，取决于对气息的控制能力以及将舌头放到嘴的前面来挡住哨子的开口处的时机。

（二）哨音种类

根据场上比赛情形，裁判也可以采用下面不同的鸣哨方式来提醒。
（1）用长响亮哨音来表明这是一次罚踢犯规或比赛开始。
（2）用相对"欢快"的哨音来表示达阵成功。
（3）用短轻的哨音来表示违例及球权转换。
（4）2~3声短响亮哨音表示受伤等。

（三）裁判吹哨实践

吹哨技巧练习：
1.目的
在本单元练习结束时，裁判员应了解良好哨音的重要性以及掌握吹出良好哨音的技术。
2.设备
哨子。
3.练习安排
（1）讲师吹哨子程序的关键要素；哨子的种类（适合户外使用的哨子）；

始终用满口的空气来吹；哨子进入口腔的深度；哨音的变化：舌头和手指运用。

（2）小组围成一圈，练习吹哨子；吹长音（如罚踢）、短音（如第6次触碰）、连续长短结合（比赛结束）。

（3）教学因素：比赛连贯性、队员的期望。

三、裁判手势

裁判手势是裁判员利用手势对场上的特定情况或对违例、犯规的裁决的沟通方式。在比赛中，裁判与正在观看比赛及参与比赛相关人员通过手势交流为什么会吹停止比赛以及解释球权转换的原因。在表达裁判的决定时，使用标准的手势至关重要，参与比赛的人员可以立即理解裁判在说什么，从而保持对比赛的兴趣。这些标准手势还能帮助队员对裁判的决定作出快速反应，让比赛能够流畅。

几乎所有的手势都是在奔跑中执行的，有些是配合使用哨子并作出判罚的手势，通常以非常快的速度与步伐作出。语言解释和吹哨技巧与各自的手势有机结合是至关重要的，要保持手势的足够高度给所有人看见。手势不应该是匆忙的而应该是有目的性地展示，以至于裁判的决定能被清楚地表达。

在触式橄榄球比赛中裁判运用的手势来示意比赛开始、得分、违例、犯规及比赛结束等情形，标准裁判手势也是规则手册的内容。裁判在比赛中必须掌握和学会灵活运用这些手势，而其运用在橄榄球比赛变得更加快速和更高技术水准的今天显得尤为重要。触式橄榄球比赛违例判罚（以滚球形式重新开始比赛），裁判手势直接示意判罚原因（如传锋持球被触碰等）。

裁判必须通过清晰的手势和恰当的时间来发出，要达到收放自如的程度，必须经过很多次实际上场练习，同时还需要学习和借鉴其他裁判在比赛中是如何来做出这些手势。记得所有的裁判都有自己独特的风格，但是他们都必须遵从规则手册的内容，来保证规则全世界范围内都是统一运用的。具体手势及相关解释如下。

（一）一般比赛中手势

第一组手势是在比赛开始以及一般比赛进展过程中常见的手势，包括第 5 次触碰和第 6 次触碰以及当裁判正在应用利益规则时做出"比赛继续"的手势。其他常见手势包括传锋被触碰、球落地和空中球触被触碰落地等。一般来说，这些手势应在裁判移动到下一个理想位置时给出。

1.开始比赛

一只手臂在空中高举同时将手指伸展，并且掌心向内，同时长吹哨子（图5-4）。

2.第五次触碰

手臂在空中高举，掌心向前并且手指张开，喊出"第五次触碰或五次"（图5-5）。

图5-4　开始比赛　　图5-5　第五次触碰

3.第六次触碰

手臂高举空中，一只手示意第五次触碰的信号，同时另一只手臂随着一根手指的伸展垂直举起（图5-6）。这个动作做完之后要有一声短哨响。

4.传锋被触碰

双手在胸前交叉，前臂垂直，肘关节弯曲，双拳紧握（手掌朝向身体），同时喊出"传锋被碰"或相似的话（图5-7）。

图5-6　第六次触碰　　图5-7　传锋被触碰

5.球落地

两手举到胸前，肘关节弯曲，掌心向下，然后从向下倾斜的方向做出两次下压的动作（图5-8）。示意球落地，通常来说，不需要吹哨子。

6.球在空中被触碰

一只手臂高举空中，拳头紧握，并且在头顶左右挥动两次（图5-9）。这个动作像擦黑板的动作。喊出重新六次。

图5-8　球落地　　图5-9　球在空中被触碰

7.触地得分

站在将球达阵得分的队员的后方并再次确认下列事项：

（1）与边裁确认得分。

（2）在赛场上任何的触摸。

（3）确保相关的线是得分线。

（4）吹一声长哨然后同时将一只手臂伸展于身体前呈45度，手掌面对防守方（图5-10）。

8.继续比赛

两只手臂举到胸前的位置，双手打开并且掌心向前从身前划过（图5-11）。两手交叉，然后分开到身体相反的两侧。同时宣布"继续比赛"。

注意：在边界的问题中，手臂不能够伸到两边太远，因为那可能会与迎面而来的队员接触并且造成危险。

图5-10　触地得分　　　图5-11　继续比赛

9.比赛结束

长吹一声哨子，然后双臂凸起再伸展开，在身体前与肩平齐同时掌心朝下，腕关节交叉慢慢地向两侧移动（图5-12）。

图5-12　比赛结束

（二）犯规手势

规则概述了许多罚踢情况，每次犯规都必须通过特定的手势来表示。判罚犯规是比赛中的一个较严重的犯规，因此，队员、教练和观众都想了解所判罚的原因。

罚踢（以脚轻触球开始比赛）要运用到下面四部分流程来进行清楚的沟通：

（1）鸣笛同时手侧平举示意接下来的球权方（主要手势）。

（2）为什么要暂停比赛（辅助示意解释判罚原因）。

（3）手臂侧下举示意重新比赛地点。

（4）转身两手指开放在胸前，五指朝上，掌心朝向对方，示意退后10米。

1.犯规

吹响亮的长哨音，一只手臂伸展指向被侵犯的队伍。手臂必须是稍微高于肩的，并且手指前伸，掌心朝前。裁判身体要面对球场边线出示手势，并快速移动手指向标点（图5-13）。

2.前传球

前传球的动作是用两只手臂完成，表明球向裁判指向的方向运行。这个动作必须在身体的一侧用两只手去完成，并且是同时两手立刻从身体前划过，并且两肘关节在胸部的高度伸直，同时喊出"前传球"（图5-14）。

图5-13 犯规 　　　　　　图5-14 前传球

3.过迟传球

一只手臂举到身前肩的高度，前臂垂直拳头紧握。另一只手轻轻拍打前

臂，然后紧接着两手臂伸直做传球动作，喊出"过迟传球"（图5-15）。

图5-15　过迟传球

4. 7米越位

一只手臂伸出指向犯规的选手并且手指伸直，另一只手臂做挥舞的动作指向向后的方向，然后喊出"请退后7米""越位"（图5-16）。

图5-16　7米越位

5. 自愿滚球

手指伸直，掌心向前，手腕弯曲，两手臂举到头的高度做出一个上举的动作（图5-17）。喊出"自愿滚球"。

图5-17　被触碰后继续比赛

6.被触碰后继续比赛

手臂弯曲，手指伸直，两手举到身体前方，做出向前滚动的动作（图5-18）。

7.防守队员后退10米

动作如图5-19所示。

图5-18　被触碰后继续比赛　　图5-19　防守队员后退10米

8.超过标点滚球

用一只手臂指向判给罚踢的一方,另一只手表示需要滚球的位置,然后用相同的手示意和两个标点不同的位置(图5-20)。

图5-20 超过标点滚球

(三)滚球手势

如果滚球没有正确执行,则会导致球权转换。如果用错误的开球方式也会导致球权转换。在每种违例情况下,都应吹短哨以提醒违例的情形,然后用适当的手势证明裁判员的裁决。口头交流时有必要协助将裁判的裁决传达给违规队员和附近的其他队员。

不正确滚球是指球从体侧落地滚球。吹哨,一手臂掌心朝后,做体侧后摆动作(图5-21)。

图5-21 滚球手势

（四）特殊手势

在比赛中重要的情形需要用特定的手势来说明裁判的裁决。这些手势预示着裁判员的判罚行为至关重要，在这些时候很可能会影响比赛的结果。因此裁判不应该匆忙出示。语言交流对于支持判罚至关重要。

1.剩下时间罚令出场

一只手伸出来指向违规队员后伸出另一只手指向边线附近，直到这个队员离开边线至少10米比赛重新开始（图5-22）。这个队员的队长应该被告知此判罚的原因。

图5-22　剩下时间罚令出场

2.罚令出场一段时间

两只手都放在身体的前面并在肩部高度摆出字母"T"的手势（图5-23）。裁判会指向一个区域场地，在对方死球线角落的地方。队员的队长应该被告知这次被处罚的理由。

图5-23　罚令出场一段时间

3.强制替换

裁判两手握拳,手臂交叉上举在头顶部位(图5-24)。

图5-24　强制替换

（五）场外裁判支持手势

1.场外裁判示意得分成立

场外裁判,如果同意触地得分,靠近值场裁判站立,将手抬到眼睛的高度,手掌朝外,并把它移到一侧。

2.场外裁判示意犯规

场外支持裁判谨慎地将一只手臂放在自己的另一侧胸部/肩膀附近。

3.场外裁判示意出界

外场裁判将一只手臂空中垂直举起,掌心朝前,手指伸出并与拇指弯曲。

四、裁判手势与哨音实践

可以自己面对镜子练习手势,或者两人一组,一人讲述违例或犯规情形,另一人迅速反应做出手势。

（一）罚踢判罚流程练习一

1.目的

在本练习结束时，裁判员应了解在罚踢情况下所需的哨音长度和较早做出手势的重要性。

2.场地安排

图5-25所示为罚踢判罚图。

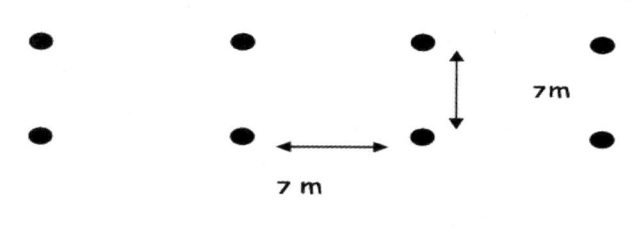

图5-25　罚踢判罚图

3.设备

20个标志（足够让所有参与者配对并拥有自己的练习区域）。

4.练习方法

（1）裁判员与方格对角线标志处的裁判配对，也可以临近的裁判配对，尽量让新的裁判员与经验丰富的裁判员配对。

（2）裁判员吹哨同时要示意罚踢手势。

（3）裁判员顺时针向前走到下一个标志，在该标志处他们要放下吹哨子的手臂。

（4）继续进行练习，直到吹哨与手势一致。强调哨子和罚踢手势同时进行，并保持罚踢手势，直到他们到达下一个标志处。

（5）裁判员随后要重复该练习，但移动方向相反。

5.教学要点

（1）罚踢的哨音长。

（2）哨声应与罚踢手势同步。

（3）裁判员应将示意罚踢手势一直到标点。

6.罚踢判罚练习方法

（1）目的：在本练习结束时，裁判员应了解罚踢判罚流程的原则和可供他们选择的方案。

（2）设备：球、7个标志、罚踢相关手势信号（向前传球、触碰后传球）。

（3）场地安排。

图5-26所示为罚踢判罚练习示意图。

图5-26　罚踢判罚练习示意图

（二）判罚犯规的流程练习二

1.练习方法

（1）裁判员在A标志后排好队。

（2）裁判员向前慢跑到下一个标志处。

（3）裁判员慢跑到处犯规标志的同时鸣哨和示意罚踢相关手势。

（4）当到达犯规标志时，裁判员应站成一排，面向前方。

（5）继续练习，直到达到一定的熟练程度。

（6）加入罚踢辅助手势（向前传球/触碰后传球）。

（7）一旦熟练掌握，再增加指示罚踢标点位置。

（8）裁判员在熟练掌握后，应增加示意标点后向前移动的内容。

（9）一旦能够胜任这方面的工作，裁判员需要加入示意退后10米手势，重要的是，这个练习要强调示意手势方向和犯规辅助手势，以提高裁判员的判罚技能。

2.教学要点

（1）长哨声和手势的重要性。

（2）面对犯规队示意犯规手势。

（3）调整位置，使裁判员处于开阔的位置，不妨碍到比赛。

（4）注意用前脚掌跑，使裁判员在判罚踢时能保持启动领先。

（5）确保队员退到足够的10米以外。

3.流程补充

在某些情况下，你没有太多时间来判罚（如自愿滚球）。

（1）关键是犯规时要及时鸣哨。

（2）跑动并站在标点以外开阔的地方。

（3）吹响哨子，按照罚踢的流程示意手势。

（4）罚踢后的轻踢球应该马上执行。

第六节　裁判场上站位与换位技巧

学习裁判如何在场地区域的站位技术，以便处于最佳位置观察比赛的发展进程，基于规则对场上情形及时判罚是至关重要的。另外，支援裁判（边线裁判）和控制裁判（场地中裁判）相互轮转换位的配合流程也是重要的裁判职责。因此，通过裁判良好的站位及相互配合轮换的方法可以有效地提高裁判执裁水平。

一、裁判基本站位原则

（一）时刻注视着球

裁判员要移动到总是能看到球的位置，要避免视线被队员阻挡，并保持视野开阔，观察球的两侧，控制越位的防守队员。

（二）靠近球，不能妨碍队员移动

（1）靠近球有助于提高判罚的可信度。但是，裁判员不要离球太近，以至于妨碍队员或影响比赛。

（2）尽可能多的队员在视野掌控中。

（3）良好的站位可以更好地管理队员。如果裁判员背对着队员，可能会错过越位队员，同样，如果裁判员只专注于防守队员，进攻队员的违规行为也可能被错过。

（三）阅读比赛，预测比赛即将发展方向

（1）通过观察球的运动和方向以及球队如何安排他们的队员站位来阅读比赛，了解进攻和防守的意图将帮助你处于更好的位置。

（2）预判和快速反应。

（3）及早识别球队打法并观察队员在他们周围移动，预判下一个站位。

（四）快速冲刺跑动

通过快速冲刺跑动，及时移动，保持良好角度观察场上情况。

二、场上基本站位要求及裁判换位流程

触式橄榄球场上裁判执裁方式有单人执裁、双人执裁、3人执裁方式。单人执裁会站在防守队伍一侧，通常比赛会采用2人或3人执裁方式，2人执裁可以采用一名裁判站在防守一侧（控制裁判），另一名裁判站在进攻一侧（球权转换后，变为控制裁判，通常站在进攻线后，不要妨碍到进攻队员）；另外，2人执裁也可以采用控制裁判站在防守线后，支援裁判站在进攻一侧场外边线外，根据场上情况和控制裁判轮换位置，变换执裁角色；3人执裁方式是一人在场上为控制裁判，2人在边场为支援裁判，场上会根据球权等变化裁判轮流换位的流程执裁。

（一）比赛开始控制裁判站位

站在防守球队连接球员和边锋队员之间距离中线7米左右，鸣笛后，向预判触碰点后7米移动（图5-27）。

优点：

（1）可以看到两支球队的大部分队员。

（2）有大约7米的距离移动到第一个防线位置。

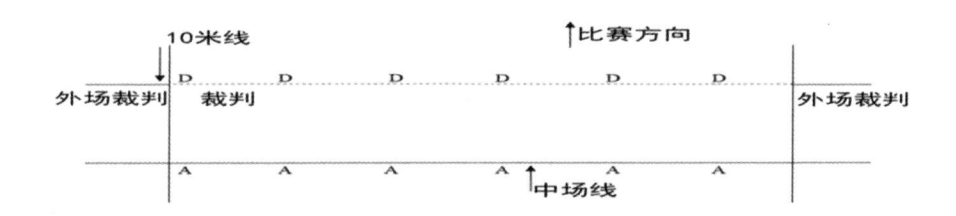

图5-27　比赛开始控制裁判站位

（二）比赛中常规控制裁判站位

距离持球队员不超过 7～8 米的防守线外（罚踢时站在距离进攻方10米的防守线），这样就可以获得最佳视野，同时保持尽可能多的队员在视野中，保持眼睛盯着球（图5-28）。

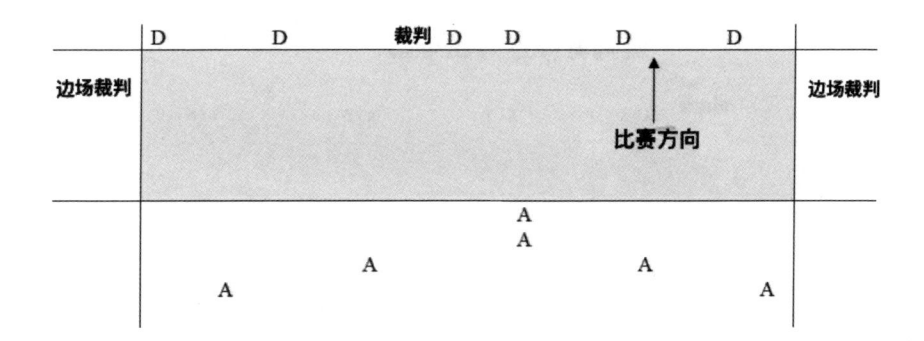

图5-28　比赛中常规控制裁判站位

（三）滚球时控制裁判站位

裁判标示整条防守线的距离，不仅仅是某一个队员的后退距离。距滚球位置的侧面不超过5～8米。站在队员的防守线上，肩膀沿线平齐，头朝滚球方向。请参阅图5-28。

主要强调早期7米控制：

（1）注意设置足够的7米距离（尤其比赛刚开始，裁判要建立7米的距离判罚规范）。

（2）关注快速压上队员。为了帮助裁判控制"射手"，身体角度与7米线保持一致，这将有助于裁判的周边视野，在防守队员有时间干扰进攻队员前，裁判要尽早检查和提醒越位队员在位。

（3）对越位队员的早期口头提醒，并尽早判罚越位，能够在比赛中控制与管理方面发挥重要作用。

（四）7米线的控制站位

控制裁判要根据场上防守队员的站位适当调整站位，例如，防守队员在进攻方刚开始滚球或罚踢开球时，裁判站位正对防守线（防守线与达阵线平行），如图5-29所示；在比赛过程中，防守线可能没有与达阵线平线，裁判需要观察球附近是否处在在位的防守队员，因此要调整自己站位，如图5-30所示。

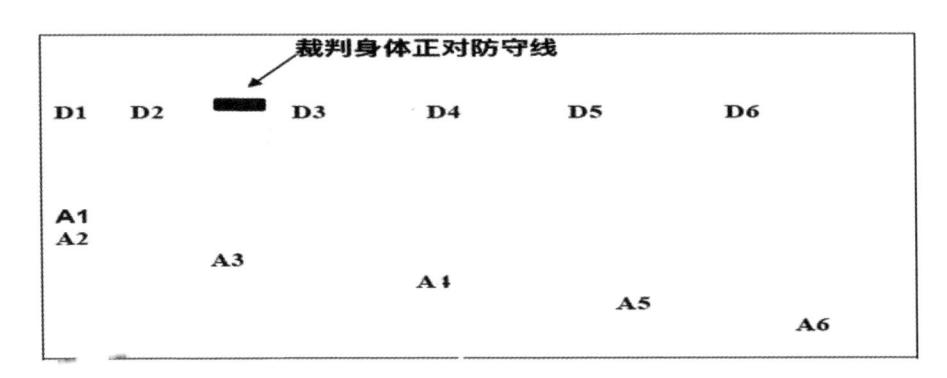

图5-29 裁判站位正对防守线

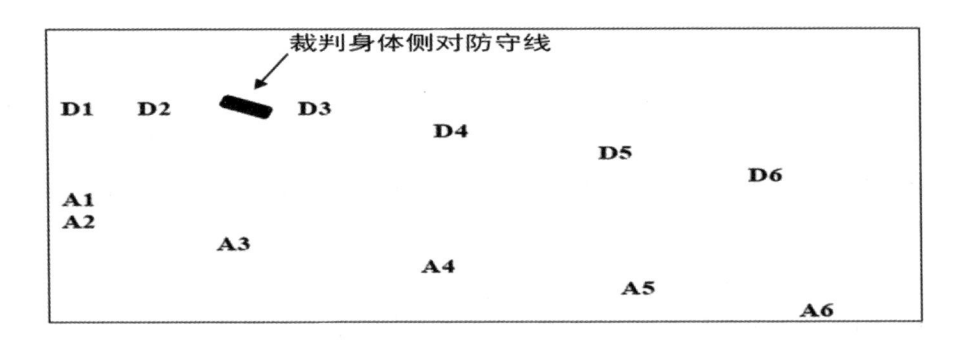

图5-30 裁判应根据情况调整站位

（五）在达阵线控制裁判的站位

站在达阵线后1米左右（图5-31），能获得所有防守队员的最佳视野，这个区域需要高度的专注，因为进攻打法非常快，变化多端。有队员在触地得分和触地得分之前被触碰存在争议的倾向。与防守队员的沟通也是一个重要因素，无论是协助管理让他们在位，还是要求他们在防守线向前合理移动主动防守的情况。

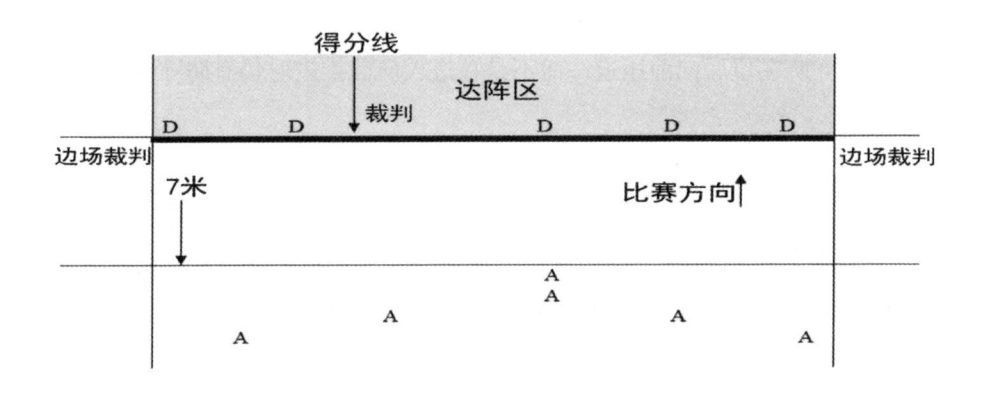

图5-31　在达阵线控制裁判的站位

（六）在球权转换时，7米到7米的站位移动

尽可能快地穿过队员间的空隙，以便设置和控制新一轮的防线。在越过间隙时，裁判员必须关注球并控制防守队保持在位，保持在新的7米线后。裁判运用语言交流至关重要，在后退之前就需要尽早开始语言交流。

（七）站在比赛发展方向的前方

站在比赛发展方向的前方（防守一侧），而不是进攻队的后面具有下列好处。

节省体能，裁判不那么疲劳时能够作出更好的决定。当裁判阅读比赛并预测下一波比赛运行时，站在防守队一侧可以争取时间及早移动并获得更大的视野。使用"听觉"和"视觉"的感觉来预判比赛进程：倾听进攻方和防守方的声音。进攻方通常会有沟通的口令，如果裁判对它们正在布置的战术内容有所了解，就会预判并及早移动。

通过听取防守队的口令，裁判员可以很好地了解进攻的优势，因为没有人想要被得分，所以防守队总是在阅读进攻的战术动机，从而能够有效反击它。

始终采用侧身跑和快速奔跑，保持一定角度（胸部与球），以保持持球队员在视野中并能快速有效地到达下一个位置；在触碰生效时，移动到下一个位置，而不是等待触碰发生后再移动。这样做的目的是在进攻时裁判能有效督促防守队在位后向前压迫，而不是在进攻向前推进时仍有防守队员参与防守。

（八）判罚罚踢时站位

裁判在判罚犯规时，应站在距离犯规地点后1米，2～3米宽度处（图5-32），第一次触碰发生后，控制裁判要站在防守方 7 米后。裁判在轻踢球之前开始往下一站位处移动（或与边场裁判进行位置交换）。

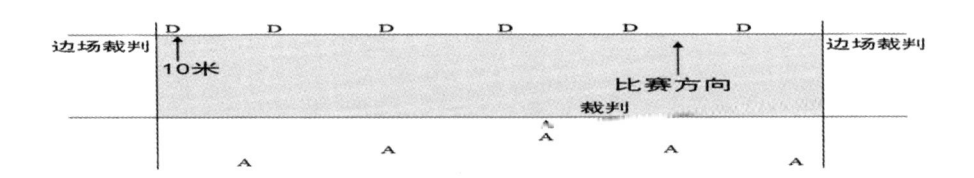

图5-32　判罚罚踢时站位

（九）在达阵线判罚犯规时裁判站位

保持防守队员在位并快速给出罚踢标点位置，裁判站位要离开队员拥挤区域和保持良好的视野的站位。另外，良好的语言交流在这里至关重要，以确保防守队员在位及使用正确的标点位置。另一种情况（图5-33），即裁判提醒防守队员（D1）站在得分线前处于越位，一名听到裁判喊话的进攻队员（A1）立即会站在7米线上越位队员的正前方，也就是裁判拟判罚越位犯规的球标点所在的位置。该队员快速触碰球并越过得分线并触地得分，这种情况总是在裁判之间引起强烈的讨论。规则指出"队员在执行犯规开球需等待裁判给出标点位置后才可进行比赛。然而，一名队员如果裁判确认了这样的请求，并且在正确的位置或后面进行了轻触碰球，可以快速发动进攻"。裁判依据规则判罚，但裁判教练应让裁判了解这种情况并指导他们，要尽早并迅速地给予标点或认可进攻队员动作，以便进攻方发挥快攻的优势。

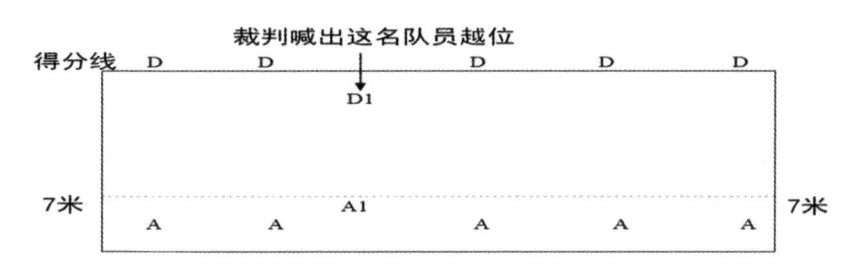

图5-33　在达阵线判罚犯规时裁判站位

（十）2人及3人执裁团队合作——位置轮换技巧

裁判员们作为一个团队工作，确保比赛在最小的干扰下进行，这首先要对控制裁判和支援裁判的角色有充分的了解。控制裁判员负责作出所有场上决定，支援裁判的工作是根据需要支持控制裁判的决定，并始终在比赛中处于有利地位。裁判们应赛前、赛中、赛后充分交流，通过换位相互分担执裁工作，集中精力全神贯注，在合理的位置上给予支援等，这样才能团结协作，圆满完成裁判工作。

通过场上控制裁判与场外支援裁判位置轮换的方法，让裁判有机会像队员一样通过交换来调整恢复体能，确保整场比赛以非常快的节奏运行；另外，裁判作为一个团队，通过轮换以提高他们的效率和执裁水平。裁判位置轮换基本方法是使用双裁判轮换系统以及3名裁判轮换系统（下面以3人轮换为例，讲述如何轮换，双裁判轮换是3人轮换的简化，即一侧边场支援裁判与场内控制裁判的轮换方式）。

1.位置轮换好处

（1）裁判团队能够互相支持。

（2）裁判轮换入场，体能充沛，保持更高的场上执裁标准。

（3）每位裁判的注意力更集中，因为通过位置交换，他们不那么容易疲劳。

（4）有机会在场外快速调整并为下一次进入场内做准备。

2.位置轮换运作方式

赛前职责：需要制定比赛执裁策略，并且须在裁判团队到达场地之前进行讨论（参见赛前准备）。

3.场外支援裁判职责

（1）持球队员越过场地边线。

（2）队员互换，场外队员和观众的管理。

（3）场内裁判看不见的情形。

（4）比赛开始或判犯规时的10米线。

（5）记住触碰的次数。

或协助：

（1）在比赛中提前预判位置并靠近防守线以协助控制7米。

（2）协助场内裁判确认是否触地得分，通过辅助的手势予以支持。

（3）与场内裁判沟通，协助管理越位队员和"快速压上队员"等。

（4）直接与防守球队的连接队员和边锋队员沟通管理越位和协助管理"快速压上队员"。

4.场外支援裁判的辅助手势

何时运用：

（1）一般比赛

这些手势仅在场内裁判明确需要帮助时才会展示。请记住，场外支援裁判手势只是一种意见，场内控制裁判可以在任何时候推翻它。场内不能仅根据场外裁判的判断来下决定，这可能会导致一些场上队员、替补队员和教练的困惑。在任何时候场内控制裁判都要跑动到位，始终关注球，作出与比赛相关的最终决定。

如果场外裁判发现有违反规则的行为，场内裁判没有立即采取行动或寻求帮助，这表明主裁判或许已经就此事作出有利益的决定，此时要通过眼神等肢体语言沟通。

（2）在达阵线上

如果达阵得分已成立，场外支援裁判应给出"得分成立"手势，一旦场内控制裁判寻求确认是否触地得分，有任何疑问（在达阵线上的任何犯规或违例的动作），场外支援裁判都应将此意见告知主裁判。

注意：

为了确保最终的判罚决定是正确的，并且确保裁判收到所有信息是正确，控制裁判可能需要与场外支援裁判进一步交谈，即使这需要耽搁一点时间，但为了裁判能作出准确的决定是值得的。

5.一般比赛中最常用的手势

（1）向前传球。

（2）越位。

（3）第六次触碰。

（4）传锋被触碰。

（5）掉球。

达阵线上最常用的手势：

（1）持球队员被触碰。

（2）球触地达阵。

（3）传锋被触碰。

（4）向前传球。

场内裁判在判罚达阵得分时，场内控制裁判要征求场外裁判意见。如果同意场上控制裁判判罚，支援裁判应给出同意达阵得分的手势。如果场外裁判认为不应判达阵得分，辅助的手势应立即出示给场内控制裁判。

6.支援裁判的站位

（1）在距离场地1米的边线外，两个达阵线间跑动。

（2）罚踢的站位：站在防守一侧10米线上。

（3）比赛开始站位：站在防守一侧10米线边线外。

7.支援裁判工作要点

（1）支持裁判提出意见，而不是最终决定

当支援裁判员给出辅助的手势时，它是作为一种意见而不是作为一种决定，控制裁判员对场上的判决仍有最终决定权。

（2）支援裁判员场边不吹哨子

如果他们看到一个对比赛有影响的违规行为，他们应该用辅助的手势和/或肢体语言的方式将其传达给场上裁判员，而不应吹哨。

（3）保持专业性

无论是在比赛中，还是在赛场外，甚至是在社交媒体上，所有的裁判员都应该避免对另一个裁判的决定或表现进行负面评论。

8.裁判换位技巧

（1）如何在达阵得分后，7米线附近交换位置

如图5-34所示，支援裁判进入场地后为控制裁判，要通过语言交流提示管控越位队员站在防守队员身后，避免阻碍队员移动。

尽早设置第一个7米防守线，小边的场外支援裁判与场内的控制裁判交换，而不是试图与大边场外支援裁判交换。

靠近球：裁判选择在防守线适当的位置，快速与外场支援裁判的换位，并根据持球人的位置调整裁判自己的站位，裁判站位适当接近球，以便清楚地观察到场上情形，作出更准确的决定。特别是即将达阵得分时，裁判站位尤其重要。

场外支援裁判距离防守线一到两米外，并处在场上控制裁判的视野中，要协助场上控制裁判对场上边锋及连接队员的管理，利用语言提醒其保持在位。

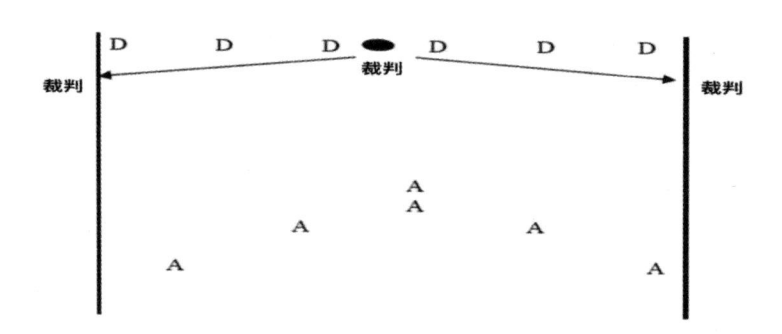

图5-34 7米线附近交换位置

（2）裁判位置交换时机

当球传向外场支援裁判的边线附近，控制裁判便要预判位置寻找交换的时机，当球接近换人区5~7米时，场内控制裁判距离外场支援裁判约2~3米，就可以轻松交换位置。另外，在球权转换时，靠近球一侧的外场支援裁判迅速进场成为场内控制裁判，原场内控制裁判完成场上判罚后退到边线附近，成为外场支援裁判。

（3）位置交换时沟通方式

①眼神交流是裁判间交流中非常重要的一部分，场上随时都可能用到，也是裁判配合默契的体现。

②语言提示：比赛中可以由任一裁判发起语言交流，示意要进行位置交换。

③交换区域（图5-35）。

必须记住，外场支援裁判还需要协助场上控制裁判进行管理越位队员等，裁判是一个团队，需要互相支持，因此，尽管在场外执裁也要跟上比赛的节奏。

为了使2~3人裁判执裁换位更顺畅，裁判要阅读比赛，把握比赛走向，尽早预判改变位置（7米防线）并进入场地，要站在防守队员身后，避免阻挡队员移动。裁判员进入场地后要利用语言管理场上队员（后退7米、回到点上滚球等），如果裁判员能做到即时语言交流，队员就会尽早适应他的语言提示，这将创造一个更流畅的比赛氛围，犯规就会减少。

场内控制裁判离开场地时，要在队员身后以较深的角度离开场地，先让场外支援裁判员进入场地。

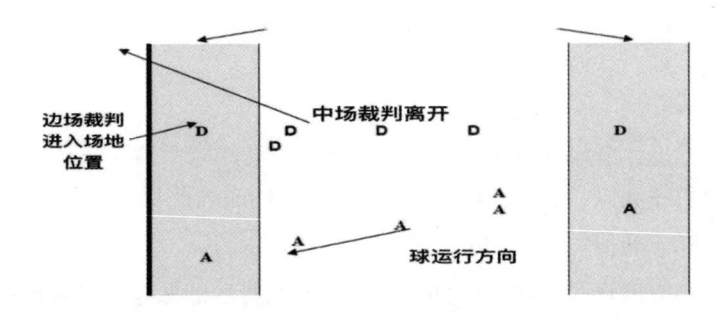

图5-35　裁判交换区域示意图

如图5-35所示，如果控制裁判进入防守线后方的场地区域，将不会阻挡队员跑动，另外，观察场上该区域有交叉进攻配合时，也不要进入交换位置。注意图示中场内控制裁判的位置，在球和场外支援裁判之间。

（4）控制裁判的站位

保持在球的前端。

如果控制裁判站在比赛运行方向前端，与场外支援裁判位置交换更容易。裁判应该阅读比赛，当球向支援裁判附近发展时，场内控制裁判要预判，尽早移动有效调整裁判站位。越位队员在进入场地前或进入场地交换位置时要受到管理，提示其确保在位。

注意：建立较好的队员与裁判关系，对队员的管理会更有效果。

（十一）场上双裁判站位技巧练习

1.两人7米线管理练习（图5-36）

器材：21个标志

目的：在本单元练习结束时，裁判员将了解设置7米时沟通的重要性。

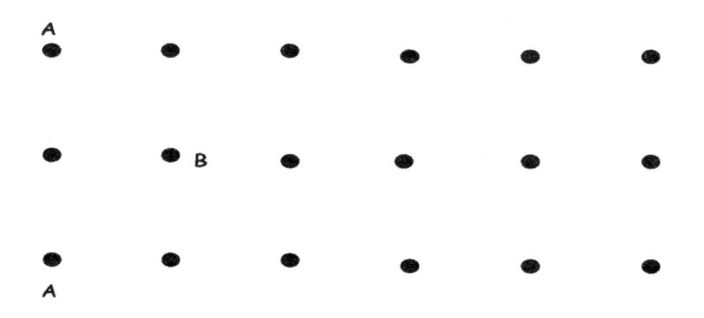

图5-36　两人7米线管理

练习方法：

（1）裁判员在起点标志A处排队。

（2）他们一起以一定的角度向B标志跑去，同时彼此保持眼神交流。

（3）在标志处他们要互相触碰并喊出触碰。

（4）他们应以直线方式向后移动，退到他们身后的标志，同时保持目光接触。

（5）当他们的伙伴到达标志时，他们应让对方知道他们在位，同时保持眼神接触。

（6）他们再次以一定角度向前移动，重复这个过程。

（7）当到达格子的终点时，两人要在保持目光接触的同时，侧身跑回起点。

教学要点：

（1）在任何时候都要把目光放在球上，保持彼此间的目光接触。

（2）早期交流很重要。

（3）清楚地沟通是必要的。

（4）使用开阔的视野。

（5）设置7米。

2.裁判换位练习（图5-37）

目的：在本练习结束后，裁判员应了解裁判换位的流程。

器材：球，6个标志。

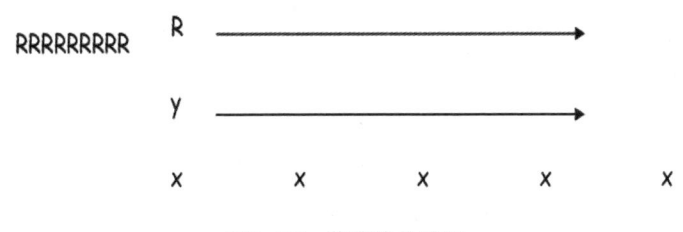

图5-37 裁判换位练习

练习安排：

（1）球沿着进攻队员的运行线路转移，然后回到起点。

（2）防守队员追赶球，试图与球保持水平。

（3）裁判员跟踪球穿过网格区域，眼睛看着球，不要被防守队员阻挡。

（4）当球运转回来并进入交换区（8~10米）时，支援裁判员喊准备并进入比赛场地。

（5）负责中场控制的裁判员退到边线外。

（6）练习继续，速度加快，防守队员也进行互换，可以假传或反方向运转。

教学要点：

任何时候都要注意观察球；改变位置，使防守队员不妨碍你的视野；在球处于换人区附近时，裁判不需要换位；控制裁判员需要以一定角度离开球场，这样才不会与队员发生碰撞。

3.裁判罚踢判罚流程和换位技巧练习（图5-38）

目的：在本练习结束后，裁判员将理解如何管理控制罚踢流程同时进行裁判间换位。

器材：球，5个标志。

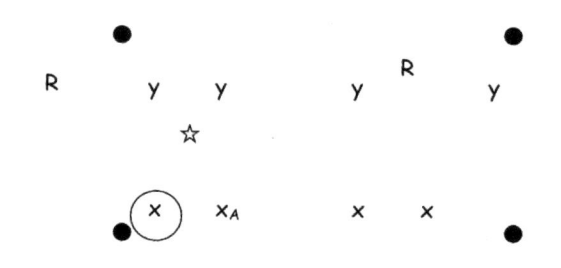

图5-38 裁判罚踢判罚流程和换位技巧练习

练习安排：

（1）进攻队员向前跑，并做出明显的向前传球到X_A点，防守队X队员跑过防守线。

（2）控制裁判按正确程序判罚：

①预判鸣哨。

②思考做出何种罚踢手势。

③鸣哨和做出判罚手势。

④巧妙地移动到标点的小边。

⑤做出罚踢辅助手势和示意标点，同时快速移动。

（3）队员要作出适当的反应

①将球放回标点处。

②新进攻队员准备轻踢球。

③防守队员向后退10米。

④边线支援裁判员在看到向前传球时要暂停移动，等待控制裁判做出

罚踢手势。

⑤边线支援裁判员在看到和听到控制裁判员的哨声和手势时，继续沿着边线前进，并在距离标点10米处就位。

⑥新的进攻方准备轻触球。

⑦控制裁判员做出10米手势。

⑧当看到所有防守队员都管理在位时，控制裁判员将控制权交给边线支援裁判。

⑨支援裁判员需要迅速进入比赛场地，在第一次触碰时设置7米防守线。

（4）教学要点

罚踢时的换位是唯一由控制裁判员发起的场合，在判罚踢时，控制裁判要管控附近越位的队员，从而使非犯规队获得充分的利益优势；被判罚踢的队员必须毫不拖延地把球还给标点附近的进攻队员。

三、裁判执裁技巧练习方法

（一）裁判视野练习

1.原因

裁判员需要在比赛过程中保持建立一致的7米。这意味着，在观察滚球的同时，裁判员也必须能够控制7米，这可以通过开阔视野而不是完全转头来实现。

2.训练安排

如图5-39所示。

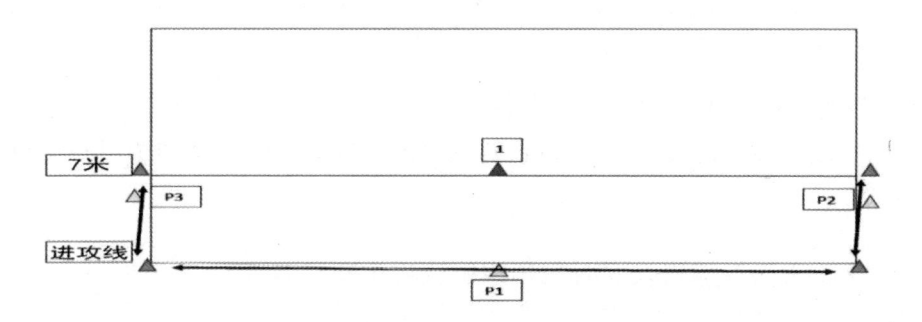

图5-39　裁判视野练习

3.练习区域网格

（1）网格是10米宽，7米深，橙色标志桶。

（2）网格的宽度可以随着裁判技术水平的提高而增加。

（3）蓝色为1号标志桶，代表裁判员。

（4）黄色标志桶（1、2、3）代表参与的其他人/队员（标志桶不需要在网格上，仅用于绘图表示）。

4.练习

（1）队员站在达阵线上的网格中心，以任何方向在标志桶之间来回慢跑。

（2）裁判员面对P1，竞相模仿P1的动作。

（3）一旦裁判员与P1保持良好的距离，引入P2，P2在达阵线和7米线之间上下移动。

（4）P1和P2可以向任何方向移动，并应改变他们的步伐节奏，以使裁判员跟踪他们的动作。

（5）关键是要确保裁判员总是尽可能地正对/面对达阵线。因此外围视野是跟踪P2运动的关键。

5.开阔视野练习

（1）一旦裁判员掌握了跟踪P1和P2的技能，就可以加入P3队员，并让裁判员保持一条与距离达阵线最远的队员（2或3）平行的线。

（2）裁判员要用他们的口头提示使另一个队员"P"回到他们身边。

（3）大约2分钟后，在三个位置/角色中轮换参与练习。

（4）在刚轮换时，只将P2队员加入训练中。随着技巧练习的熟练，在开始练习时P1和P2都已经就位，以增加练习难度。

6.人员

（1）最初是1号队员，随着技能的提高，再加入2号和3号队员。

（2）如果人员较多，可以再建立另外的网格练习，增加练习密度和效果。

（二）当控球权改变时裁判跑位技巧（图5-40）

将控球权从一队转移到另一队时裁判跑动技巧练习。

1.原因

将球权转换时，可能是比赛中最重要的方面之一，因为它影响到以下几方面。

（1）如果进攻方赢得了控球权的转换，他们通常会发现自己处于第5次触碰时本方达阵线附近的位置。

（2）如果防守方赢得控球权的改变，那么原进攻方就不希望在本方达阵线附近被第5次触碰。

裁判员必须有能力控制比赛，以确保每队都有平等的机会赢得转换球权的机会。

2.问题

队员试图通过越位防守来干扰进攻球队新的一波进攻战术策略和进攻势头。

如果裁判没有用语言及时提示防守队员越位，反而纵容越位的防守队员向前移动。这使进攻队在新的一波进攻中获得了不公平的优势。

3.预防措施

裁判员应优先设定下次防守时的防守线，并告知防守队员他们是在位还是越位。

处于在位的队员，应该允许马上参与防守，要用语言告知双方队员在位状态。

处于越位的队员，应该尽早被告知，如果他们没有反应，裁判员应该运用利益原则，允许进攻方即使被越位的队员触碰仍可继续比赛。

4.结果

通过越位和在位队员的早期提示，将提供有效的7米空间的控制，并确保两队有平等的机会赢得比赛。

5.练习方法

（1）足够大的地方建立网格区域，并在网格之外留出一些空间以保证安全。按照图示上标明的尺寸放置标志。

（2）裁判员从A标志开始。

（3）裁判员以中等速度在B标志和C标志附近平稳地移动，然后在D标志处设置7米防守线。

（4）裁判员叫"1"（裁判员应在C标志处转身并向后跑进D标）。

（5）裁判员向前移动并以平滑的弧线返回到A标。

（6）在A标和D标之间重复平滑的弧线，裁判员喊"2"（裁判员应在B标处转身并向后跑进A标）。

（7）重复这一动作，直到在D标志处第5次触碰后被叫停。

（8）在D标志处叫出第5次触碰后，裁判员从D标志处向H标志处冲刺。

（9）在移动到新的7米线时（从D标志到H标志），裁判员要指着F标志并喊出F标志为"越位"队员。

（10）重复E标志、F标志、G标志和H标志周围的网格，直到在H标志处叫出第五次触碰。

（11）在第5次触碰时，裁判员短跑到A标志处，代表结束。

6.练习循环

一个练习循环包括裁判员从A标志移动并返回A标志（2次×6次触碰）。做三个循环，每个循环之间有两分钟的休息时间。每个循环应该用一分钟来完成。

7.参与人员

可作为单人或多人练习。

8.技能发展

随着裁判员技能的提高，让裁判员在高速7对7球权转换时，喊出G标志为越位队员，H标志为在位队员（即D标志到E标志，H标志到A标志）。随着裁判员技能的不断提升，我们的目标是建立一个"肌肉记忆"的球权改变移动流程，它具有以下特点。

优先级1：新的7米控制。

优先级2：滚球的标记点。

优先级3：球权转换原因的手势。

随着裁判的7米球权转换移动技巧的深入，包括一般的7米管理技巧，让裁判员对C标志口头说队员越位了，需要移回7米线（与A标志—D标志或E标志—H标志一致）。

9.练习变化

第二人可以在格子间不定时地呼喊"球落地"，裁判员应立即做出7至7

米球权变化的移位动作，并做出口头提示和管理控制。第二位参赛裁判可以在E号标志处开始循环练习，两位参与裁判应模仿他们彼此的动作。

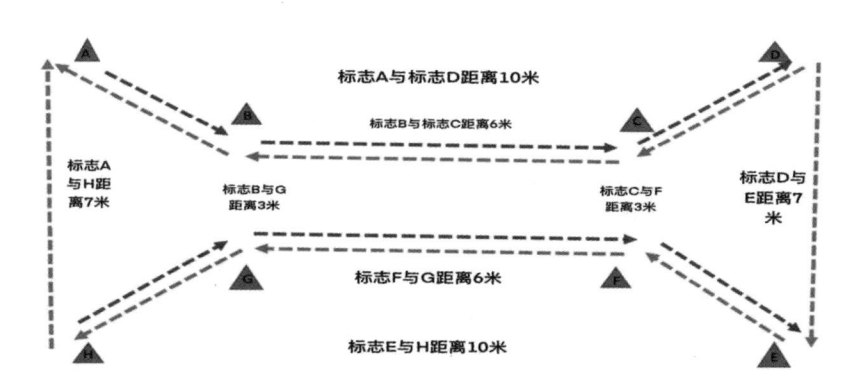

图5-40　当控球权的改变时裁判跑位技巧

（三）预判即将发生的触碰，裁判提前走位技巧（图5-41）

1.原因

许多裁判员直到观察到队员的身体受到的触碰/接触后才开始移动，后退到下一个7米防守线，便出现与防守队员同时向后移动，进攻方则向前移动的情况。进攻方重要的是获得自由前进空间，直到防守方设法后退在位。

如果裁判员能在持球队员身体触碰/接触之前找到一个预判点，提前移动到下一次新的7米位置，在移动过程中增加语言提示交流，加强后退7米的空间控制，其结果是一场更流畅的比赛。

2.问题

裁判员迟迟没有移动到新的7米位置。防守方在上一波比赛位置中没有及时退回，妨碍到进攻队在新的进攻中获得充分的空间。

3.预防措施

裁判员预判，当触球即将发生时，向7米防线位置移动。后退过程中，对越位队员做语言提示，使其尽快在位。处于在位的队员，应被允许立即进行防守——向两队语言提示说明他们的在位状态。处于越位的队员，应该尽早被提醒，如果他们依旧没有反应，裁判员应该利用利益原则，允许进攻方即使被触碰仍然可以继续比赛。

4.结果

越位和在位队员的尽早提醒，将提供有效的7米空间控制，而裁判员将在7米控制范围内，对越位和在位队员进行有效管理。

5.练习

（1）这个格子可以在任何足够大的地方建立，并在格子之外留出一些空间以保证安全。

按照图纸上标明的尺寸设置标志体标志桶。

（2）识别不断变化的前进方向，只是为了场上变化的情形。

（3）裁判员从蓝色标志体开始移动。

（4）防守队员站在棕色标志体（内侧），外侧手拿手帕或其他材料/旗帜。

（5）裁判员口令"保持（Hold）""开始（Go）"。

（6）裁判员和防守队员向前移动，防守队员移动到在绿色（队员）标志体上做"触碰"。

（7）裁判员在防守队员将手帕/旗帜被丢弃之前必须语言提示黄/紫色标志体的懒散队员"（黄色或紫色）（在触碰地点）（找我）"。

（8）当防守队员到达6米点时，触碰即将发生（蓝色星的位置），防守队员将扔下手帕或旗子，然后在绿色标志体上做触碰动作。

（9）当裁判员发现手帕或旗子被扔掉时，他们立即开始移动（胸部面向球）退回到防守队员的新的防守线。

（10）防守队员在触碰绿色标志体后，转身捡起手帕或旗子，尽可能快地绕过灰色标志体跑到传锋的位置，必须触碰球。

（11）裁判员必须在7米防线上，正对球，并准备好在触球将要发生前尽可能快地向下一个位置移动。

6.参加人员

此项训练需要2人参加。

7.进阶技能练习

将更多的彩色标志体/标记和球可以放置在整个网格上。代表横向和向前移动的进攻队员，裁判员必须每次在触碰发生时要在网格内移动。在这样的训练中，应该至少有两名防守队员，这样裁判员就会努力地管理每一个队员。裁判员必须用"停"和"走"等语言，口头管理控制7米附近的队员在位及压上防守。防守队员在手帕/旗帜扔掉时，由于比赛组别不同，"即将触碰"的快慢节奏不同，裁判预判后退的时机会有不同的变化。黄色和紫色标志的距离是可以改变的。

在这个网格的例子中，根据进攻方向，紫色标志代表是最先的"懒散越位队员"，所以管理此处队员，然后关注浅黄标志队员。

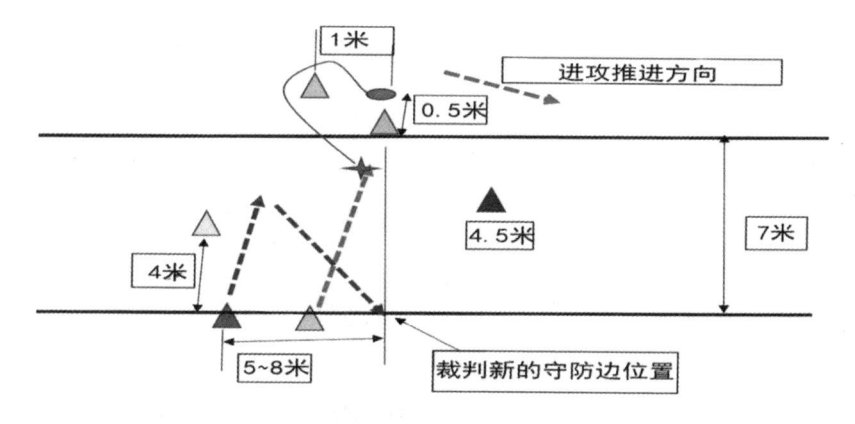

图5-41 预判即将发生的触碰，裁判提前走位技巧

（四）裁判员的手势和吹哨练习（图5-42）

1.练习目的

裁判员的沟通方式包括语言、手势、哨音。裁判员必须有能力在比赛中及时做出手势，适当地吹哨和进行语言解释，以确保能够控制比赛。

2.练习区域布置（表5-1）

这个练习区域可以布置在球场的任何地方，手势的复杂程度可以根据裁判员的水平来调整。

（1）标志间距为7米。

（2）在每个标志处放些标志。

（3）为了变化练习，在不同层次上移动做出手势以改变顺序。

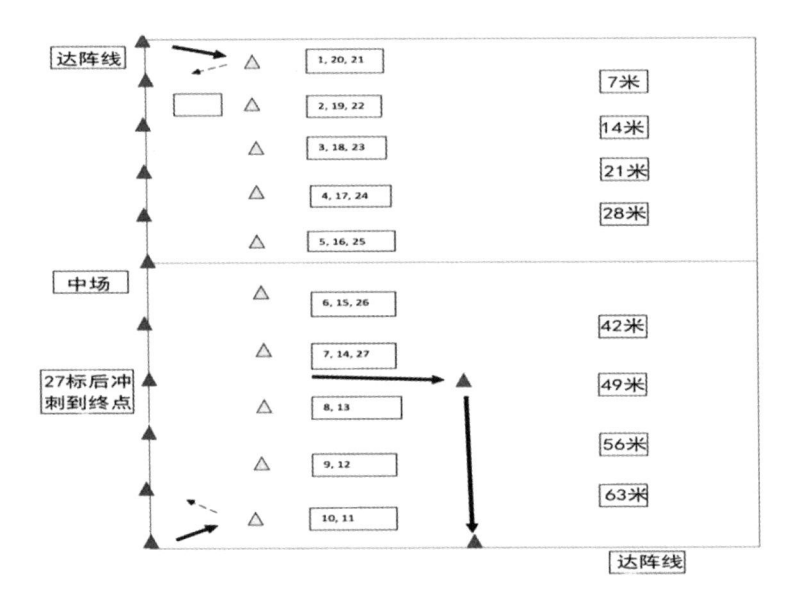

图5-42 裁判员的手势和吹哨练习

表5-1 练习区域布置表

标志	标志所代表比赛状态（相关手势）
1	Start the match（比赛开始）
2	Ball to ground（球掉地上）
3	Play on（比赛继续）
4	Incorrect rollball—ball outside the feet （不正确滚球—球放在两脚外侧）
5	Incorrect rollball—player not facing the try Line （不正确滚球—肩膀没有面对达阵线）
6	Roll ball more than one metre（滚球超过1米）
7	5th touch（第五次触碰）
8	6th touch（第六次触碰）
9	Half caught（传锋被触碰）
10	Try（达阵）
11	Ball touched in flight/Zero touch/6 again（球在空中触碰、零次触碰、重新6次）

续表

标志	标志所代表比赛状态（相关手势）
12	Penalty sequence and penalty – Offside 7m/10m（7米、10米越位罚踢流程）
13	Penalty sequence and penalty – Forward pass（前传球罚踢流程）
14	Penalty sequence and penalty – Late pass（触碰后传球罚踢流程）
15	Penalty sequence and penalty – Heavy touch（大力触碰罚踢流程）
16	Penalty sequence and penalty – Over the mark/Rollball off the mark（过点罚踢流程）
17	Penalty sequence and penalty – Obstruction（阻挡罚踢流程）
18	Penalty sequence and penalty – Disputed decision/Verbal abuse顶撞裁判
19	Penalty sequence and penalty – Claimed touch（Phantom touch）（声称触碰）
20	Penalty sequence and penalty – Voluntary rollball（自愿滚球）
21	Penalty sequence and penalty – Throwing/Kicking ball away/delay play（扔球、踢开球故意拖延时间）
22	Penalty try（惩罚达阵）
23	Penalty sequence and Penalty – 7 players on the field（场上比赛队员7人）
24	Sequence for a force substitution（强制换人）
25	Player dismissed for a sin bin（短暂罚下场）
26	Player dismissed for the remainder of the match（比赛剩余时间被罚离场）
27	End of play（Half time/Full time）比赛结束（半场/全场结束）

3.练习模式

（1）从达阵线开始，向前慢跑至黄色标志，要根据标志所处比赛状态做出手势。

（2）向后跑到下一个蓝色标志，做出手势、语言和适当的哨声。

（3）沿着图示重复这一过程。

（4）当到达阵线时，按照图示，跑向第二个黄标志完成标志所处比赛状态的相关手势。

（5）当到达阵线时，按照图示，跑向第三黄标志完成标志所处比赛状态的相关手势。

（6）在蓝色标志处完成第27个手势后，以3/4的速度穿过网格区域到达蓝色标志，然后转身，再以100%的最大速度冲刺到达阵线。

（7）休息2分钟，重复练习。

（8）跑步总距离为420米。

4.练习人员

单人练习。

（五）裁判灵敏反应练习技巧（图5-43）

1.目的

要求裁判员能够向前移动，转身和向后跑，在防守位置之间移动，控制控球权转换的滚球，并尽可能快地建立新的7米防守线（通过预判，利用语言交流等沟通方式来管理）。

2.练习区域安排

用4个蓝色标志围成正方形，正方形的对角线交点放置一个黄色标志，距离蓝标志7米。

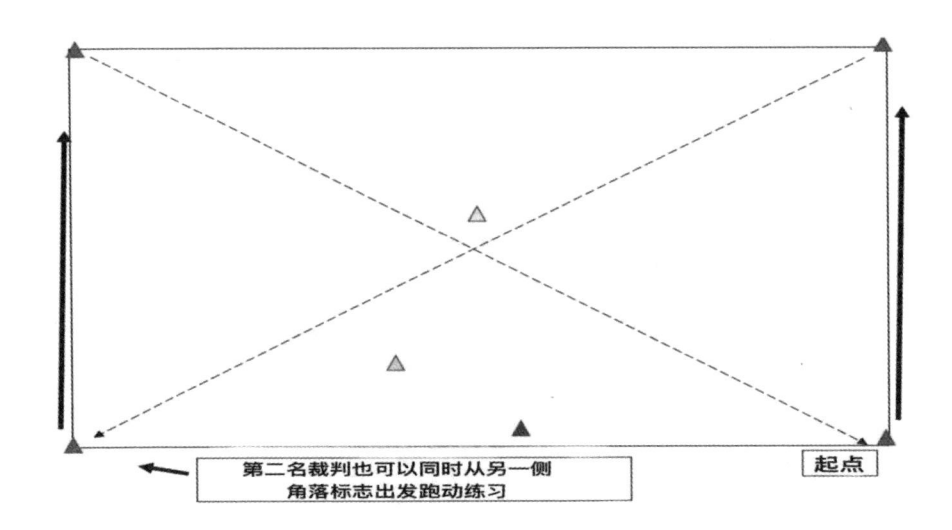

图5-43 裁判灵敏反应练习技巧

3.练习

（1）从角落开始，向前冲刺到蓝标志，绕过蓝标，然后转身跑，使胸部朝向球（黄标表示持球队员所在的一侧）。

（2）裁判员在经过黄色标时要转身，继续向蓝色标跑去。在向后跑的阶段，裁判员要"预判并管理"越位队员的"绿标"。

（3）在蓝色标志暂停并语言提示"7米管理"（紫色标志代表连接队员及中锋队员）越位，后退或保持。

（4）裁判员喊出"开始"（意味着防守方可以向前移动）。

然后裁判员冲刺到下一个蓝色标志，回到起点的标志处重新开始。

4.参与人员

可以单人练习，可通过以下方式让多人参与。两人轮流练习，一人练习另一人休息。多人练习的话可以同时向相反的方向进行训练，两名裁判员分别从对面的角上出发。

（六）裁判员敏捷性金字塔练习（图5-44）

1.练习目的

要求裁判员能够向前移动，转身和向后跑，在防守位置之间移动，控制控球权转换的滚球，并尽可能快地建立新的7米防守线（通过预判，利用语言交流等沟通方式来管理）。

2.网格区域

用蓝色标志设置一个7米的网格区域。

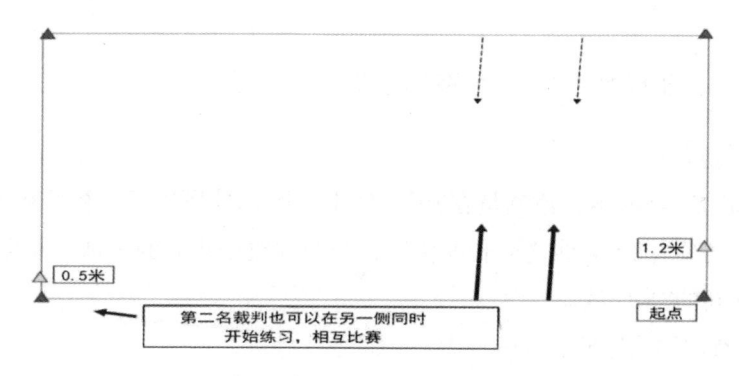

图5-44 裁判员敏捷性金字塔练习

3.练习

（1）沿着网格区域的一侧开始。

（2）决定触碰次数（例如5次）。

（3）听到"开始"口令时，冲刺过网格并触及另一侧的格子端线（7米远，每一圈，换另一侧手做手势以增加练习的多样性，注意冲刺跑跑步动作和平衡协调）。

（4）向后跑到起跑处，听到"保持"，休息5秒。

（5）听到"开始"口令，然后完成两圈，两圈之间没有休息。

（6）完成两圈后停止，休息10秒。

（7）完成三圈，每圈之间没有休息。

（8）三圈完成后，听到"保持"口令，休息15秒。

（9）听到"开始"口令，然后完成四圈，两圈之间没有休息。

（10）四圈完成后，听到"暂停"口令，休息20秒。

（11）听到"开始"，然后完成五圈，每圈之间没有休息。

（12）五圈完成后，"保持"，休息25秒。

（13）反过来练习，5圈、4圈、3圈、2圈、1圈，休息时间相同。

在休息期间，裁判员应加入各种语言提示/预判，以模拟管理没有压上的队员和队员在7米线（黄色标志）的越位队员。语言提示必须包括队员号码或位置，沟通要简明、直接。

随着体能的提高，休息时间可以相应缩短，增加强度。

4.参加人员

需要计时员，可进行单人训练，也可以多人同时参与，这使得参与人员相互竞争、相互促进。

（七）球权改变时裁判移动技巧

1.练习目的

如图5-45所示，裁判员在7米防线上，因掉球所以发生控球权的改变。裁判员需要在7米防线之间转换位置，控制球权变化后的滚球，并尽可能快地建立新的7米防线。

2.练习网格区域

黄色的第一个标志是用于球权改变的位置。这个网格区域可以建立在球场的任何地方。使用达阵线为起点，可以让裁判员对7米防线的空间有距离感。蓝色是裁判员所处的标志。

1——开始/结束标志。

2——达阵线前3米处。

3——达阵线前14米处。

4——7米线前4米处。

3.练习方法

（1）从达阵线后方开始，向前慢跑至3米标志。触碰发生后，回到达阵线，球在7米线上掉落。

向前冲刺14米，当裁判员经过7米线（球权转换处标记）时，说出"滚球在7米处""防守（使用位置连接队员，中锋）越位，退回"等语言。裁判员转身观察保持滚球动作在视线范围内，并管理完成向后移动到7米位置。这里的目的是让裁判员习惯于在球权变化中确定新的7米的位置。

（2）以相反方向重复练习

①连续跑动40秒，然后休息20秒。

②连续跑动40秒，然后休息20秒。

③连续跑动40秒，然后休息20秒。

④连续跑动40秒，然后休息20秒。

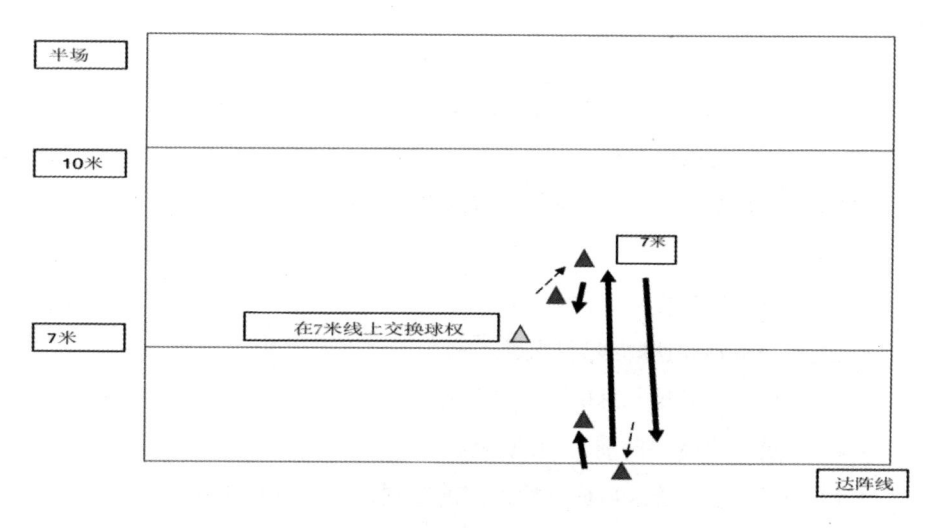

图5-45 球权改变时裁判移动练习

⑤休息1分钟，然后重新开始练习。

⑥重复练习

4.参与人员

可以单人练习，如果有队员参与，那么该队员将球放在地上并放开球，然后重新捡球。裁判员移动的预判时机是每次重新捡球前。

（八）裁判对7米线设定的一致性（图5-46）

1.原因

裁判员被要求在滚球的前面设置一个一致的7米距离。裁判员越是向滚球侧面移动，就越难判断7米距离。这个练习的目的是帮助建立裁判员在向场内移动时判断7米距离的能力。裁判员必须始终保持胸部对着球。

2.网格布置

黄色的第1个标志是用于球权改变的位置。这个网格可以建立在球场的任何地方。使用达阵线开始，可以让裁判员对7米距离感判断有信心。蓝色标志代表裁判员。

1——开始/结束标志。

2——达阵线前14米处。

3——达阵线前21米处。

4——达阵线前28米处。

5——达阵线前52米处。

6——达阵线前59米（绿色或其他颜色）；

7——达阵线前45米处。

蓝色标志在黄色标志前部的侧面5~8米处（滚球）。

3.练习

（1）队员持球站在5米处的点上。

（2）裁判员站在达阵线后1米处。

（3）当球员弯腰捡起球时，训练开始。

（4）队员取回球并向前走到7米处。

（5）裁判员从达阵线后面开始，向前冲刺14米，当裁判员经过7米线（球权转换的标志）时，喊到"滚球在7米处""防守（使用连接队员位置，中锋）

越位，退回"。裁判员转身以保持滚球动作在视线范围内，并完成向后移动到7米位置。这里的目的是让裁判员习惯于在跑动变化中标示7米的位置。

（6）队员将球放在地上并释放，然后重新拿起球并慢跑到下一个触碰点（黄色标志）。

（7）裁判员移动的视觉感知点是每次重新捡起球。

（8）裁判员应向前迈步，然后转身跑向下一个标志，不要寻找蓝色标志，所以要保持对进攻队员的关注。语言提示说明触碰次数和对7米处的防守队员的管理，在移动时要注意保持胸部对球，并与7米线上保持平行。

（9）当第二次触碰发生时（21米黄标），队员应慢跑至45米黄标。裁判员应在28米蓝标处进行第二次触碰判罚。

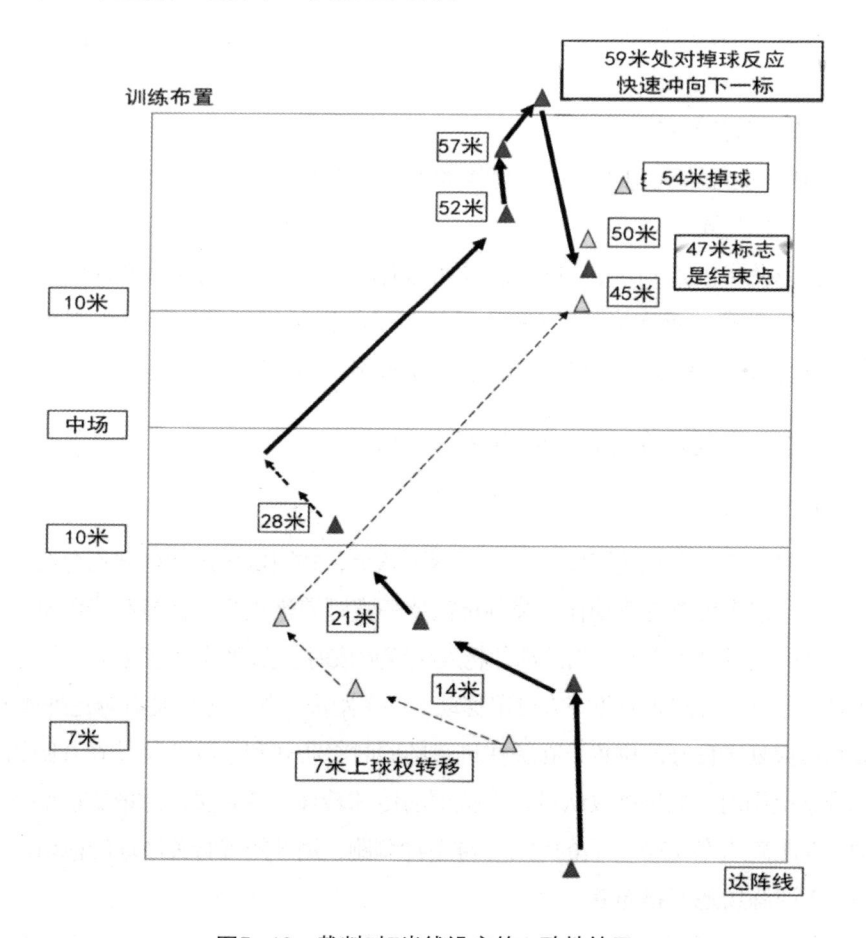

图5-46　裁判对7米线设定的一致性练习

（10）当队员现在转换方向跑回球场时，裁判员必须以几乎与队员线成90度的方式快速但谨慎地后退两步，然后转身并跑向队员线的方向。这种后退将使裁判员获得空间，更重要的是，他们可以进入一个位置，在任何时候都能保持他们的眼睛在队员身上，胸部对着球。

（11）队员在45米处击球，裁判员应在52米蓝标处的7米标志处。

（12）向后跑到57米处。

（13）转身跑到59米蓝标志处，当选手到达他们的网格区域顶端时（54米黄色标志），他们应将使球掉球。

（14）裁判员转身并冲刺到新的防守线的视觉标志是落球。

（15）裁判员必须在这个冲刺过程中观察和语言提示，直到练习结束。

（16）当裁判员到达最后一个蓝色标志（47米）时，就已经训练完成，转身并设置新的防守线。

（17）角色互换，轮换。

（18）从慢跑到跑步，再到更快的速度，交替进行。

4.参加人员

持球队员、裁判员，包括裁判员的同伴，在格子区域的外侧直接参与裁判工作（没有位置交换），以便他们习惯于与控制裁判员进行口头交流，并协助确保7米距离蓝标的完成，而不需要裁判员向后观察。

（九）裁判员在达阵线的选择（图5-47）

1.原因

裁判员有时会在达阵线上移动妨碍到队员，并因低头观察防守而分心，反应迟缓，忽视留意进攻动作。裁判员需要一直盯着进攻方，保持脚步移动，并与防守方进行管控交流。当滚球即将发生或形成时，裁判员迅速退到达阵线后2米处，通过语言沟通为防守方设定移动的参考距离。如果进攻是直奔达阵线的，裁判员应处于良好的位置，在关注进攻的同时将防守和达阵线保持在开阔的视野观察范围内。如果进攻队进行大范围的传球转移，裁判员向球的方向侧身移动，在距离达阵线2米左右的地方，准备冲刺跑，用开阔视野关注球的移动。

2.训练场地网格布置

用绿色、蓝色标志（裁判员）和一个黄色标志（滚球）设置一个网格训练区域。标志B在网格的中间,标志A和C在标志B的两侧10米处。

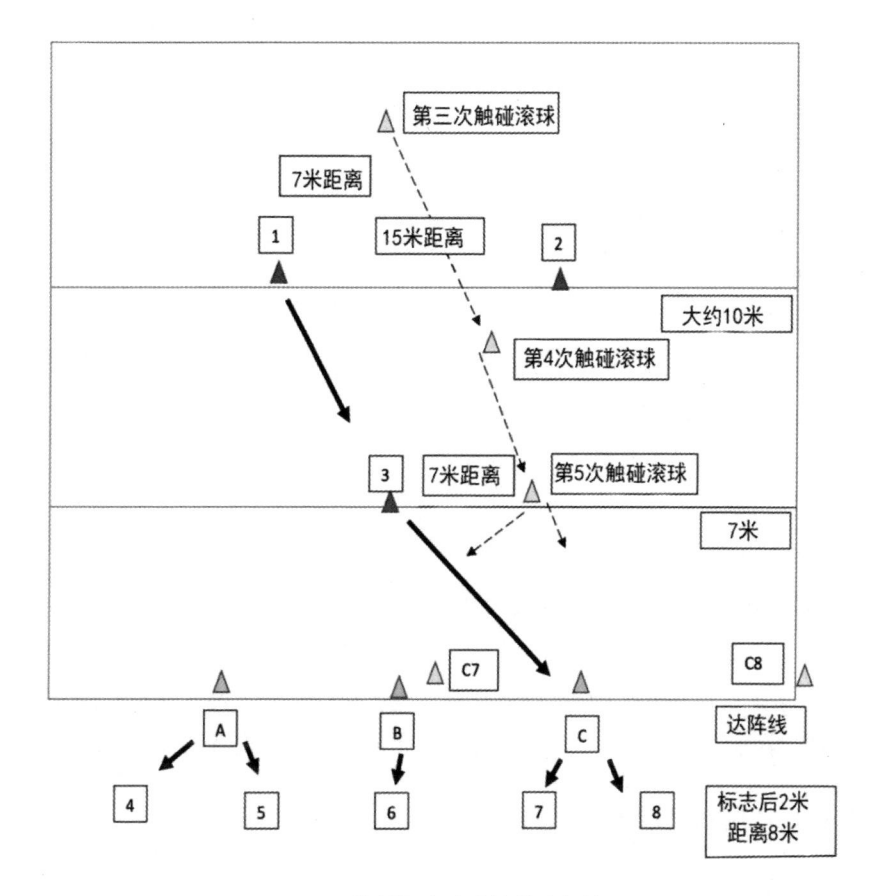

图5-47 裁判员在达阵线的选择练习

3.练习

第一组:

(1)裁判员从1号标志开始(喊出并假设第3次触碰),转身跑动,跟随球到3号标志(喊出第4次触碰并控制7米线)。

(2)后退两步,使胸部保持朝向持球者,然后转身,再次跑向A号标志,进行第5次触碰(口述并控制7米线),然后根据球的方向到4号标志或5号标志(练习两个方向)。

(3)冲刺20米,模拟追球的过程。如果在4号标志,冲刺到同一侧的角落,如果在5号标志,冲刺到经过8号标志的角落。

第二组：

（1）重复从1号标志到3号标志，然后向后跑到B号标志并向后跑到6号标志。

（2）重复从1号标志到3号标志，然后转身跑到C号标志，练习两个方向到7号标志或8号标志。

（3）然后冲刺20米，模拟追赶球的跑动过程。如果在8号标志，冲刺到同一侧的角落，如果在7号标志，冲刺到经过4号标志的角落。

第三组：

裁判员从2号标志开始，然后到3号标志，再到C号标志、B号标志和A号标志等，模仿同样的动作模式。

这个练习提供了10种不同的运动模式选择来进行演练。裁判员必须始终保持胸部对球。

4.参加人员

可以单人练习，也可通过以下方式让多人参与。

两人轮流练习，休息时间为另一人练习的时间。或者一个人可以作为持球队员进行练习，以协助7米线判断、语言提示和判罚的选择。队员必须在触碰点将球放在地上，放开球，重新捡球。这样就模拟了裁判员的管理滚球过程。

（十）裁判员后退跑动技术（图5-48）

1.目的

这个训练的目的是发展向后跑动的能力。触球裁判在尝试该练习后，感到这种方法有很多好处，尤其是它需要减少与常规慢跑相关的能量，而且毫无疑问，它比正向跑步多消耗20%的热量。

通过该训练裁判的平衡能力会得到提高，裁判的视野甚至听力也会得到提高，因为会对周围发生的事情变得更加敏感，使小腿和大腿肌肉得到令人难以置信的良好锻炼，但它不会像常规跑步那样拉伤跟腱。

物理治疗师反馈道，因为倒着跑需要减少臀部的运动，减少对关节的影响。它经常被推荐用于膝盖和背部问题的康复，因为你从前脚掌着地和推开，你的脚趾力量会得到加强，这有助于保持良好的姿势。

在田径场上倒着跑一圈相当于向前跑四到六圈的健身效果，而且倒着走

100步所产生的好处与直接向前走1000步相同。

练习中要注意控制步伐。当然，倒着跑也有弊端，比如因担心被撞倒就要不断地扭动身体，以看到要去的地方。倒着跑也需要更多的注意力：不能关闭视线。

2.倒着跑的锻炼方法

（1）选择一个平坦、宽阔的跑步路面，没有坑洼和障碍物。

（2）确定一个50～100米的距离，然后走一走，检查是否有任何凹陷或岩石。

（3）开始时，在热身运动中加入一些逆向跑。逐渐增加时间和距离。

3.技巧

（1）跑步时身体略微后倾，从前脚掌推开，向后推动。

（2）首先让脚掌接触地面，然后让脚跟短暂与地接触。

（3）尽量不要过于频繁地看后面。开始时每隔六到八步看一眼。

（4）和一个伙伴一起跑，他将充当你的"眼睛"。当一个人向后跑时，另一个人向前跑。

4.网格练习区域

黄色为标志，供队员跑动时使用（加速跑动），间隔7米，如图5-47所示。蓝色为裁判员用的标志，相距7米。

5.练习

（1）队员持球站在2米处的场地上。

（2）裁判员站在达阵线后1米处。

（3）当队员弯腰捡球时，训练开始。

（4）队员捡起球并向前走到7米线。

（5）裁判员从达阵线后面开始，向前冲刺跑动15米，当裁判员经过7米线（球权转换标志）时，语言提示："滚球在7米处""防守（使用一个连接队员，或中锋）越位，后退"。裁判员后退跑动并保持滚球动作在视线范围内，并完成向后移动到新的7米位置。训练目的是让裁判员习惯于在变化中拥有7米的位置感。

（6）在每个目标处，裁判员必须在平行与防守线上站好，并语言提示并管理松散队员处置位。

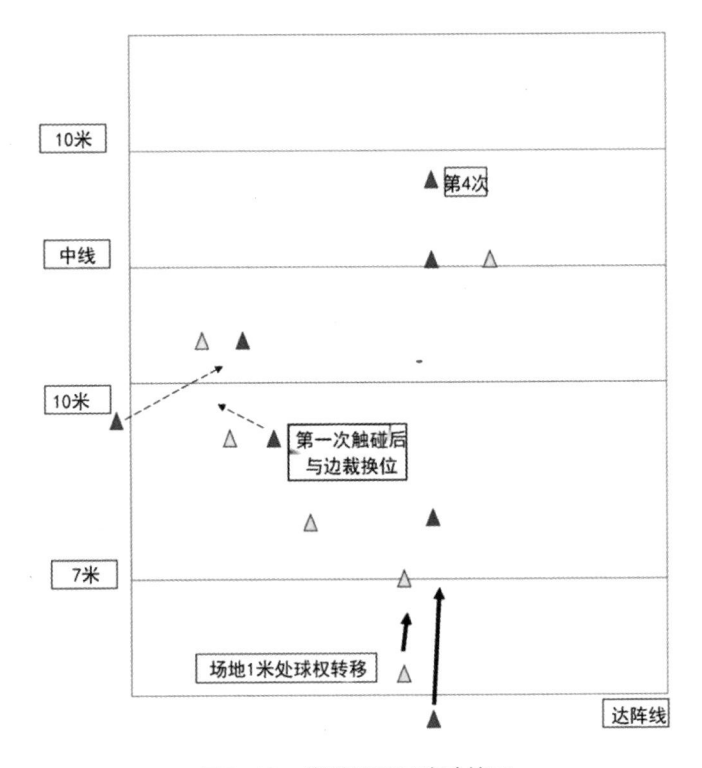

图5-48 裁判员后退跑动练习

（7）在第一次触碰后，冲刺跑动练习与边场裁判换位。

（8）裁判员必须在每个蓝标处短暂停顿，以示意7米距离。

（9）队员将球放在地上，在每个黄色标志处放球，并冲刺跑到下一个标志前重新捡球。队员捡起球时便是向后移动的启动时机。

（10）目的是让裁判员在他们的标志上并管理7米线。

6.参与人员

单人练习或多人参与练习，轮流担任场上控制裁判员、边场裁判员和队员。

（十一）冲刺跑练习（图5-49）

1.练习

（1）从蓝色标志开始，向蓝色标志冲刺。

（2）在蓝标志前停下，数1、2。

（3）慢跑到下一个蓝标志。

（4）停在蓝标志上，数1、2。

（5）以1/2的速度跑至下一个蓝色标志。

（6）在蓝色标志前停下，数1、2。

（7）3/4速度加速跑至下一个蓝色标志。

（8）在蓝色标志前停下，数1、2。

（9）冲刺到绿色圆标志末端。

（10）在绿色标志前停下，数1、2、3、4。

（11）向后跑到每个黄标志前。

（12）在每个黄色标志前停下，数1、2。

（13）返回起点。

2.参加人员

可以单独练习，但为了确保技术正确，最好有两个伙伴。一个人观察并纠正技术，另一个人练习，然后再两圈后轮，练习完然后再轮换。

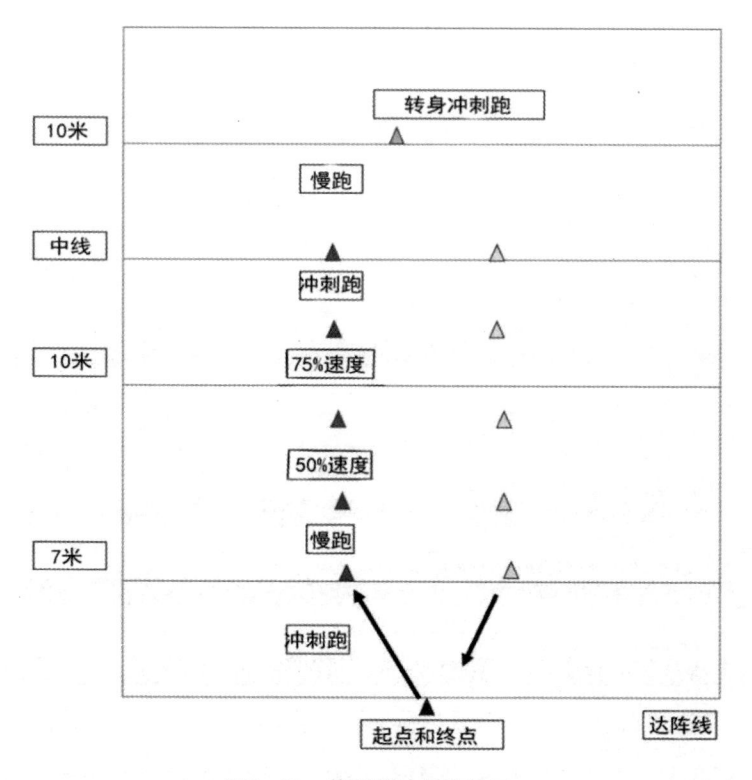

图5-49 裁判的冲刺跑练习

第七节　触式橄榄球裁判员执裁评鉴

有关执裁评鉴要求如表5-1、表5-2和表5-3所示。

表5-1　初级触式橄榄球裁判执裁检查列表

裁判姓名：............　协会：...................　评鉴时间：从：...........　到：...........

每场比赛裁判的责任-裁判是否：	没有达到要求	基本达到要求	完全达到要求
准时到达比赛地点			
记分卡/笔/硬币			
进行裁判组讨论			
外观-裁判是否：			
有正确、干净、整洁的裁判服装：			
手势-裁判是否在比赛期间或当被问到以下手势时正确地演示（正确的意思是-手势清晰和正确干脆利落，有权威，能够在运动中进行出示，并快速指出标点）			
比赛开始			
掉球			
达阵			
5th 触碰			
6th 触碰			
球在空中被触碰			
7米越位的罚踢及判罚顺序			
前传球的罚踢及判罚顺序			
过迟传球的罚踢及判罚顺序			
用超过必要的身体力量触碰的罚踢及判罚顺序			
比赛结束			
简短的口头解释与手势联系起来，以帮助解释判罚			
哨声-裁判是否吹出适度的哨声			
比赛控制和站位-裁判是否：			
保持并标记一致的7米线			
时刻保持"眼睛盯着球"			
始终控制好滚球（无干扰）			
合理地控制触碰力度			
合理性-裁判是否：适当判罚，流畅比赛			
裁判换人体系-裁判是否：			
正确的与边场裁判进行换位			
跟上比赛的节奏，并给予场上的裁判以支持（必要时）			
交流-裁判是否：			
以一定的信心处理冲突情况			
与球员建立清晰和简洁的沟通			
记分卡-裁判是否：			
确保记分卡正确记录			
在达阵之后标记记分卡			
与两队队长核对分数			
裁罚-裁判是否：			
展示出充分的规则认知与一致的裁罚尺度			

表5-2 中级触式橄榄球裁判执裁能力评鉴表

姓名：................ 单位：................ 比赛水平：................

赛前 – 裁判是否做到:	没达到	完成
按时到达场地		
积分卡/笔/挑边器（硬币）		
和裁判伙伴们交谈		
检查场地		
形象 – 裁判是否做到:		
举止自信		
传着正确、干净的裁判服装		
手势-裁判是否在比赛期间或当被问到以下手势时正确地演示（正确的意思是-手势清晰和正确干脆利落，有权威，并能够在运动中进行出示，并快速指示标点）		
继续比赛		
不正确的滚球		
7米、10米越位		
判罚罚踢		
不服从裁判的判罚		
队员被罚出场直到控球权结束		
罚令出场一段时间		
在剩下的时间罚令出场		
简要对出示的手势解释助于理解		
哨音：裁判吹出响亮且有音量变化的哨音		
控制与站位 - 裁判是否做到:		
连续一致的标示7米		
控制10米（以及随后的标点）		
保持"眼睛始终盯着球"和跟随球移动到下一地点		
始终控制好滚球（无干扰）		
发现触碰和在达阵线上保持避让		
合理控制触碰力度		
体能 – 裁判是否做到:		
快速换位，球被长传时保持好场上位置		
快速落位（例如：7米后退到下个7米）		
换位体系 – 裁判是否做到:		
正确地换位		
跟上比赛的节奏，并给予场上的裁判以支持（必要时）		
沟通 – 裁判是否做到:		
与球员建立清晰和可听到的沟通		
跑动中利用语言交流来帮助比赛的控制		
在达阵线表现出足够的控制力		
以一定的信心处理冲突情况		
规则 –裁判是否做到:		
显示足够的规则知识和一致的判罚尺度		
对过迟传球和前传球判罚尺度一致		
确保滚球在正确地点		

评鉴结果 □

裁判需要在一下方面提升s:..
....

裁判教练 .... 裁判教练：................ 时间： / /

表5-3 高级触式橄榄球裁判员执裁能力评鉴表

裁判姓名：............................ 单位：............................ 比赛级别：............................

	没达到	完成
比赛观念和站位		
展示出对进攻战术策略的精通理解，并在一般比赛中进行相应站位		
持续的预判比赛，快速移动，利用整场宽度，进入下一个理想位置		
有意识并连续管理懒散球员		
展示对球员角色的充分认知，判罚的一致性		
对防守快速压上时机队人员的管理预判，及时队没有后退在位的防守队员的管控以及越位队员的处罚		
在不影响比赛战术发挥7米位置保持移动和良好的身体姿势		
利用适当的移动技术和沟通方式，持续设置7米线		
预测控球权的变化并在控球权的变化后快速跑动站位（即7米到7米）		
比赛管理		
尽早有效地将触碰的防守球员管理到在位位置		
意识到需要确保攻防之间有7米的距离，不接受过点滚球和越位防守		
管理7米和10米处的防守球员（管理触踢球标点）		
管理越位的压上防守队员，了解球员的行动的优先顺序		
通过主动/及早/有效沟通，合理运用有利原则，保持比赛流畅通		
必要时对不合理的身体接触尽早判罚		
有信心地适当识别和处理言语冲突		
清晰、简明的手势、哨声和对判罚的解释，以便场外裁判员能够迅速做出反应并快速反应并设置防线，与球员进行清晰响亮的交流		
有效管理协防队员，让这些球员保持比赛中在位		
充分的规则认知及其应用判罚的合理，比赛流畅		
团队合作与沟通		
始终在场外位置设置7米线参照点		
为中场裁判提供持续有效的支持		
与边锋和连接球员建立有效沟通的默契，加强团队合作		
与重新站位的防守球员进行有效沟通，协助场上裁判进行7米控制和利益运用		
与中场裁判员有效沟通，让防守球员以合理速度向前压上，离开达阵线		
支持裁判组的决定并与之保持一致，展现出适当的领导力		
采用出色的场外位置，协助中场裁判判定		
裁判交换体系		
有信心地进行交流，分担比赛执裁负荷，主动进行交流		
在进入中场时进行非常有效的沟通，选择利用罚踢时进入场地换位，积极管理比赛		
展示良好的进场选位，适当时机使用短边进入换位，预判队伍第一次被触碰尽早/迅速设立7米线		
了解球员替换时的比赛策略并做出相应反应		
以一定角度退场，确保换位上场的裁判员能尽早控制场上局面		
退场时保持比赛意识，确保处理任何事件/协助中场裁判员		
达阵线		
靠近达阵区，对球有清晰的视野，观察在达阵线和达阵线后方的触碰，了解队伍的战术，为所有得分机会做好充分预判		
展示出对进攻策略的深刻理解，并在达阵线上进行相应站位		
预判长传球，相应移动以保持视线和距离球非常近		
有效管理达阵线7米范围内的防守队员		

裁判还需在一下方面获得更多经验 ....
....

裁判教练签字：.................... 裁判教练签字：.................... 时间： / /

第六章　少儿触球篇

第一节　青少年的身心发展特征与触球教学训练启示

人在一生中会经历不同的成长和发展阶段。随着人体的发育，身体和心理发展的变化会影响人的各个方面，包括体育运动。

对于教练员来说，了解不同的发展阶段以及它们如何影响运动表现是很重要的，特别是青少年运动员的教练员。教练不仅需要考虑运动员的身体需求，还需要考虑他们的社会、情感和认知需求。

通过调整训练计划和活动安排以适应运动员在成长和发展方面的需要，教练可以帮助运动员以最适合他们的方式在运动中进步。

要考虑到青少年队员的身体特征，许多触球的技战术能力要求在青少年队员中会降低。青少年的身体虽然发展迅速，但与成人相比是有限的。一般来说，青少年的心肺功能会限制他们的耐力活动能力，尽管有些孩子可能会表现出不寻常的耐力活动能力。

一、5—7岁年龄段

这个年龄段的孩子大多非常灵活，能够发展出所有与跑步相关的运动技能，因此，教授良好的跑步技巧是非常重要的。这一时期的力量素质较弱，因此刚入门的传球技能学习会有困难，使用广泛的处理球技巧和多样的练习方法有助于发展传球技能。由于密集而多样的练习手段，手眼协调能力得到了良好地发展。这时，大肌肉群的运动技能的发展为以后的比赛打下了基础。这个阶段的孩子注意力不能集中很长时间，因此，重要的是提供简短的训练课程、相当频繁地变换各种练习活动以保持兴趣水平。孩子们仍然喜欢尝试他们最喜欢的活动，所以包含基本技能的简单球类游戏不仅可以保持兴趣，还可以发展运动技能。

注意事项：

（1）以"轻松"的方式尝试技能的掌握——享受乐趣比技能的"完美"表现更重要。

（2）使用多种球类游戏来发展跑步、传球和接球技术。

（3）必须牢记孩子们注意力的变化，将练习限制在每次几分钟的"短时间内"。

（4）不用长时间大量练习，少用长时间讲话。

（5）使用各种各样的不同的练习。

二、8—10岁年龄段

这个年龄段通常被认为是青春期的准备期。身体形态的发育变化有助于更好地掌握运动技能，动作完成得更加流畅。重要的是用积极的反馈来加强队员技能的掌握。

一般来说，传球和接球技能以及小肌肉群的协调性都有明显地改善。这是一个理想的时期，可以更加关注技能的发展。队员们将能够协调动作，所以他们会更积极地练习，会有更大的进步。

注意事项：

（1）增加基本技能的挑战。

（2）注意继续发展队员的灵活性。

（3）如果实施得当，对体能和技能的简单测试将成为激励队员的手段。

（4）复杂的规则只有在这个阶段结束时才能被理解。

（5）对技能的复杂性进行分解，这对学习有困难的队员很重要。

三、11—12岁年龄段

青少年在这个年龄段身体发育开始出现广泛的差异。有些队员似乎更强大、更成熟。有一些早期发育的队员将有可能取得更好的成就，特别是在与力量有关的活动中。身体不太成熟的队员可能还需要三四年的时间才能达到青春期，随后变得更强壮、更自信。在进入青春期之前，一般来说，手臂和腿的长度会增加，但这些区域的肌肉却没有相应的增长。这对一些队员来说产生了一定程度的尴尬，他们感到有点不适应，需要给予理解和鼓励。

通常情况下，那些早熟的队员往往身材更高大，肌肉发育更好。需要意识到的重要一点是，在这个年龄段的球队中，生长发育不均衡，有些队员发育得较晚。在这个年龄段，他们越来越需要得到认可，需要展示一个积极的自我形象。作为一个教练，重要的是要意识到，对队员的任何做法都应该让他们的自我形象得到发展，向队员灌输信心！

注意事项：

（1）避免只集中在有技术的队员身上，为进步的队员提供鼓励。

（2）追求卓越是很重要的，但衡量标准应考虑到每个队员的能力差异。应鼓励队员在他们自己的极限范围内达到最好。

（3）赢得比赛显然很重要，所以必须牢记正确的观点，确保"失败"不会产生消极影响。

（4）将队员安排在场上不同的位置时，以及在训练他们时，都要牢记不同的需求。

（5）简单的测试可以为一些队员是否能达到标准要求提供必要的指导。

四、12岁以上

青少年从12岁左右到16或17岁左右，男孩将获得更多类似成年人的身体特征，这将使他们能够更好地完成需要力量、速度和耐力的运动技能。重要的是要记住，成熟度与骨骼年龄有关，即身体的年龄，它被称为骨骼年龄，因为身体的骨骼是用来确定它的。这个年龄组的队员将处于不同的成长阶段，这将影响他们的运动表现能力。

关于早熟和晚熟，早熟者一般体格会更强壮，比他们的同龄人发育更早。这些队员通常应该更有运动能力。晚熟者，因为他们的生长高峰覆盖时间较长，最终可能比同龄的早熟者更强。由于迅猛发育，这个年龄段的孩子手臂和腿部的骨骼变得更长，与肌肉体积成正比，这也是生长迅猛的原因。这导致了身体活动显得有些笨拙，因此，快速弯腰和扭转身体的能力可能会受到影响。

在这一时期出现的社会（和其他）发展因素，可能会导致一些不适当的行为。教练必须确保以下几点。

（1）坚定但不过度地指导。

（2）活动的最大化。

（3）挑战，但要符合个人的能力水平。

（4）有意义地鼓励。

（5）支持个人争取认同。

五、残疾运动员

残疾运动员应享有与其他人相同的机会，他们也要享受体育运动的乐趣。身体、感官和智力残疾的范围很广，从非常轻微的，如失去一个手指，到更严重的，如失去对四肢或躯干的控制。

作为一个教练，应该做到以下几点。

（1）注重他们与其他运动员的相似之处，而不是他们的不同之处。

（2）关注他们能做什么，而不是他们不能做什么。

（3）鼓励他们发挥自己最大的能力。

（4）传授给残疾运动员相关的体育知识。

（5）让运动员会知道他们能做或不能做什么，以及如何修改任务以适应他们的技能水平。

第二节　少儿触球游戏

一、捡球跑动摆脱对方触碰（图6-1）

（一）游戏目的

持球跑动、触碰滚球、传球捡球。

（二）场地器材

若干球、4个标志。

图6-1　捡球跑动摆脱对方触碰游戏

（三）游戏方法

指定三四名队员作为追逐者，不带球。其他队员拿着球，在一个区域内随机奔跑，躲避追逐者。追逐者在碰触到持球队员时喊："碰到！"被触碰的队员必须立即进行滚球（将他们的球放在两脚之间的地面上并跨过它），然后成为一个追逐者。刚触碰的队员将球捡起并继续以被追逐者身份参加比赛。

（四）注意事项

绰捡球（Scooping），当从滚球中捡起球时，会直接向前跑动。另外，提醒队员在将球从地上抄起之前，要抬头观察对手的位置，以避免跑动时发生碰撞。

游戏变化：一旦捡到球，他们立即将球传回刚才持球被触碰队员，并继续追赶他（他们不与持球队员交换位置）。

二、聆听口令做动作（图6-2）

（一）游戏目的

提高队员注意力，完成各种基本动作。

（二）场地器材

球若干、标志。

（三）游戏方法

每个队员各拿一个橄榄球，当教练喊出"教练说……"时，再加上一个动作。队员就会做该动作。

例如：

将球抛向空中，拍手并接住它。

将球放在地上，然后跨过它（滚球动作）。

将自己的球放在地上，然后另一队员捡起球。

如果教练不先说"教练说……"就教一个动作，队员们就会僵在原地不动。

（四）注意事项

队员如果被教练口令"骗到"，不会被淘汰出局。他们可以完成一项技能，如跑到达阵线处触地得分，然后再参与到比赛中。

游戏变化：队员在比赛区域内从慢走到慢跑，同时做动作。

以小组为单位进行游戏,由一名小朋友喊出"教练说……"加上某一动作。

图6-2　聆听口令做动作游戏

三、迷惑对手得分(图6-3)

(一)游戏目的

持球变向跑动,达阵得分,触碰防守。

(二)场地器材

球、标志若干。

(三)游戏方法

在比赛场地的对角线上,将队员分成两组站好,进攻方每人持球在标志物后排队,防守队员只有在进攻队员进入比赛区域后才能进入该区域。

进攻方跑过选定的线而不被对手触碰到,得一分。当进攻方被碰触到时双方要迅速离开比赛场地。当进攻方队员都参与练习后,双方交换角色。

(四)注意事项

每场比赛时间根据小朋友的体能情况调整,看看谁的脚下的变向和躲避防守做得漂亮。

游戏变化：

（1）进攻方在达阵线上或越过达阵线后的区域达阵得分（即使在放球时被触碰到）。

（2）站在进攻方附近的传锋可以将球传给进攻方队员，然后进攻方在奔跑中进入比赛区域。

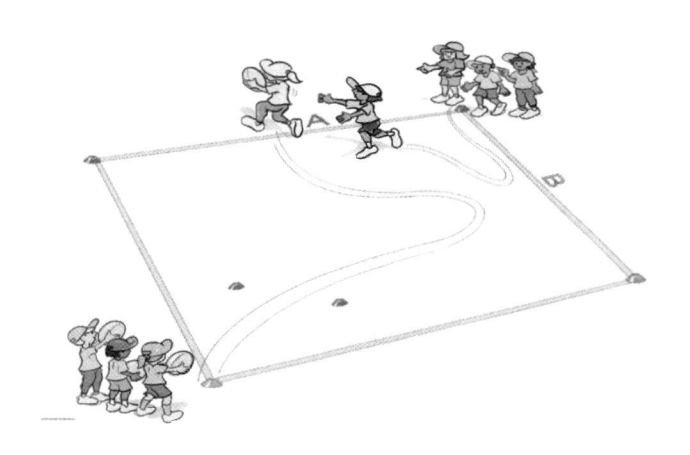

图6-3　迷惑对手得分游戏

四、笼中鸟（图6-4）

（一）游戏目的

触球跑动，闪躲变向，触碰防守，团队合作。

（二）场地器材

球，标志，分队背心。

（三）游戏方法

队员们跑到对方的半场去拿回橄榄球，并把它送回自己的得分线上。如果在对方半场被对方碰触，该队员必须进入"小鸟笼"，等待队友的救援。

当教练喊"时间到"时，收集所有六个球或在他们的得分线上有最多球的球队被宣布为获胜队。每次八人或更多的队员参与游戏。队员被分成两个偶数人数的团队，首先将三个橄榄球放置在每队的达阵线后面。在教练的口令下，队员们跑向对方的半场，试图取回一个球。如果成功捡到球，队员跑回来将球放在自己的得分线上；如果队员在对方半场被碰触（持球的队员不能被碰触），他们就必须入笼。该队员可以通过队友的"击掌"而被救出鸟笼。一旦"出笼"，两名队员必须绕过赛场边线区域外侧回自己的半场，方可重新加入比赛。胜利的队伍是在教练喊"时间到"时收集到所有六个球或拥有最多球的队伍。

（四）注意事项

教练喊"暂停"，让各队有机会布置战术。例如，决定谁来释放笼中的队友，谁来尝试取回球。

游戏变化：

如果队员在笼里待的时间太长或太频繁，教练可以用"放飞"释放他们。

及时调整双方能力较好与较差的队员。

图6-4 "笼中鸟"游戏

五、滚球碰人（图6-5）

（一）游戏目的

躲闪，手控球能力。

（二）场地器材

球，标志，红黄绿背心。

（三）游戏方法

最多12名队员，按照红黄绿分成三队，围成一个圈。教练喊"红队！"表示红队站在圆圈内，在圆圈内移动，以避开绿队和黄队在圆圈边上向内滚动的橄榄球。一旦被球击中小腿或脚，队员必须加入滚球方，并试图击中剩下的队员。最后夹在中间的队员为胜者。

游戏变化：鼓励圆圈边界上的队员在球滚向他们时与球保持一致，并弯曲膝盖，降低身体，将球绰起。扩大或缩小比赛区域的大小。使用不同大小和形状的球，使其更容易或更难击中运动员。

图6-5 滚球碰人游戏

六、石头、剪子、布（图6-6）

（一）游戏目的

空间、队员反应意识。

（二）场地器材

标志若干。

（三）游戏方法

10人或以上一组，请所有队员举起一只手，练习石头、剪子和布这三个动作，并解释如何赢得分数。然后队员们开始在一个大的游戏区随机慢跑。当教练喊"石头、剪子、布！"时，队员就跑向最近的人，做这些动作以赢得对手的分数。教练喊"继续"时，所有队员继续在游戏区随机慢跑。当教练喊"时间到"时，队员将他们的总分相加，以确定获胜者。

游戏变化："石头、剪子、布"可以代替抛硬币来决定哪一队作为进攻方开始比赛，以及这一队将选择哪个方向进攻。教练可以利用"石头、剪子、布"的游戏来为其他活动创造配对。在每次呼叫"开始比赛！"后改变运动方式。队员们可以用两只手拿着橄榄球随机跑动，并将其放在两脚之间的地面上，玩"石头、剪子、布"的游戏。

图6-6 "石头、剪子、布"游戏

七、达阵得分（图6-7）

（一）游戏目的

传球，持球跑动，触地得分。

（二）场地器材

橄榄球，标志。

（三）游戏方法

将队员分成两组，每组一个橄榄球，两人并排站在比赛场地中央，相距2米，将球来回传给他们的伙伴。当教练喊"球"时，带球的队员（或即将接球的队员）必须带着球跑，并在端线触地得分，触地达阵得分后，他们回到中央，继续传球。

游戏变化：这是一个合作游戏，鼓励队员在没有防守队员的压力或犯错的情况下，正确地传球、接球和达阵得分。要求队员交换位置，以确保他们学会从身体的右侧和左侧传球和接球。可增加防守，教练喊"球"，同伴要追逐持球队员，持球队员在没有被同伴触碰到的情况下到达阵得分将获得1分。

图6-7 达阵得分游戏

八、四角拦截传球（图6-8）

（一）游戏目的

传接球，寻找空间意识。

（二）场地器材

标志，橄榄球。

（三）游戏方法

将队员分成四人一组，每组一个橄榄球，用标记摆出一个3米×3米的正方形。三名进攻队员各站在一个标记处，只能将球传给两侧的队员（不能斜向沿着对角线传）。

将要接球的队员，可以移动到空闲的标记上。但他们在持球时不能跑，中间的第四名队员试图拦截球或造成传接球失误。当球被拦截时或出现接球失误，最后触球的进攻队员与拦截者换位，继续游戏。

游戏变化：首先在没有拦截队员参与的情况下进行练习，以确保进攻队员在传球前不会离开标记。如果队员传球超过肩部高度，他们就成为拦截队员。如果一名队员持球超过3秒，他们将与拦截队员交换位置。

图6-8 四角拦截传球游戏

九、城堡卫兵（图6-9）

（一）游戏目的

团队防守和沟通，在防守中创造和穿越空隙。

（二）场地器材

橄榄球，标志，分队背心若干。

（三）游戏方法

卫兵们排成一排向侧面移动，试图保护城堡不被入侵。入侵者试图在2分钟内从卫兵的防守缝隙中潜入，在城堡内留下尽可能多的橄榄球。以10~12人为一组进行游戏。将队员分为入侵者和城堡守卫两队。在2分钟内将尽可能多的橄榄球留在城堡内。城堡守卫站在相隔3米的地方，只能在自己的线路上侧身移动触碰防守。入侵者有2分钟时间试图越过守卫，进入城堡而不被触碰。

一旦进入城堡，入侵者将橄榄球放在地上，然后回到边界线周围的位置，捡起一个新球。守卫试图对入侵者进行触碰，将他们送入地牢。要想从地牢中释放出来，入侵者必须将他们的球抛向空中，拍手并抓住球五次，然后回到他们的起始位置。当教练喊"时间到！"时，入侵者要把他们留在城堡里的球加起来。一旦两队都轮流充当入侵者，城堡里的球最多的球队获胜。

游戏变化：城堡守卫必须相互沟通，以确保他们线路上的空隙被布防，当一个城堡守卫对一个入侵者进行了触摸后，该守卫在返回他们的队伍前必须跑过城堡的大门（这将在守卫的防线上产生空隙，让入侵者跑过去）。

图6-9 "城堡卫兵"游戏

十、找朋友（图6-10）

（一）游戏目的

发展团队合作能力。

（二）场地器材

标志若干。

（三）游戏方法

所有队员随机站在大约一米远的地方。当教练喊"面对面"时，所有队员迅速面对另一个人。在教练喊"别动"，所有队员必须原地站立不动。当教练喊"背对背"时，队员必须迅速找到另一个人并背靠背站立。教练可以在喊"别动"之前多次喊出这些动作。不能找到伙伴面对面或背靠背站立的小伙伴不会被淘汰，他们只是在游戏恢复时加入。在最后一次面对面的呼喊中，裁判员要通知队员，他们现在面对的人将是他们下一次练习的搭档。

图6-10 "找朋友"游戏

十一、绕边线跑动传球(图6-11)

(一)游戏目的

传球,跑动。

(二)场地器材

橄榄球,标志。

(三)游戏方法

两人一组,其中一人手持一个橄榄球,分散站在8米×8米的四条边线上。在教练的示意下,两人向同一方向慢跑并传球。传球只能穿过一条边线。鼓励队员向后传球给他们的伙伴。两人计算他们在60秒内传了多少次球。两人以相反的方向重复练习,争取突破上次的传球次数。

游戏变化:寻找榜样来示范如何向后传球,他们如何放慢速度,让带球的伙伴跑到前面,以确保下一次传球也是向后传。所有的传球必须是向后的,才能算作一分。允许两次或更多的传球穿过每个边线。教练喊"互换",队员必须转身跑向另一边。

图6-11 绕边线跑动传球游戏

十二、巨人的宝藏（图6-12）

（一）游戏目的

传球，滚球，变向。

（二）场地器材

20个橄榄球，标志，背心（巨人穿）。

（三）游戏方法

将队员分成四组。另有一名队员被指定为守护宝藏的巨人，巨人在宝藏周围的空间移动。所有橄榄球作为宝藏放在游戏区的中心。当教练喊"开始"时，每组的一名队员试图一次抢一个球，并将其传回本组。被巨人触碰的队员必须停下来，将他们的球放在地上，跨过它（做滚球动作），然后回到自己的小组。当中心的所有球都被抢走后，队员可以尝试从其他组抢球，但如果被巨人触碰，必须进行滚球。

游戏变化：队员从巨人的宝藏中捡球时应侧身，以避免与其他队员发生头部碰撞。

先在没有巨人的情况下进行比赛，鼓励正确地做橄榄球传球。教练可以是巨人。

图6-12 "巨人的宝藏"游戏

十三、背靠背（图6-13）

（一）游戏目的

持球跑动，变向，触碰，达阵得分。

（二）场地器材

橄榄球，标志。

（三）游戏方法

两人用四个标记来创建比赛区域。在区域一端的得分线上放置一个球。两人背靠背在区域中间开始比赛。当面对球的队员喊"开始"时，两名队员都跑到他们区域的两端,绕过一个标记。面对球的队员将球捡起并试图摆脱对方触碰防守,将球在对方场地达阵线触地得分。当触地达阵发生时,该游戏即告结束。队员轮流面对球。

教练充当裁判,并做出诸如触地得分、没有触地得分的判罚。

两人互换角色。

游戏变化:如果队员在触地得分时被触碰,则判为达阵。提醒队员在把球从地上捡起来之前要抬头确定对手的位置,以避免碰撞。扩大面积,用两名进攻对一名防守进行比赛。进攻队员可以自己传球或跑动,或尝试假传。轮流进行其他游戏以提供多样性和挑战性。

图6-13 "背靠背"游戏

十四、盲人过桥(图6-14)

(一)游戏目的

持球走动,达阵得分。

(二)场地器材

橄榄球,标志。

（三）游戏方法

队员两排面对面站立，相距3米，组成一条走廊。一名队员两手拿着一个橄榄球，从走廊的一端，在听到"开始"时，队员闭着眼睛走过桥，把球放在他们判断的达阵线上，选手睁开眼睛看他们是否到达得分线（过桥）。

如果"盲人"选手离走廊选手太近，走廊选手拍两下，引导他们回到中间（不说话）。新的队员轮流上场，游戏重复进行。

游戏变化：走廊尽头的队员可以轻轻拍打对方的肩膀，并喊"停"。这个游戏有助于让人对视力残障者在参加体育活动时面临的挑战产生共鸣和理解。每次有两名队员过走廊。带球的队员可以慢跑过走廊。

图6-14 "盲人过桥"游戏

十五、拉网捕鱼（图6-15）

（一）游戏目的

躲闪跑动，达阵得分，整条线防守概念。

（二）场地器材

橄榄球，标志，分队背心。

游戏变化：为了避免碰撞，持球队员必须等到每个人都在同一条端线后才再次穿越比赛区域。使用团队背心，而不是手拉手，为触式橄榄球创造一个更真实的防线，增加队员的舒适区。

（三）游戏方法

一名队员在比赛区域的中央担任防守队员。其他队员穿上分队背心，在端线后排队。当防守队员喊"开始"时，持球队员试图穿越到比赛区域的另一侧。当持球跑动队员被触碰到时，他们脱下他们的背心，并拿着它与防守队员形成一张网，参与防守触碰。跑动队员只有在"网未断"（背心没脱手）的情况下才能碰触持球队员。当碰触到第六个队员时，比赛结束。剩下的选手都被宣布为获胜。

图6-15 "拉网捕鱼"游戏

十六、V字传球达阵得分（图6-16）

（一）游戏目的

传球，持球跑动，达阵得分。

（二）场地器材

橄榄球，标志。

（三）游戏方法

将队员分成六人一小组，以对角线方式排成V字形，如图6-16所示。每队排头的队员在教练的开始口令后开始依次传球。球传到最后一名队员后该队员持球向前跑，到得分线触地得分，触地得分后，持球的队员跑到队伍排头的位置，队中其他队员依次移位到下一个标志。重复传球和达阵得分，直到教练喊"时间到"，各队合计分数以决定胜负。

游戏变化：要求每队有一或两名志愿者为本队的达阵记分。提醒队员在准备接传球时将双手举在胸前，手指张开。各队在V字队形中互换位置，重新排兵布阵，并试图超越自己队的上一次得分。各队从比赛场地的一端开始，在向前慢跑向后传球给队友。

图6-16　V字传球达阵得分游戏

十七、整体移动比赛模式（图6-17）

（一）游戏目的

触球比赛模式。

（二）场地器材

橄榄球，标志。

（三）游戏方法

一队首先防守，在教练的带领下穿过半场线相互散开，面对进攻方。

所有其他队员为进攻方，在底线后排一排。比赛开始，第一支进攻队在底线上做滚球动作推进，防守队（和教练）在每次触碰后必须后退7米，队员对持球队员进行触碰，进攻球队有失误（掉球）等算作一次触碰，进攻队有3次被触碰的机会，在三次触碰后，或如果触地达阵得分，进攻队轮换成为防守队，之前的防守队成为进攻队并在底线后排队。

游戏变化：教练充当裁判，与防守方站在一起，确保他们在每个滚球前退后7米。

为了创造动力和比赛流畅，允许没有经验的队员在每次比赛中向前传球一次（发生这种情况时，教练要喊继续比赛），等候进攻队伍可以在底线来回原地相互传球练习。

图6-17 整体移动比赛模式示意图

十八、杂耍传球（图6-18）

（一）游戏目的

熟悉球感。

（二）场地器材

橄榄球，标志。

（三）游戏方法

队员两人一组，每组一个橄榄球，背靠背站立。

在教练的示范下，两人尝试用不同的方式传球（绕膝盖、两腿之间、腰间等）。一旦教练发出"停"的口令，两人探讨创造不同方式传球，自愿展示他们的想法。

游戏变化：两人坐在地上，探索传球的方法。两人一组，组成接力队伍，用指定的传球方式进行比赛，鼓励各组进行混合传球的比赛。

图6-18　杂耍传球游戏

十九、触碰游戏（图6-19）

（一）游戏目的

持球跑动，变向。

（二）场地器材

橄榄球，标志。

（三）游戏方法

将队员分成进攻和防守两队，进攻队每人手持一个橄榄球，在一个规定的圆圈内顺时针方向慢跑。防守队（无球）在圈外沿相反方向慢跑。当教练喊"散开"时，所有进攻方的队员向任何方向跑向边线，而防守队员追赶他们。如果进攻方到达边线而不被防守方触碰到就获得1分。每队有三个回合作为进攻方。三轮比赛的分数合并计算，得分高的队伍获胜。

游戏变化：进攻队只有一个或两个球，在他们散开之前随机传给对方。当携带球的进攻队员在未被触碰的情况下到达边线时，该队可获得2分。

图6-19 触碰游戏

二十、恐龙大战（图6-20）

（一）游戏目的

躲闪，传球。

（二）场地器材

橄榄球，标志，背心。

（三）游戏方法

将队员分成人数相等的两队，随机分散在一个比赛区。

勇士队其中一个队员手持橄榄球。所有的恐龙队员穿上分队背心，奔跑以避免被持球的勇士触碰，勇士不能带球跑，也不能把球扔向恐龙。没有球的勇士可以靠近恐龙。呼叫传球并接球去触碰他们。勇士队大声数着被触碰的次数，把每个触碰加起来就是该队的总分。两分钟后，恐龙队取得球权，并试图击败勇士队的得分。

游戏变化：一旦队员理解了游戏的概念，引入一个规则，即所有的传球必须在肩膀以下的高度，以鼓励正确的传球。

当一个勇士触碰一个恐龙时，这个恐龙就会脱下他的背心，加入勇士的行列。最后剩下的恐龙就是胜利者。

图6-20 "恐龙大战"游戏

二十一、碰碰车（图6-21）

（一）游戏目的

持球跑动，躲闪，轻触球。

（二）场地器材

橄榄球，标志。

（三）游戏方法

所有队员持球，并在一个大的游戏空间内站好，当听到教练喊"开始"时，队员们开始四处奔跑，试图用双手持球来触碰其他队友，同时避免自己被触碰。被触碰的队员必须离开比赛区，将球放在场外的地上，做一个用脚轻触球动作（或用脚踩球），捡球后方可重新加入比赛。

游戏变化：有一或两名队员是触碰队员，手中不持球。

图6-21 "碰碰车"游戏

二十二、中立传锋（图6-22）

（一）游戏目的

传球比赛模式，滚球，传锋角色。

（二）场地器材

橄榄球，标志，分队背心。

（三）游戏方法

两队各四名队员比赛，有两名队员作为中立的传锋队员，传锋只能在队友触碰后滚球后传球，不能持球跑动和得分。游戏开始并得分后重新开始，要从半场开始轻踢球形式开始。一队作为进攻方开始，他们可以向任何方向传球并保持控球，直到球被对方触碰或触地得分。防守方可以拦截球以赢得球权，他们必须站在滚球处不动，直到传锋将球向后传给进攻方队员。传锋必须只为拥有球权的球队比赛。他们必须始终在滚球处向后传球给进攻队员。

游戏变化：触地得分后轮换中立传锋。触地得分前必须有两次以上向后球传球。

图6-22 中立传锋游戏

二十三、有进有出（图6-23）

（一）游戏目的

体验比赛模式。

（二）场地器材

橄榄球，标志，分队背心。

（三）游戏方法

将队员分成六对六两个小组，进攻方在半场标志处轻触踢球开始比赛。

防守队员必须在滚球地点后退7米，进攻方共有六次触碰机会（失误算作触碰）。当持球队员在防守方半场内被触碰时，触碰的防守队员必须退出本场边线外并绕过最近的标记。该防守队员然后以在位的位置回到场内继续比赛，所有其他触球规则均适用。

游戏变化：让触碰的防守队员退出比赛，目的是为进攻方赢得空间。

在持球队员停下来进行滚球之前，必须有两名防守队员实现触碰，而且两名防守队员必须绕着"防守方边线标记"跑。离场的防守队员在返回比赛前用球做一个动作，如：抛球、拍手、接球等动作。

图6-23　有进有出游戏

二十四、解开绳索（图6-24）

（一）游戏目的

团队合作，相互沟通。

（二）场地器材

标志，背心。

（三）游戏方法

这个游戏鼓励沟通和团队合作，它还可以帮助教练员确定承担主要沟通者角色的队员。队员可以每人拿一条分队背心，而不是手拉手。设定一个时间限制，例如两分钟，以确保队员保持参与。

图6-24　解开绳索游戏

二十五、触碰小伙伴（图6-25）

（一）游戏目的

练习躲闪。

（二）场地器材

标志若干。

（三）游戏方法

队员被分散在一个大的游戏区，在教练的口令下，队员随机跑动，并试图触碰离他们最近的人，被触碰的队员要蹲下，继续从蹲下的位置起身去触碰其他人。

游戏变化：根据队员的能力，改变运动方式（走、跑、跳）。当大约一半的队员被触碰时，教练喊"稻草人"，所有跑动的队员必须停下来并蹲下进行触碰，而所有"蹲下"的队员都变成跑动队员。

图6-25　触碰小伙伴游戏

第三节　少儿触式橄榄球比赛特征与场地

一、少儿触式橄榄球比赛特征

触式橄榄球是适合少年儿童的理想的运动项目，孩子们在触式橄榄球比赛时，应强调：参与比赛、享受比赛、运动技能的发展。

确保孩子积极参与，无论身材、体型或性别如何，确保比赛不会由一方高于平均水平的个人主导。

基本规则很容易被孩子们理解。

用有限的场地设施就可以比赛（球、标志即可）。

保证教给孩子传球、接球、跑动和滚球的基本知识，同时提供安全的竞技比赛氛围。

二、少儿触式橄榄球场地与器材

（一）场地

少儿比赛场地（图6-26）根据实际情况灵活设置。

可以在70米×50米的草地比赛，用于少年触球比赛，也可以将这块场地一分为二，用于少儿改良触球比赛。建议1~4年级使用50米×35米的场地；5~6年级的学生可以在70米×50米场地上进行5~6人制比赛。

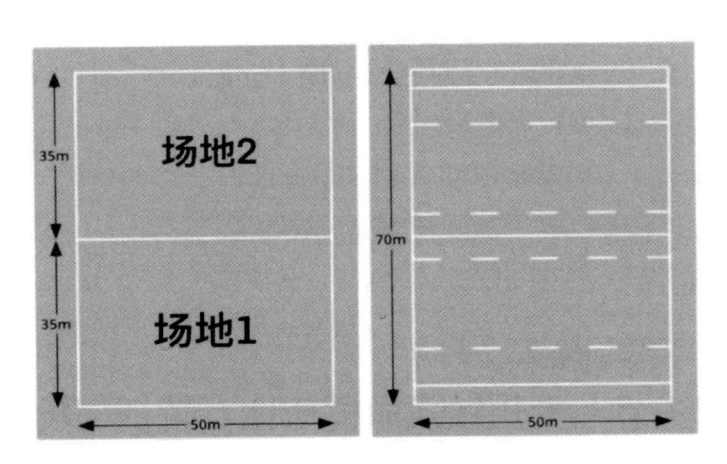

图6-26　少儿触式橄榄球场地示意图

（二）器材

少儿比赛通常7岁以上用4号球；7岁以下用3号球。六个塑料标记碟（每个角有一个，另外在半场线的两端有一个）。

（三）参赛人员

在青少年橄榄球比赛中，通常需要10人的男女混合队，其中6名队员参与现场比赛，其余为替补队员。

（四）装备

不允许穿带有活动鞋钉的鞋。出于健康和安全的考虑，如果允许赤脚，则不允许穿模制鞋。如果没有队服，可以用分队背心来帮助区分队伍。

参考文献

[1]David Woolley, TOUCH RUGBY[M]. Bloomsbury Publishing Plc,2014

[2]虞重干.排球运动教程[M].北京：人民体育出版社，2009.

[3]时永进.我国高校橄榄球运动的发展现状及影响因素的研究[D].北京：北京体育大学，2001.

[4]许晓明.英式橄榄球[M].长春：吉林科学技术出版社，2002.

[5]王宜馨.高校开展触式橄榄球的体育选修课的价值和策略[J].体育科技文献通报，2016，24（10）：52+55.

附件一　国际触式橄榄球联合会第5版比赛规则

澳大利亚触球协会在2018年和2019年对其国内比赛规则进行了广泛的内部审定。规则审定小组是由一批从社区比赛到国际精英比赛经验丰富的现任和前任队员、教练、裁判员、行政人员组成。该小组在澳大利亚社会各界广泛征求意见，以制定一套可适用于该运动所有级别的比赛规则，便诞生了澳大利亚触球协会第八版比赛规则。

在2019年10月举行的巴黎国际触球联合会大会上，澳大利亚触球协会提出了其协会第八版比赛规则，并在随后向国际触球联合会和所有国家触球协会提供特许使用权，免费使用新制定的规则的权利。

因此，国际触球联合会董事会决定采用澳大利亚触球协会第八版比赛规则作为国际触球联合会第五版比赛规则，在国际上所有级别的比赛中使用。国际触球联合会及其会员承认并感谢澳大利亚触球协会对这些规则的使用权。

虽然应用比赛规则的一致性是很重要的，但国际触球联合会鼓励其成员提供当地比赛特点的规则，以确保所有参赛者享受高质量的体验。这些规则绝不是限制任何国家协会或拥有与本规则不同的比赛条件的比赛组织者。对规则的任何调整或改变，都应在相关的比赛指南中明确说明，并随时提供给队员、教练和裁判。

附件二　场地（Appendi×1–Field of Play）

定义和术语

除非出现相反的意思，下列定义和术语适用于触式橄榄球比赛。

术语/词组	定义/描述
利益（Advantage）	一方违例，非犯规方在一段时间内有机会获得地域、战术或以达阵得分形式的利益。
进攻得分线（Attacking Try Line）	为了达阵得分，队员必须将球放在其上面或后面的线段。
进攻队（Attacking Team）	拥有或获得控球权的球队。
后面（Behind）	朝着某队防守达阵线的位置或方向。
控球权交换（Change of Possession）	控球权转换到另一个队的行为。
死球（Dead Ball）	当球处在非比赛中，并且包括触碰之后到以滚球的方式使比赛重新恢复这段时间，在达阵得分或有队员被吹判犯规之后到比赛新开始的这一时段，和在球落地和/或球落在赛场界线外之后到滚球之前这段时间。
死球线（Dead Ball Line）	赛场的末端边界，赛场的每个末端各有一条线段。

续表

术语/词组	定义/描述
防守得分线（Defending Try Line）	一个球队必须防守以阻止对方达阵得分的线段。
防守队（Defending Team）	没有或失去控球权的队。
罚令出场（Dismissal）	当队员在比赛的剩余时间被罚令出场时。
减少队员（Drop Off）	用于正常比赛时间期满后两队比分相同而确定一队获胜的程序。
持续时间（Duration）	正规比赛时间为四十五分钟，包括五分钟半场休息时间。
比赛结束（End of Play）	当裁判可以示意比赛结束时。
连续犯规处罚（Exclusion）	防守队伍进入7米区域后，在一次完整的控球时间内，连续三次犯规使进攻队获得罚踢开球的机会。
国际触式橄榄球联合会（FIT）	国际触式橄榄球联合会，触式橄榄球运动的全球理事机构，这些比赛规则是根据其授权而发行的。
赛场（Field of Play）	以两条边线和两条死球线为界的比赛场地，边线和死球线都是在界外的。
强制替代（Forced Substitution）	当队员犯规被判要求强制替换，该犯规判决比罚踢更严重，但没有正式被罚令出场那么严重。
前面（Forward）	朝向越过球队进攻达阵线的死球线的位置或方向。
时间结束（Full Time）	比赛的第二时间段期满时。
传锋（Half）	滚球（Roll ball）之后捡球的队员。
半场暂停（Half Time）	比赛第一时间段期满时。包括五分钟的休息时间。
急迫（Imminent）	即将发生的，几乎肯定会发生的。
犯规（Infringement）	队员违反比赛规则的行为。
换人（Interchange）	从赛场内出场的队员与场外进入赛场的队员做出改变的行为。

附件二 场地（Appendix 1- Field of Play）

续表

术语 / 词组	定义 / 描述
交换区（Interchange Area）	在赛场两侧为每队标示的长方形。尺寸为长二10米，宽不超过三米。由赛场的中线向两侧各延伸10米并且距离边线至少一米。所有的场外队员都必须留在该区内，直到队员之间开始交换。
踢球（kick）	用脚大力撞击或推进球。开始或重新开始比赛的触球或罚踢脚触球不被定义为踢球。
标线（Line Marking）	标线表示赛场的划线。
连结队员（Link）	位于边锋旁边的队员。
标点（触踢之点）（Mark for a Tap）	开球和重新开球将在中线的中点执行。由于犯规而判给的罚踢将在犯规的位置执行。
标点（触碰之点）（Mark for a Touch）	控球队员在赛场上被触碰时的位置。
中间队员（Middle）	位于连结队员内侧的队员。
国家触球协会（NTA）	国家触球协会，被定义在国际触球协会宪章中。
阻碍（Obstruction）	进攻或防守队员故意干扰对方球队试图获得不公正的利益，从而阻止对方获得应有的利益。
越位（进攻队员）Offside（Attacking Player）	当进攻队员位于球的前面。
越位（防守队员）Offside（Defending Player）	防守队员位于滚球标点的7米以内；或位于触踢球球标点的10米以内。
在位（Onside）	队员处在可以合法地参与比赛的位置。队员在自己的防守得分线上或后面。
传球（Pass）	进攻队员之间通过横向和/或向后推进球而更换控球权。并且可以包括轻弹、拍击或投掷。
边场（Perimeter）	从比赛场地的边线起不低于五米的边界。
犯规处罚（Penalty）	当队员或球队违反比赛规则时，由裁判给予罚踢的裁决。

续表

术语 / 词组	定义 / 描述
控球权（Possession）	指的是拥有球的队员或球队
裁判（Referee）	被委派的对一场比赛的行为做出裁决的官员
滚球（Roll ball）	在触碰或控球权交换之后使球进入比赛状况的行为
滚球区域（Ruck/Rollball Area）	进行滚球的队员与传锋间不超过一米的区域
裁决（Ruling）	在特殊情况下，由裁判做出的决定，并且可以导致继续比赛、罚踢、控球权交换或者触地得分
7米区域（Seven Meter Zone）	7米线与达阵线之间的区域
边线（Side Lines）	赛场两侧的边界，共有两条
短暂禁赛（SIN BIN）	犯规队员受罚进入禁赛区，直到完成四次的控球权才可返场。该队员将被算作比赛场地上的一名队员不能被替换或互换
短暂禁赛区域（SIN BIN Area）。	队员因多次违反7米区规定被罚进入在死球线和周边地区之间短暂禁赛区域。场地共有四个短暂禁赛区
运动精神（Spirit of the Game）	良好体育道德及公平竞争的行为
替代队员（Substitute Player）	在交换过程中，取代另一位队员的队员。每队最多有八名替代队员。除了正在交换时，所有替代队员必须留在交换区内
触踢和罚踢（Tap and Tap Penalty）	触踢是开始比赛的方式，并且是在半场休息和触地得分后重新开始比赛的方式。当裁判做出犯规裁决时，触踢也是重新开始比赛的方法。触踢是把球放在地面的标点上或标点后面，双手释放球，用任一脚轻轻地碰击球或用脚触碰在球上。球在地上滚动或移动不许超过一米的距离并且必须被利落地捡起，不得再次接触地面。队员可以面向任何方向并且用任何一只脚。只要球是在指定的标点上或在标点的后面距离标点不超过10米，球不需要先捡起来再踢球
球队（Team）	比赛中，由一组队员构成的比赛的一方
澳大利亚触球协会（TFA）	澳大利亚触球协会有限公司

续表

术语/词组	定义/描述
触碰（Touch）	控球队员和防守队员之间所发生的合法的并且是最小力量的接触。触碰包括接触球、头发和衣服，并且触碰可以由防守队员造成，也可以由控球队员造成
触碰计数（Touch Count）	在控球权交换前，每队从零到六次逐步发生的触碰次数
达阵（Try）	除传锋外，任何进攻队员在触碰前将球放在或越过本队达阵线
达阵线（Try Lines）	将达阵区与比赛场地分开的线。见附件2
自愿滚球（Voluntary Rollball）	与防守队员发生触碰动作前，持球队员进行滚球
边锋（Wing）	赛场上位于球队外侧的队员
获胜者（Winner）	比赛中触得得分最多的球队

比赛模式

触球比赛的目的是让每支球队都能得分，并阻止对手得分。球可以在进攻方队员之间传递、拍击，而进攻方队员可以通过依次带球跑动或以其他方式移动，以试图获得地域优势并达阵得分。防守队员通过接触持球队员来防止进攻队获得地域优势。

比赛规则

一、赛场

1.1 赛场为长方形，不包括极阵区，从达阵线到达阵线长七10米。不包括替换区，从边线到边线宽五10米。

1.1.1 赛场尺寸可以有变化，必须包含在有关比赛、赛事或锦标赛规程内。

1.2 标志线（Line Makings）应当4厘米宽，但不得小于2.5厘米。标志线的标示如附件2—赛场所示。边线延长7米越过阵线与死球线相交并由此确定极阵区的尺寸为宽五10米，长7米。

1.3 替换区（Interchange Areas）不得距离两侧边线一米以内。

1.4 颜色容易辨认，并且由安全和有弹性材料制成的尺寸合适的标志物和锥形标志物或角杆应放置在边线和中线，以及边线和达阵线的交叉点上。

1.4.1 放置在边线与达阵线交叉点上的标志物，锥形标志物或角杆被视为在赛场内。

1.4.2 其他所有标志物或锥形标志物都被视为在赛场外。

1.5 场地表面（Playing Surface）为草地。其他表面包括人造草地也可以使用。但要符合国家橄榄球协会（NTA）认可的标准。

1.6 赛场边界线被视为在赛场以外，当球或持球队员触碰到地面上的边线或死球线，或越过边线或死球线而触碰到地面时，便是出界。

二、队员注册

2.1 参赛队员要在本国触式橄榄球协会注册，或在本国触式橄榄球协会认可的比赛主办方注册。

2.2 队员未经注册而比赛的球队则要在未注册队员参与的任何比赛中受到处罚。

三、球

3.1 比赛使用椭圆、充气的球，其形状、颜色和尺寸由国际触式橄榄球联合会（FIT）或国家触式橄榄球协会（NAT）认可。

3.2 球将根据生产厂家建议的气压充气。

3.3 如果球的尺寸和形状不再遵守本规则3.1和3.2条款，裁判员将暂停

比赛，从而使球得到更换或问题得到纠正。

3.4 球不许隐藏在队员的比赛服下。

四、比赛服装

4.1 比赛中参赛队员要正确地穿着球队服装。

4.2 比赛服装（Playing Uniform）包括T恤衫、背心或其他经过国家触式橄榄球协会（NTA）或其他经过国家触式橄榄球协会的比赛主办单位批准的物品、短裤和/或紧身衣裤和袜子。

4.3 所有队员穿着的上衣后面都要清晰地标示高度不小于16厘米的唯一识别号码。

4.3.1 标示的号码不能超过两个数字。

4.4 在比赛中，只要是安全的，并且符合国家触式橄榄球协会（NTA）的规定，就可以戴帽子（Hat）或有帽檐的帽子（Cap）。

4.5 必须穿安全的鞋子，但是形式有所变化的比赛可以是例外的，如沙滩触式橄榄球。

4.6 分量轻的皮革或柔软的模铸鞋底合成皮革的鞋是允许的。

4.6.1 任何队员或裁判员不得穿拧有活动鞋钉的鞋。

4.7 队员佩戴任何珠宝、链条、识别带/手镯或可以证明是危险的类似物件是不可以参加比赛的。如果无法去除珠宝或其他物件，都要用胶布将其绑扎至裁判员满意为止。

4.8 长（从手掌观看时长于手指肚）或锋利的指甲是不准许的。

4.9 只要是安全并且佩戴稳固，裁判员和队员就可以佩戴眼镜或太阳镜。

4.10 只要比赛主办单位自行认定物件无危险，裁判员和队员就可以佩戴运动GPS等设备和医疗支撑如膝关节和踝关节支架。

五、球队的组成

5.1 每支球队最多由十四人组成，在比赛的任何时候赛场上不得多于六人。

> 罚则：在犯规被确认的时刻，在场内中线上，距离边线7米的地方或者球的位置对于未犯规队更有利的地方，判给未犯规的队执行罚踢。

5.2 除在比赛裁员期间外，每队在赛场上必须至少要有四名队员才能够开始比赛或继续比赛。

5.3 当一支球队在赛场上的人数少于四人时，比赛将中止并且宣布未犯规的队为获胜队。

5.3.1 该项条款不适用于在受罚区的队员。

5.4 在混合比赛中，赛场上最多的男队员规定为三名，最少男队员规定为一名。赛场上最少的女队员规定为一名。

六、球队教练和球队官员

6.1 在比赛持续的时间内，球队的教练和官员可以准许在围场以内，但要求留在替换区或者赛场的最远端。

6.2 球队教练和官员可以从一个位置移动到另一个位置，但这样做不能耽搁。并且在最远端时，该球队教练或球队官员必须留在离死球线至少5米的地方，而且不能指导球队或与任何球队和裁判员进行交流（口头的或非口头的交流）。

七、比赛开始和重新开始

7.1 在裁判的主持下，两队队长抛掷硬币，获胜队长的队将选择上半时比赛的进攻方向，选择在比赛持续时间内包括加时赛在内的替换区，并且选择比赛开始时的控球权。

7.2 裁判示意比赛开始后，进攻队队员在中线的中点以触踢球的方式开始比赛。

7.3 半场暂停后比赛重新开始，两队将改变进攻方向，并且由于没有获得控球权而使比赛开始的队以触踢的方式重新开始比赛。

7.4 达阵得分后重新开始比赛，由没得分球队以触踢的方式重新开始比赛。

7.5 只有所有进攻队员都处在在位位置时，触踢才可以执行。

罚则：该队员将被示意回到标点并且再次执行触踢。

7.6 除非至少有四名防守队员处于在位位置或裁判员示意触踢，否则，触踢是不可以执行的。当防守队在赛场上的队员人数少于四人，所有队员必须处在在位位置时，除非裁判员示意触踢，否则，触踢是不可以执行的。

罚则：该队员将被示意回到标点并且再次执行触踢。

7.7 使比赛开始或重新开始的触踢球必须即刻执行不得拖延。

罚则：在中线的中点，判给未犯规的队执行罚踢。

八、比赛持续时间

8.1 一场比赛持续的时间为40分钟。由两个20分钟的半场构成，中场有一次休息时间。

8.1.1 比赛中，没有因队员受伤而暂停比赛时间。

8.2 地方赛事或锦标赛可以因具体情况而改变比赛持续时间。

8.3 当比赛时间终了，比赛将继续进行直到下一次触碰或死球，然后裁判员示意比赛结束。

8.3.1 如果这时判给一队罚踢，则将执行该罚踢。

8.4 如果一场比赛在除第24.1.6条所述情况外的任何情况下而被放弃，国家触式橄榄球协会（NTA）或国家触式橄榄球协会比赛主办单位将自行决定比赛结果。

九、控球权

9.1 在控球权转换之前，拥有球的队有六次触碰机会。

9.2 因截获对方传球而使控球权转换，第一次触碰将是零触碰。

9.3 当第六次触碰或由于其他方式而失去控球权时，球必须即刻放在地面的标点上不得拖延。

罚则：故意拖延控球权转换程序将导致从控球权转换的标点向前10米，给予未犯规的队一次罚踢。

9.4 如果球在比赛的过程中掉落或传出并运行到地面，则导致控球权转换。

罚则：控球权转换的标点是在球最先接触地面的地方。

9.5 当球还在传锋的控制下，如果球接触到极阵的地面，则导致控球权的失去。

罚则：比赛将在离7米线最近的地点以滚球的方式重新开始。

9.6 如果一名队员控球不稳并且即使队员在尽力控制球时，球被意外向前拍而碰到其他任何队员，则导致控球权转换。

十、触碰

10.1 触碰可以由防守队员或持球队员做成。

10.2 如果接触没有做成，防守队员不可以声称触碰，如果某队员声称做成一次触碰，而裁判员不确定触碰，则该触碰会被计数。

罚则：在违规的地点判给进攻队执行罚踢，并且将违规队员短暂禁赛。

10.3 防守队员和进攻队员都要用最小的力量来完成触碰。队员必须确保做触碰所使用的方法不会给队员的安全造成不必要的风险。

罚则：在违规的地点判给进攻队执行罚踢。

10.4 触碰时如果球被意外地从持球队员手中被拍落，触碰计数并且进攻队保留控球权。

10.5 触碰时防守队员不许故意地将球从持球队员手中拍落。

罚则：在违规的地点判给进攻队执行罚踢。

10.6 被触碰后，队员不得传球或以其他的方式传递球。

罚则：在违规的地点或者如果在极阵内则在距离7米线最近的地方判给进攻队执行罚踢。

10.7 传锋可以传球或持球跑动但在持球时被触碰则球权转换。

罚则：在违规的地点或者如果在极阵内则在距离7米线最近的地方转换控球权。

10.8 如果在极阵区内球在接触到地面之前触碰被做成，只要不是第六次触碰并且该队员不是传锋，持球队员在距离该队进攻阵线7米的位置上执行滚球。

10.9 当持球队员在他们防守的达阵线上或线后被触碰时，该触碰计数并且一旦裁判员示意标点是在对应触碰地点从防守队阵线向前7米的地方，便执行滚球。

10.10 如果持球队员故意触碰上在尽力后退并且保持着非比赛中的越位防守队员，则该触碰将计数。

10.11 如果触碰是在正在耍弄球并试图保持控制球的队员身上做成，如果触碰后该进攻队员继续拥有球，则该触碰将计数。

10.12 如果控球队员被触碰并且随后触及边线、赛场标志物或者赛场外的地面，触碰计数并且在触碰发生的标点上以滚球继续比赛。

10.13 如果防守队进入自己的7米区，防守队员必须以合理的速度向前移动直到触碰即将做成或已经做成。

罚则：在违规的地点判给进攻队执行罚踢。

10.14 当持球队员进入防守队7米区，防守队不是非要向前移动不可，但是在触碰即将做成或做成之前，不能向自己的达阵线后退。

罚则：在7米线上对应违规地点判给进攻队执行罚踢。

十一、传球

11.1 持球队员不可以有意或无意地将球向前踢、传、弹击、拍击、抛掷、转换或以其他方式推动给另一队员。

罚则：除非适用利益规则，在球向前推动的标点判给防守队执行罚踢。

11.2 控球队员不可以故意向前踢球、传球、弹击、拍击、抛掷、转换或以其他方式向前推动球，使球越过对方队员并且重新获得球。

罚则：在球向前推动的标点判给防守队执行罚踢。

十二、球在飞行中被碰到

12.1 如果防守队队员接触到飞行中的球，并且球掉落在地上，进攻队保留球权并且触碰计数从零触碰重新开始。

12.2 如果防守队员故意接触到空中运行的球，并且球没有触碰到地上又被进攻队队员获得，比赛继续进行，并且下一次触碰为零触碰。

12.3 如果防守队员故意接触到空中飞行的球，将球向前推动，并且进攻队员试图获得控球权而球掉落在地上，进攻队保留球权并且触碰计数从零触碰重新开始。

12.4 如果防守队队员故意接触到空中运行的球，并且将球向防守队死球线的方向推动，进攻队队员试图获得控制球权却让球掉落在地上，则控球权发生转换。

12.5 如果防守队队员无意接触到飞行中的球，并且球掉落在地上，则控球权发生转换。

12.6 如果防守队队员无意接触到飞行中的球，并且球又被进攻队员获得，比赛继续进行，并且继续及时触碰。

12.7 进攻队队员不可以故意将球传到防守队员身上，以谋求反弹球或重新计数触碰次数。

罚则：防守队在传球的地点执行罚踢。

十三、滚球

13.1 进攻队员在标点的位置上，面向对方的阵线，确保与边线平行站立，将球以控制住的方式放在两脚之间的地面上。

13.1.1 向前跨过球。

13.1.2 在两脚之间把球向后滚动不超过一米的距离。

13.1.3 将一只脚迈过球。

罚则：在违规的地点将控球权转换给防守队

13.2 队员必须在标点上执行滚球。

罚则：判定在违规的地点防守队执行罚踢。

13.3 队员不许执行自愿滚球。

罚则：在违规的地点防守队执行罚踢。

13.4 队员执行滚球不许拖延。

罚则：在违规的地点防守队执行罚踢。

13.5 队员只可以在下列情况下在标点上执行滚球。

13.5.1 当一次触碰被做成时。

13.5.2 当第六次触碰后控球权转换时。

13.5.3 因球掉落或被传出而落在地上而转换控球权时。

13.5.4 当进攻队员罚踢、触踢或滚球违规而使控球权转换时。

13.5.5 当因传锋被触碰或传锋把球放在阵线上或阵线后而使控球权转换时。

13.5.6 替代一次罚球。

13.5.7 当裁判示意滚球时。

13.6 在下列情况下队员将在场内7米处执行滚球。

13.6.1 在触碰被做成前，因持球队员触及边线或赛场外任何地面而导致控球权转换的时候。

13.6.2 当球没有被队员持有而触及边线或赛场外任何地面。

13.7 队员不可以执行一次触踢而替代一次滚球。

罚则：违规队必须回到标点并执行滚球

13.8 除执行滚球的队员外，一名进攻队员可以在滚球处捡球，并且不得拖延。该捡球队员被称为传锋。

13.9 传锋捡球之前可以用脚先控制球。

13.10 球一旦传给另一名队员，该队员便不再是传锋。

13.11 防守队员不得干扰滚球的执行或该传锋。

> 罚则：进攻队在违规地点径直向前10米执行罚踢。

13.12 防守队员必须等到传锋与球接触才可以从在位的位置向前移动。除非裁判示意向前移动或遵守规则条款13.12.1的规定。

13.12.1 当传锋没有处在滚球的一米以内时，执行滚球的队员一释放球，在位的防守队员就可以向前移动。如果传球没有到位，并且有防守队员向前移动而且接触到了球，则导致控球权转换。

13.13 如果在执行滚球的行动中进攻队员触及边线或赛场外的任何地面，将导致控球权转换。滚球将在场内7米的地方执行。

13.14 在死球线和7米线之间做成触碰后，进攻队准许在7米线上正对做成触碰地点的地方滚球。

十四、得分

14.1 达阵分值为一分。

14.2 除传锋外，当一名队员在没有被触碰的情况下将球放在阵线上，或越过阵线将球触地而获得达阵得分。

14.3 当试图达阵得分时，队员在将球放在阵线上或越过阵线将球触地之前必须控制住球。

14.4 队员在试图达阵得分时，如果还未到达阵线便将球触地并且将球释放，则要求该队员执行滚球，重新开始比赛，并且计数一次触碰。如果队员没有将球从手中释放，比赛继续进行，并且不及时触碰。

14.5 当比赛结束时，达阵得分最多的队宣布为获胜队。假如两队都不得分，或假若两队达阵次数相等，便宣布平局。

十五、越位

15.1 在滚球时，所有防守队队员必须按照裁判员的指示后退7米或后退到防守阵线。

> 罚则：在违规地点或从违规处径直向前在7米线上判给进攻队执行罚踢。

15.2 在触踢时，所有防守队队员必须按照裁判员的指示从标点后退10米或后退到防守阵线。

罚则：在违规地点或从违规处径直向前在10米线上判给进攻队执行罚踢。

15.3 在滚球或触踢时，防守队队员不许后退到超过防守阵线不合理的距离。

罚则：在违规地点或从违规处径直向前在7米线上判给进攻队执行罚踢。

15.4 当滚球发生在防守队7米区以内或罚踢在防守队阵线前10米以内执行时，所有防守队员的双脚必须在自己的阵线上或阵线的后面，并且身体的其他部位不能与自己阵线前的地面相接触。

罚则：从违规地点径直向前在7米线上判给进攻队执行罚踢。

15.5 触碰发生后，防守队队员必须按照裁判员的指示后退到规定的7米或后退到防守阵线不得妨碍进攻队。

罚则：从违规处向前10米判给进攻队执行罚踢，或如果违规是在防守队阵线，罚踢在7米线上执行。

十六、阻碍

16.1 持球队员不许跑或以其他方式移动到其他进攻队员或裁判员的后面，以试图避免一次即将发生的触碰。

罚则：在违规地点或从违规处径直向前在7米线上判给不犯规队执行罚踢。

16.2 持球队员不许抱住或以其他方式妨碍防守队员。

罚则：在违规地点判给不犯规队执行罚踢。

16.3 进攻队支援持球队友的队员可以在必要时移动以到达支援位置，但不得抓、抱、推，或以其他方式干扰防守队员试图做成触碰。

罚则：在违规的地点判给不犯规队执行罚踢，或如果违规发生在极阵区内，罚踢在7米线上执行。

16.4 防守队队员不得阻碍或干扰进攻队员。

> 罚则：在违规的地点判给不犯规队执行罚踢，或如果违规发生在极阵区内，罚踢在7米线上执行。

16.5 如果一名进攻的支援队员造成了明显的、非故意的或意外阻碍而且控球队员停止移动允许触碰被做成，该触碰将计数。

16.6 如果裁判员造成了对进攻队员或防守队员的阻碍，包括当球触碰到裁判员时，比赛应停止进行并且在干扰发生的标点上以滚球的方式重新开始。触碰计数依然不变。

十七、替换

17.1 队员可以随时替换。

17.2 队员可以替换的次数没有限制。

17.3 在比赛持续的时间内，替换的队员必须留在替换区内。

17.4 只有在队员离开赛场并进入替换区后才可以进行替换。

17.5 离开或进入赛场的队员不得妨碍或阻碍比赛。

> 罚则：在违规的地点判给不犯规队执行罚踢。

17.6 进入赛场的队员必须成为在位才可以参与比赛。

> 罚则：在违规的地点判给不犯规队执行罚踢。

17.7 当出现截获传球或防守线被突破的情况时，队员不准许替换，直到下次触碰做成或球成为死球。

> 罚则A：如果队员进入赛场，并且阻止了达阵得分，惩罚达阵成立，并且犯规队员将被临时禁赛。
>
> 罚则B：如果队员进入赛场，但没有阻止了达阵得分，该犯规队员将被临时禁赛。

17.8 一次达阵得分后，队员之间可以随意替换而不是必须等到队员进入替换区。但必须在执行触踢重新开始比赛之前替换队员。

十八、罚踢

18.1 触踢必须按照定义的规定执行。

罚则：裁判员示意犯规队回到标点并且再次执行触踢。

18.2 对于发生在7米线之间的违规行为，除非裁判员另有指示，罚踢标点是在违规的地点。

18.3 对于发生在7米区内的违规行为，触踢必须在最近的7米线上执行。

18.4 对于发生在赛场外或极阵区内的违规行为，标点是场内距离边线7米的地方，或从违规的地点径直向前，离违规行为最近的7米线上或在裁判员指定的位置上。

18.5 裁判员必须在罚球前示意该标点。

18.6 罚球必须在裁判员示意标点后执行，不得拖延。

罚则：在违规的地点判给未犯规队执行罚踢。

18.7 队员可以用滚球来代替罚踢，而接球的队员不再是传锋。

18.8 如果防守队在进入本队7米区时，在一次控球权中被判三次罚踢。则最后一名犯规队员被临时罚出场，直到该次控球权结束。

18.9 如果队员、球队官员或观众的任何行为被裁判员认为是违反比赛规则或精神、明显地阻止了进攻队达阵得分，将判定惩罚达阵。

十九、利益

19.1 当防守队员在滚球或触踢时越位并且试图干扰比赛。裁判应当允许进攻队获得利益，或判给进攻队罚踢。两者的选择是以进攻队获得更大利益为准。

19.2 如果进攻队正在获得利益，随后违规，将适用最初的裁决。

二十、不当行为

20.1 应受到被判罚踢、强制替换、短暂禁赛、勒令退场的不当行为

包括：

20.1.1 连续或经常违反规则。

20.1.2 对其他队员、裁判员、观众或其他比赛官员说脏话。

20.1.3 对裁判员或其他比赛官员的决定提出异议。

20.1.4 用超过必要的身体力量去做触碰。

20.1.5 不良的体育精神。

20.1.6 绊倒、击打或以其他方式攻击其他队员、裁判员。

20.1.7 任何其他违反比赛精神的行为。

二十一、强制替换

21.1 当裁判员认为有必要执行强制替换时，裁判员应停止比赛，指示将球放在标点上。告知犯规队员强制替换的原因，指示该队员返回替换区，做出相关手势并判给犯规队罚踢。

二十二、短暂禁赛

22.1 场上的裁判员必须指示短暂禁赛开始和结束的时间。

22.2 任何短暂禁赛的队员必须站在对方场地末端，本队替换区一侧的受罚区。

22.3 任何短暂禁赛的队员，在重新进入赛场之前，必须回到替换区。

22.4 任何导致触碰计数重新开始的行为都将导致该控球权的继续。为避免疑问，如果防守队员将球拍落或被判罚踢，这并不意味着控球权已经完成，而是控球权继续。

二十三、勒令退场

23.1 因行为不当而被勒令退场的队员或官员不得再参加该场比赛，并在该场比赛的剩余时间移动到并且留在球场外。

23.2 被勒令退场的队员或官员不能被替换，根据国家触式橄榄球协会

（NTA）的纪律条例，该队员将收到自动停赛两场的追加处罚。

二十四、裁员

24.1 如果在平局的比赛中需要一个获胜队，则采用以下的裁判程序来决定获胜队。

24.1.1 每队将其场上队员减少到4人，并在60秒内就位，从中线重新开始比赛，加时赛队伍防守的半场与常规比赛结束时所在的半场相同。

24.1.2 裁判开始时，由比赛开始时没有获得球权的队在中线的中点触踢。

24.1.3 裁员开始时将进行两分钟的加时赛。

24.1.4 如果一支球队在两分钟的加时赛终了处于领先地位，则该队将被宣布为获胜。

24.1.5 如果在两分钟终了时两队都不领先，将发出信号，比赛将在下一次触碰或死球时暂停。然后，每队将从赛场上去掉一名队员。

24.1.6 在队员离开赛场后，比赛将在其暂停的同一地点立即重新开始（即球队在指定的触碰次数时保留控球权，或在由于某个违例或第六次触碰而转换控球权时）并且比赛将继续进行，直到达阵得分。

24.1.7 裁员两分钟期间没有间隔休息时间并且钟表不会停止。

24.1.8 裁员期间允许按照正常的替换规则替换队员。

24.2 男女混合队在裁员期间场上男队员不得超过两名。

24.2.1 如果在裁员开始时，一名男队员正在短暂禁赛期间，则该犯规队将以在场上不超过一名男队员开始。

24.2.2 如果一名男队员在比赛剩余时间内被勒令出场，则在裁员期间将允许该犯规队在场上有不超一名男队员。

24.3 在裁员开始时，如果有队员正在短暂禁赛期间，并且尚未完成规定时间，则他们的球队将在场上比对方少一名队员的情况下开始裁员，并且继续在场上比对方少一名队员进行比赛，直到短暂禁赛时间完结。

24.4 在裁员开始时，如果某队有队员在比赛剩余时间被罚令出场，则在裁员期间，该队将继续比对方球队少一名队员进行比赛。

24.5 为避免第24.3和24.4条的疑问，非犯规队将在裁员期间在赛场上保持人数优势。

二十五、比赛官员

25.1 裁判员是围场内所有比赛相关事宜的唯一判定人。在比赛期间，对所有队员、教练员和官员都有管辖权。

25.1.1 在比赛开始前检查赛场、标识线和标志物，以确保所有参赛者的安全。

25.1.2 根据比赛规则作出裁定。

25.1.3 实行任何必要的罚则以控制比赛。

25.1.4 判给达阵，并且记录累计得分。

25.1.5 在每次控球过程中保持对触碰的计数。

25.1.6 对违反规则的行为作出处罚。

25.1.7 向相关的比赛管理部门报告在比赛中任何短暂禁赛、勒令退场或任何参赛者受伤的情况。

25.2 只有队长可以直接向裁判员要求阐明裁定，只有在比赛间歇时或在裁判员的决定下才可以进行接洽。

附件三 场 地 图

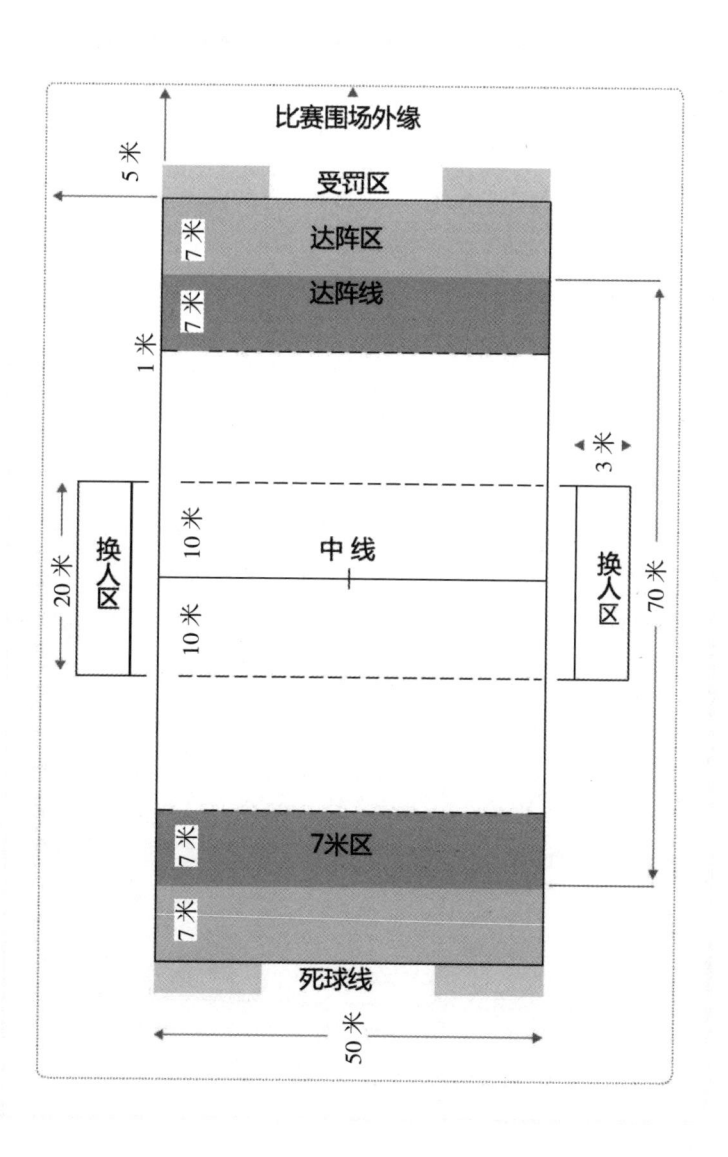